医学类学生
职业生涯发展与规划

许铁峰　舒　静·主编

复旦大学出版社

编 委 会

主 编：许铁峰 舒 静
副主编：成 琳 张 瑛
编 委：（按姓氏笔画排序）

王之通 王 盼 王鹏程 邓 炜 卢亚云 刘明明
关琳子 许明飞 李 芬 李嘉炎 杨 莹 杨琳蔚
何逸潇 沈 漫 张 怡 张雯怡 陈 多 陈 璇
林 磊 金春林 施晓琴 顾晔斌 徐文苑 高广文
陶 伟

前言 Preface

"教育兴则国兴,教育强则国强。"高校作为培养社会主义建设者和接班人的重要阵地,承担着立德树人根本任务,肩负着为党育人、为国育才的重要使命。因此,高校必须回答好"为谁培养人、培养什么人、怎样培养人"这一教育的根本问题。随着国家把人民生命健康放在优先发展战略地位,中国卫生健康事业实现了快速发展,对具有良好职业素养的医学人才的需求也不断增加。在高等医学院校开展大学生职业生涯教育,对促进学生个人综合素质提高和职业生涯发展,推动实现更加充分更高质量就业,为健康中国战略储备更多优秀医学人才具有重要意义。

对大学生而言,自己所学专业的就业前景如何,什么样的职业适合自己,未来选择就业还是考研,是从事与所学专业对口的职业还是跨专业就业,大学期间要做些什么才能实现自己的职业目标,这些大学生普遍关心和困惑的问题的解决,亟需职业生涯教育的有力引导。

正所谓"计熟事定,举必有功"。科学的职业生涯规划能有效促进大学生全面发展。尤其在高等医学院校,医学教育有其专业的特殊性,医学类学生培养也有其特有的规律,医学类毕业生相对于其他专业毕业生,专业性强、培养周期长、专业和职业匹配度高、行业准入要求严格,更需要将职业生涯教育贯穿于医学类学生培养的全过程,教育引导学生探索自我和职业、尽早确立生涯目标、科学制定生涯规划、向着生涯目标不懈奋斗,成长为国家和社会需要的医学类人才。

目前,相当比例的医学类学生对职业生涯发展与规划的认识不足、重视不够,对自己的职业生涯决策具有盲目性和片面性,缺乏有目标、有计划的行动,这些都不利于医学类学生职业生涯发展与规划。另外,现阶段的医学类学生职业生涯教育体系尚不完善,缺乏系统性和针对性;医学类学生职业生涯教育的专业性和深入性也还不够,不同的医学专业的职业生涯教育还缺乏自身的特色和亮点;能供高等医学院校师生参考使用的医学类学生职业生涯教育的教材也很少。

《医学类学生职业生涯发展与规划》是在上海中医药大学通识选修课"职业生涯规划课"十多年第一课堂教学实践的基础上,结合生涯教育第二课堂的丰富教育资源,由长期从事高等医学院校职业生涯教育一线教师,以及医疗卫生健康研究领域的专家共同编写。教材编写对接健康中国战略,遵循大学生职业生涯教育规律和医学人才成长规律,着力强化中医药特色人才培养,将生涯规划理论运用与中医药职业现实情境相结合,设置思考题、案例分析、推荐书目等实践应用模块,引导学生认识新时代中医药发展的机遇与挑战,掌握科学的职业生涯探索方法,学会职业生涯规划和生涯心理调适。

教材既突出专业性和实用性,同时也强化思想引领和价值观塑造,引导学生认识新中国医疗卫生发展成就,坚定中医药文化自信,将自身发展融入国家需求去开展个人生涯规划,助力学生成长为与祖国同向同行、守正创新的卓越中医药人才。

希望阅读本教材的师生都"开卷有益"。

编委会
2021 年 6 月

目录 | CONTENTS

第一章　职业发展环境 · 001
- 第一节　新中国卫生事业发展成就 · 001
  - 一、初步构建了医疗卫生服务保障体系（1949—1978 年） · 001
  - 二、医疗改革促进卫生事业快速发展（1978—2012 年） · 006
- 第二节　健康中国战略 · 010
  - 一、健康中国战略的形成 · 011
  - 二、健康中国战略的内涵 · 018
  - 三、健康中国战略与中医药发展 · 021
- 第三节　中医药院校人才培养 · 024
  - 一、中医药院校人才培养简史 · 024
  - 二、中医药高等院校的专业设置 · 024
- 第四节　中医药院校学生就业形势和职业发展路径 · 026
  - 一、中医药院校学生就业形势 · 026
  - 二、中医药院校各类专业职业发展路径 · 029
  - 三、中医药院校学生就业新契机 · 036

第二章　职业生涯规划概述 · 043
- 第一节　西方职业生涯发展相关理论 · 043
  - 一、职业生涯相关理论的形成 · 043
  - 二、职业选择理论范式 · 046
  - 三、生涯发展理论范式 · 049

四、生涯教育理论范式 ·· 058
第二节　职业生涯规划的意义 ·· 060
　　　一、职业生涯规划的个人意义 ·· 060
　　　二、职业生涯规划的社会意义 ·· 063

第三章　中医药院校学生的自我认知 ·· 066
第一节　自我认知概论 ·· 066
　　　一、自我认知的内涵 ·· 066
　　　二、自我认知的作用 ·· 071
　　　三、自我认知的方法 ·· 074
第二节　了解职业性格 ·· 079
　　　一、认识职业性格 ·· 080
　　　二、性格与个人职业发展的关系 ·· 082
　　　三、测试自己的职业性格 ·· 083
　　　四、中医药类专业毕业生常见职业性格类型 ······························ 095
第三节　发现职业兴趣 ·· 098
　　　一、职业兴趣概述 ·· 098
　　　二、职业兴趣与职业生涯发展 ·· 100
　　　三、职业兴趣的识别 ·· 103
　　　四、中医药类学生职业兴趣类型与典型职业的匹配 ························ 106
第四节　探索职业能力 ·· 108
　　　一、能力与职业能力概述 ·· 109
　　　二、能力与职业的适应性 ·· 114
　　　三、识别职业技能优势 ·· 116
　　　四、中医药类大学生应具备的职业能力 ·································· 119
第五节　澄清职业价值观 ·· 124
　　　一、价值观与职业价值观 ·· 124
　　　二、职业价值观与职业发展 ·· 130
　　　三、中医药类大学生应具有的核心职业价值观 ···························· 132

第四章　探索职业世界 … 136

第一节　职业概述 … 136
一、职业的内涵、特点与功能 … 136
二、职业分工、职业声望与职业流动 … 138
三、职业分类与职业信息 … 142

第二节　中医药职业要求 … 150
一、职业道德 … 150
二、职业资格与鉴定 … 152
三、政策与法律规定 … 155

第三节　职业发展 … 161
一、中医住院医师规范化培训 … 161
二、中医临床药师规范化培训 … 165

第四节　互联网医疗职业拓展 … 172
一、互联网医疗赋能医疗服务体系 … 172
二、互联网医疗人才需求分类 … 174
三、互联网医疗助力中医药转型发展 … 176

第五章　规划职业生涯 … 178

第一节　职业生涯发展策略与实施 … 178
一、职业生涯发展目标的分解与组合 … 178
二、建立职业生涯发展的"目标—行动"策略 … 181
三、保障职业生涯规划发展有效实施的措施 … 184

第二节　职业生涯评估 … 187
一、职业生涯评估的内涵 … 187
二、职业生涯评估的方法 … 190
三、职业生涯评估的工具 … 193
四、个人对职业生涯评估的评价 … 194
五、职业生涯的选择和决策 … 196

第三节　撰写职业生涯规划书 … 204

一、职业生涯规划书的构成要素 …………………………………… 204
　　二、大学生职业生涯规划应遵循的原则 …………………………… 208
　　三、职业生涯规划书的修正与完善 ………………………………… 209
　　四、职业生涯规划书的实施与反馈 ………………………………… 210
　第四节　生涯心理调适 …………………………………………………… 211
　　一、生涯发展心理特征 ……………………………………………… 211
　　二、生涯心理问题分析 ……………………………………………… 213
　　三、生涯心理调适方法 ……………………………………………… 216

附　录 …………………………………………………………………………… 225
　附录一　职业兴趣测试（霍兰德测试） …………………………………… 225
　附录二　职业性格测试（MBTI 性格测试） ……………………………… 240

参考文献 ……………………………………………………………………… 244

后　记 ………………………………………………………………………… 246

第一章　职业发展环境

卫生事业发展关系到广大人民群众的切身利益,直接影响到全面建设小康社会和构建社会主义和谐社会宏伟目标的实现。新中国成立70余年来,经济社会发展取得了辉煌成就,在人民卫生与健康事业发展方面表现尤为突出。遵循正确的卫生工作方针,凭借政府、医务工作者和人民群众的共同努力,中国不仅以最快的速度控制了严重影响人民健康的传染病;同时又不断完善医疗卫生服务体系,改革医疗保障制度,实现了人民健康水平持续快速提升。这一切都使古老的中华民族焕发出勃勃生机。

第一节　新中国卫生事业发展成就

一、初步构建了医疗卫生服务保障体系(1949—1978年)

新中国成立伊始,缺医少药、疫病流行,人民卫生与健康状况危机重重。为尽快改变这种状况,党中央和各级政府把预防严重危害人民健康的流行病、严重威胁母婴生命的疾病和建立基层卫生组织作为两大工作重点,广泛发动群众、整治环境卫生、整顿卫生工作队伍、建立医疗保障制度,快速化解了新中国成立后面临的卫生与健康危机。1950年8月,中央人民政府召开了第一届全国卫生工作会议,提出卫生工作"面向工农兵、预防为主、团结中西医"的三大方针,1952年召开的第二届全国卫生工作会议,在原有卫生工作指导方针基础上,又增加"卫生工作与群众运动相结合"方针。在这四大方针的引领下,中国逐步建立起疾控体系、医疗服务体系,以及由公费医疗、劳保医疗、合作医疗组成的政府主导的低水平、广覆盖、福利性医疗保障制度。

（一）建立全国卫生防疫机制

新中国成立之初，疫病丛生，以鼠疫、霍乱和天花为代表的三种主要烈性传染病，自新中国成立前就存在的血吸虫病、钩虫病、疟疾、丝虫病、黑热病五大寄生虫传染病，以及包括流行性乙型脑炎、白喉、麻疹等17种传染病在内的乙类传染病纷纷在神州大地肆虐。而城市地区保健医疗机构简陋且分布不平衡，广大农村地区普遍缺医少药；传染病和寄生虫病流行、人民群众卫生防疫意识差、医疗卫生基础落后等因素均严重威胁着我国广大人民的健康。其中长江流域流行的血吸虫病更被称为"瘟神"，威胁着1亿多人的健康和生命。而当时的新中国刚经历了长期战乱和炮火洗礼，百废待兴。党和政府高度重视卫生事业建设和人民群众健康，把卫生防疫工作提到政治高度，提出积极防治各种主要疾病，不断提高人民健康水平是社会主义国家主要标志之一，也是社会主义建设的一个必要条件。我国尚存在着血吸虫病、疟疾、黑热病、丝虫病、钩虫病、脑炎、鼠疫、天花和性病等严重危害人民的寄生虫病与传染病，要求分别在今后几年内基本上控制蔓延并逐步求得消灭等卫生防疫思想，指明传染病防治的政治方向。同时，面对全国医疗卫生政治资源参差不齐、效率低下的现实问题，组建中央防疫总队，分别整合和利用全国包括军民、中西医、公私等不同方面的医疗卫生、组织、资金、人才等方面的政治资源，为快捷高效防控疫病作出努力。

为控制和消灭肆虐的寄生虫病与传染病，中央人民政府制定并颁布了一系列政策法规。如1950年中央人民政府政务院颁发的《关于发动秋季种痘运动的指示》和《种痘暂行办法》，推动牛痘在全国的大面积免费接种，让接种地区天花发患者数在两年间减少了一半以上；1955年颁布的《传染病管理办法》，根据传染病危害程度和应采取的监督、监测、管理措施，首次对传染病进行分类管理，厘清传染病种；建立疫情报告制度，并明确了具体的处理措施，设立防疫机构，极大加强了传染病防治工作力度。此后，毛泽东于1956年在最高国务会议上强调全党动员，全民动员，消灭血吸虫病，并把消灭血吸虫病写进了《农业发展纲要40条》。同年，中共中央成立防治血吸虫病领导小组，派出大批医疗队到疫区进行血吸虫病防治工作。经过两年卫生工作与群众运动相结合的防疫斗争，曾经长期在福建、浙江、江苏、湖南、江西等省肆虐的血吸虫病得到了有效控制和治疗。

为此，1958年6月30日的《人民日报》用头版头条报道了这个消息，并刊载了题为《第一面红旗——记江西余江县根本消灭血吸虫病的经过》的社论。毛泽东读后十分欣慰,彻夜未眠,第二天早晨便写了两首诗以表喜悦之情。发表时,题为《送瘟神二首》;后收入 1963 年版《毛主席诗词》时,改作《七律二首·送瘟神》。

七律二首·送瘟神

读六月三十日《人民日报》,余江县消灭了血吸虫。浮想联翩,夜不能寐。微风拂煦,旭日临窗,遥望南天,欣然命笔。

(一)

绿水青山枉自多,华佗无奈小虫何!
千村薜荔人遗矢,万户萧疏鬼唱歌。
坐地日行八万里,巡天遥看一千河。
牛郎欲问瘟神事,一样悲欢逐逝波。

(二)

春风杨柳万千条,六亿神州尽舜尧。
红雨随心翻作浪,青山着意化为桥。
天连五岭银锄落,地动三河铁臂摇。
借问瘟君欲何往,纸船明烛照天烧。

1953 年起,我国先后成立了包括寄生虫病、地方病、血吸虫病、性病、麻风病、疟疾、结核等在内的一批专业防治机构,与卫生防疫站共同初步形成了我国以五大疾病预防控制为主的疾病预防控制服务体系,同时也为我国传染病防治工作奠定了坚实基础。对于新中国成立初期我国在卫生事业建设方面的成就,毛泽东骄傲地说:"过去说中国是'老大帝国','东亚病夫',经济落后,文化也落后,又不讲卫生……但是,经过这些年的改革,我们把中国的面貌改变了。我们的成绩是谁也否认不了的。"在此期间,爱国卫生运动扎实推进,成效明显,科研工作者成功研发"青蒿素"等令世界瞩目的医学科学成就,为全球防治疾病作出了巨大贡献。

(二)构建城乡医疗卫生体系

在医疗服务方面,城市形成了市、区、街道三级医疗服务体系,农村形成了县、乡、村三级医疗预防保健网络。在医疗保障方面,以企业为主要责任的劳保医疗和以财政为主要责任的公费医疗组成了城市医疗保障体系;在农村,农民自发探索的合作医疗在我国首创了集体与个人合作分担医疗费用的形式,表现为小范围内的集体保障。

1. 医疗服务体系

新中国成立初期,全国医疗卫生资源大多集中在城市,广大农村地区普遍面临缺医少药的窘境。药品供应不足,大部分化学药品和简单的医疗器械均依赖于进口。1950年8月,在毛泽东题词"团结新老中西医各部分医药卫生人员,组成巩固的统一战线,为开展伟大的人民卫生工作而奋斗"的指引下,我国第一届全国卫生工作会议明确了"面向工农兵""预防为主"和"团结中西医"的三大卫生工作指导方针。其后,各级政府迅速投入资金、组织人力,建设以县医院为龙头、以公社卫生院为枢纽、以生产大队卫生室为基础的县社队三级医疗预防保健网,大幅提升我国农村医疗卫生服务的可及性。同时,农村合作医疗制度"小病不出大队,大病不出公社"的服务优势,使农民群众看病就医的服务需求初步得到了满足。

基于当时我国的卫生工作方针,毛泽东在1954年进一步指出要重视中医,学习中医,对中医加以研究整理,这将是我们祖国对人类贡献的伟大事业之一。此时的中医也进入了前所未有的发展时期。一是由政府投入建设中医药管理和研究机构,包括卫生部将原医政处中医科逐步提级至中医司,以及成立国家科委中医中药专业组,使中医的科技研究和规划在国家层面逐步正规化;二是大力发展中医教育,在全国兴办中医院校和医院。1956年经国务院批准,在北京、上海、广州、成都建立了中医学院,随后其他各地也相继开办了中医院校并设立了附属中医医院和中西医结合医院。据统计,到1960年就已有中医医院339所;三是校勘中医古籍,支持中医药杂志和报刊发行,包括1955年1月创刊的《中医杂志》《新中医》《中成药研究》等中医相关刊物众多,仅刊发中医内容的刊物就达三十多种。通过一系列政府支持建设,我国培养了一大批中医药人才,为中医的发展起到了极大的促进作用。但由于国家实施以重工业为主导的发展战略,使得卫生工作的重点随之转移到城市,并服务于国家的重工业建设,由此产生卫生资源分布及医疗保障制度城乡二元割裂的现象,且在20世纪60年代中期愈发突出。1965年6月,毛泽东指示"把医疗卫生工作的重点放到农村去",由此唤起全国上下对农村医疗工作的高度关注。1966年8月,中国历史上第一个农村合作医疗试点——"乐园公社杜家村大队卫生室"挂牌,农民每人每年交1元合作医疗费,大队再从集体公益金中人均提留5角作为合作医疗基金;除个别老痼疾病需常年用药外,群众每次看病只交5分钱挂号费即可。"农村合作医疗制度"受毛泽东亲笔批示和《人民日报》头版头条报道,得以在全国90%以上农村地区推广。与合作医疗制度同时快速推广的还有"放下药箱下地,背起药箱出诊"的实战派"赤脚医生"。1969年,《赤脚医生手册》正式出版。该手册在近半个世纪中为解决几亿人的医疗问题立下汗马功劳,还是中国老百姓的全民健康指导手册。随着合作医疗制度与赤脚医生得以快速推广,在20世纪70年代后期,我国农村地区形成了集预防、医疗、保健功能于一体的覆盖县、乡、村的卫生服务网,赤脚医生数量也一度达到150多万名,在改善农村医疗卫生落后状况中发挥了巨大作用。

新中国成立后的短短20多年时间内,城乡居民健康和医疗卫生服务水平大幅提高。1978年,在阿拉木图召开的国际初级卫生保健会议上,以"县乡村三级医疗体系、农村合作医疗制度、赤脚医生"为三大法宝的"中国模式"得到国际认可,被世界卫生组织作为典范向发展中国家推荐。

2. 医疗保障体系

这个时期城市医疗保障体系主要由劳保医疗和公费医疗组成。1951年2月,中央人民政府政务院公布了《中华人民共和国劳动保险条例》,标志着以企业职工福利基金为支撑的劳保医疗制度作为劳动保险的组成部分正式建立,其保障对象为全民所有制企业的职工及离退休人员,城镇集体企业参照执行,职工直系亲属的手术费及普通药费按规定由企业或资方负担1/2。劳保医疗制度的建立为国家全局性医疗卫生决策提供了宝贵的经验。1952年6月,国务院印发了《关于全国人民政府、党派、团体及所属事业单位的国家工作人员实行公费医疗预防的指示》和《国家工作人员公费医疗预防实施办法》,决定自1952年7月开始实行以国家干部为主体、财政提供经费的公费医疗制度,保障内容包括疾病预防和治疗、非责任伤害、妇女生育等,1953年进一步将此待遇范围扩大到大学和专科在校学生。随着国家财政状况的逐步好转,劳保医疗和公费医疗扩大了实施范围,放宽了条件,提高了保障待遇。

在农村,合作医疗在合作化运动背景下,经由农民群体的实践与创造得以产生。1955年,山西省高平县米山乡建立联合保健站,最早实行了"医社结合"、由社员群众出"保健费"的集体保健医疗费制度。同年11月,原卫生部肯定了米山乡的经验后,农村合作医疗工作经验在全国得到推广。随着20世纪60年代国家对农村卫生工作重视度的提高,合作医疗制度进一步在全国迅速铺开。农村合作医疗在全国范围内的普及为解决经济落后的农村地区"缺医少药"的问题提供了很好的实际应对办法,但较长一段时间内是一项农民自主探索的实践,缺乏相应制度要素和关键环节的规范化内容,没有从制度层面形成农村医疗保障制度。直到1978年的《中华人民共和国宪法》中明确指出,"国家逐步发展社会保险、社会救济、公费医疗和合作医疗等事业,以保证劳动者享受这种权利",进而推动了农村合作医疗的组织实施正式在制度上得到了确立。

总结来说,新中国成立初期,我国人民平均寿命仅为34岁,卫生工作面临着疾病丛生、缺医少药的严峻局面。在新中国成立后的计划经济时期,在这个经济发展水平相当低的情况下,党和政府通过有效的制度安排,用较为有限的卫生投入,大体上满足了几乎所有社会成员的基本医疗卫生服务需求,国民健康水平迅速提高,不少国民综合健康指标达到了中等收入国家的水平,成绩十分显著,被一些国际机构评价为发展中国家医疗卫生工作的典范。可以说,政府在医疗卫生事业的发展过程中发挥了主导作用,各级、各类医疗卫生机构的服务全面追求公益目标,不以营利为目的,从而用占世界2%的卫生总费用,解决了占四分之一世界人口的健康问题,在短期内建立了一个低水平、全覆盖、福利型的公共卫生体系,保证了全体公众享受到最基本、最公平的医疗服务,被世界银行称为以最少投入获得最大健康收益的"中国模式",其成就令全世界瞩目。

二、医疗改革促进卫生事业快速发展(1978—2012年)

随着社会经济发展和我国体制机制改革的进一步深入,医疗卫生体系的不足也逐渐暴露:一是财力资源的有限性以及缺乏竞争机制,致使医疗技术水平发展缓慢,部分大病、疑难病症难以得到有效救治,医疗卫生服务供给与人民日益增长的防病治病需求间存在供需不匹配的矛盾;二是决策缺乏系统性考虑,医疗保障体系因其缺乏科学合理的保险筹资机制和稳定的医疗费用支付机制,致使其存在收支不平衡的矛盾;三是不同人群的政策参与度存在差异,农村地区的政策参与度严重不足,致使农村医疗保障问题未能得到相关保障政策的全面覆盖,城市与农村、单位职工与农民的医疗保障水平差距明显。

因此,该时期卫生健康事业改革发展的重点:一是扩大医疗机构的服务供给,缓解供需矛盾;二是按照经济规律办事,加强财务管理,打破医疗机构"平均主义"和"大锅饭"的分配方式,调动医务人员的工作积极性;三是适应社会主义市场经济体制改革,提高医疗保障制度运行的可持续性,探索以多方责任分担为特征的社会化基本医疗保险制度。

(一)恢复及优化医学教育制度

新中国成立以来,我国医学教育在改革中不断发展,取得令人瞩目的成就。特别是改革开放后,医学教育领域进行了包括管理、办学、经费筹措、招生就业和学校内部管理的全面体制改革,在教育思想、教学模式、教学内容和教学方法等方面进行了大胆的创新与实践,使我国医学教育逐步适应社会、经济的发展,与国际接轨。医学教育机构规模与布局日趋合理,教育管理体制逐渐优化,学生人数稳步增加,师资队伍不断壮大,教育理念逐步更新,教学质量显著提高,培养的大量医学人才对我国卫生事业发展起到了至关重要的作用。

新中国成立初期,我国高等医学教育相对落后,且因战争的破坏,全国的中医院校均未能维持,仅存高等西医医学院校 38 所,且普遍存在规模小、布局不合理、招生少、设备差、师资缺乏等问题。为集中办好医学高等院校,改变地域分布不合理的状况,我国于 20 世纪 50 年代合并了规模较小的学校,并有计划地将沿海部分学校逐步迁往缺少医学院校的地区,或将部分医学院校从综合大学中分离,为此后形成多形式、多层次的办学格局奠定了良好基础。1952 年,我国对医学院校进行了院系调整,包括将上海震旦、圣约翰、同德 3 所医学院校合并组成上海第二医学院(现上海交通大学医学院);同济大学医学院由上海迁往武汉,与武汉大学医学院合并,改名中南同济医学院(现为华中科技大学同济医学院);东南医学院由上海迁往合肥,改名安徽医学院(现为安徽医科大学);广州中山大学医学院、岭南大学医学院和光华医学院合并组成华南医学院(原中山医科大学,现为中山大学北校区)。经过调整,全国高等医学院校保存了 32 所(其中药学 2 所)。在毛泽东的支持下,新中国开始于 1956 年首先在北京、上海、成都、广州设立了四所中医学院,1962 年增加到 19 所,1978 年增加到 22 所;同时各地还创办了大量中专级别的中医学校,为国家培养了大量高、中级中医人才。1978 年十一届三中全会后,医学院校招生规模迅速扩大,1982 年招生人数为 2.9 万余人,2020 年普通高等医学院校年招生人数超过 112 万;同时医学研究生教育也得到快速发展,1949 年至 1965 年间我国共招收研究生 1 185 名,毕业 629 名,1978 年研究生教育制度初步恢复后,全国共招收研究生 1 417 名,到 2020 年招收研究生(包括科研院所)已增加到13.1万余人。医学教育制度的不断完善及优化,为培养符合人民医疗卫生需求的医学人才、提高医学队伍的整体素质、扩大医疗卫生服务供给能力,提供了必要的前提条件。

(二)医疗服务体系快速发展

党的十一届三中全会后,我国开启了改革开放的新时期,医疗卫生事业紧随社会发展的步调而动。1985年1月,为贯彻党的十二届三中全会通过的《中共中央关于经济体制改革的决定》精神,卫生部召开全国卫生厅局长会议,随后国务院批转了卫生部起草的《关于卫生工作改革若干政策问题的报告》,医疗改革正式启动。其后,为贯彻执行改革、开放、搞活的总方针,1988年,卫生部、国家中医药管理局颁布实施《医师、中医师个体开业暂行管理办法》,国家在医疗卫生领域积极推行"多渠道办医""简政放权"等改革措施,逐步遵循按照市场规律办医、扩大规模,提升市场竞争力,激发了医疗机构和医务人员的工作热情,增加了卫生服务供给,由此正式拉开了医疗机构市场化转型的序幕,这一年也被称为"医改元年"。

党的十四届三中全会确立了我国建设社会主义市场经济体制的目标,这标志着我国改革开放进入了一个新阶段。卫生事业经过前期改革发展,虽然在一定程度上有效缓解了医疗卫生资源短缺问题,改善了医疗服务效率,但医疗卫生资源配置不合理问题却越来越突出,医疗机构市场化管理越来越成熟,其经济管理方式越来越符合市场发展规律,分配制度和激励机制按照市场规律运作,卫生发展活力不断增强,但由于创收驱动力增强,医疗保障体系难以为继,城乡居民面临医疗费用快速上升的巨大压力,"因病致贫""因病返贫"问题日渐凸显。

从20世纪90年代末开始,医疗改革进入全面深化阶段。1997年,《中共中央、国务院关于卫生改革与发展的决定》明确提出:"我国卫生事业是政府实行一定福利政策的社会公益事业。"这一表述清晰界定了我国卫生事业组织和活动是以追求社会效益为主要目的,并由各级政府领导,提供必要经费补助。党中央提出了"以人为本"的科学发展观,分配原则也转向了"效率与公平并重",重视基层医疗卫生工作,开始着手解决重医轻防、重城轻乡的弊病。但在2003年"非典"(SARS)疫情暴发的处置过程中,不断暴露出医改过度市场化带来的卫生事业发展弊端,从而促使全社会开始反思卫生事业的发展改革方向,客观上推动了人们对卫生体制改革进行更加深入的思考。2009年3月,中共中央国务院发布《关于深化医药卫生体制改革的意见》,"新医改"文件正式出台,提出建立健全覆盖城乡居民的基本医疗卫生制度,为群众提供安全、高效、方便、价廉的医疗卫生服务的总体目标。虽然医疗机构市场化在其后受到多方诟病,且造成了医疗费用过快增长、人民"看病难、看病贵""以药补医"及"重医轻防"等问题,但该阶段我国卫生事业整体得到了快速发展,医疗技术水平显著提升,为后续进一步构建优质高效的医疗卫生服务体系奠定了扎实的基础。

(三)建立比较完善的医疗保险制度

1993年11月,党的十四届三中全会通过了《中共中央关于建立社会主义市场经济体制若干问题的决定》,明确指出建立合理的社会保障制度,城镇职工养老和医疗保险金由单位和个人共同负担,实行社会统筹和个人账户相结合。1994年3月,国家体改委、财政部、卫生部、劳动部共同制定了《关于职工医疗保险制度改革的试点意见》,提出试点建立社会统筹与个人账户相结合的社会医疗保险。同年11月,国务院发布《关于江苏省镇江市、江西省九江市职工医疗保障制度改革试点方案批复的通知》,提出从1995年开始在江苏镇江、江西九江进行职工医疗保障制度改革试点。1996年4月,国务院在总结"两江"试点的基础上,将医疗保障制度改革试点范围再次扩大,在56个城市推广。随着职工医疗保障制度改革的不断试点,1998年12月14日,在总结试点经验的基础上,国务院发布《关于建立城镇职工基本医疗保险制度的决定》,正式提出在全国范围内进行城镇职工医疗保险制度改革,根据财政、企业和个人的承受能力,建立保障职工基本医疗需求的社会医疗保险制度。该文件的发布也标志着传统的公费医疗和劳保医疗制度退出历史舞台。

在农村医疗保障体系方面,农村合作医疗在经历了20世纪八九十年代的低迷后,制度有了新的发展。2002年10月,中共中央国务院发布了《关于进一步加强农村卫生工作的决定》,首次正式提出"新型农村合作医疗"的概念和目标。2003年1月,国务院办公厅转发了原卫生部、财政部、农业部联合起草的《关于建立新型农村合作医疗制度的意见》,正式提出建立新型农村合作医疗制度,将新型农村合作医疗制度定义为"是由政府组织、引导、支持,农民自愿参加,个人、集体和政府多方筹资,以大病统筹为主的农民医疗互助共济制度",并对新型农村合作医疗建立过程中的方式方法、推广进度等问题作出具体规定。

对于城市居民医疗保障,2007年4月,国务院常务会议研究部署启动城镇居民基本医疗保险试点。同年7月,《国务院关于开展城镇居民基本医疗保险试点的指导意见》正式下发,提出试点覆盖全体非从业居民的城镇居民基本医疗保险。

新型农村合作医疗制度和城镇居民基本医疗保险制度以不属于城镇职工基本医疗保险制度覆盖范围的城乡居民为保障对象,均采取自愿参加的原则,在筹资来源上实行个人缴费和财政补贴相结合,保障水平以大病统筹为最初的设计定位,切实提升了医疗保障对不同人群的覆盖范围,进一步完善了我国医疗保障的体系框架。

总体来说,新中国成立 70 多年来,特别是改革开放以来,我国卫生事业在维护和促进人民健康方面取得了显著成就,积累了丰富经验,走出了一条具有中国特色的健康发展道路。城乡居民整体健康水平持续改善,主要健康指标位于发展中国家前列,人均预期寿命显著提高,从新中国成立初期的 35 岁、1957 年的 57 岁、1990 年的 68.6 岁到 2010 年的 74.8 岁;婴儿死亡率明显下降,从新中国成立前的 200‰左右下降到 2012 年的 10.3‰;孕产妇死亡率逐年降低,从新中国成立前 150/万下降到 2012 年的 24.5/10 万。虽然我国仍然处于中低收入发展中国家水平,但人群健康指标已经位居发展中国家前列,达到了中高收入国家的平均水平。

思考题

结合自身,谈谈我国医疗卫生事业的发展给人们带来的影响。

第二节 健康中国战略

"没有全民健康,就没有全面小康。"党的十八大以来,以习近平同志为核心的党中央,把人民健康作为全面建成小康社会的重要内涵,从经济社会发展全局和民族伟大复兴的高度,提出推进健康中国建设。2017 年 10 月 18 日,习近平总书记在党的十九大报告中指出"中国特色社会主义进入了新时代,这是我国发展新的历史方位",这一重大判断明确了我国下一阶段的方略和建设任务。同时,十九大报告中正式提出健康中国战略并上升为国家战略,将人民健康作为民族昌盛和国家富强的重要标志。健康中国战略的重要特征是突出大健康理念，将健康融入所有政策，统筹解决健康问题。推进健康中国建设，为实现"两个一百年"奋斗目标奠定了坚实的健康基础，也是我国积极参与全球健康治理、履行联合国"2030年可持续发展议程"承诺的重要举措。在新冠肺炎疫情全球蔓延的背景下，健康中国建设的重要性和紧迫性进一步彰显。

一、健康中国战略的形成

健康是促进人全面发展的必然要求，是经济社会发展的基础条件。实现国民健康长寿，是国家富强、民族振兴的重要标志，也是全国各族人民的共同愿望。实施健康中国战略，是中国共产党带领人民开展社会主义现代化建设的必然要求，是世界主要发达国家健康战略发展的科学经验，也是我国全面建设小康社会的现实需要。在中国特色社会主义新时代，健康中国战略的提出是党和国家从我国国情出发、面向未来提出的重大战略部署和制度安排。

（一）健康中国战略是党和国家卫生健康工作的经验总结

新中国成立以来，党和政府始终高度重视人民健康问题，在不同历史时期，持续丰富拓展人民健康的内涵，并在实践中不断创新，提出了不同时期的卫生工作方针。党中央通过总结不同时期卫生健康工作经验，结合中国特色社会主义新时代建设方向，以前瞻性视角提出健康中国战略，为新时期中国卫生健康事业发展指明了方向和道路。

1. 十八大以来关于健康的观点

党的十八大以来，习近平总书记在众多场合强调人民健康的重要性，发表了一系列重要论述。2013年8月，他提出"人民身体健康是全面建成小康社会的重要内涵，是每一个人成长和实现幸福生活的重要基础"；2014年12月，在江苏考察时提出"没有全民健康，就没有全面小康"；2016年8月，在全国卫生与健康大会上强调，要把人民健康放在优先发展的战略地位；2019年6月，在给博鳌亚洲论坛全球健康论坛大会开幕贺信中指出，"人人享有健康是全人类共同愿景，也是共建人类命运共同体的重要组成部分"；2020年9月，在教育文化卫生体育领域专家代表座谈会时强调，"要把人民健康放在优先发展战略地位，努力全方位全周期保障人民健康，加快建立完善制度体系，保障公共卫生安全，加快形成有利于健康的生活方式、生产方式、经济社会发展模式和治理模式，实现健康和经济社会良性协调发展";2021年3月6日,在看望全国政协医药卫生界、教育界委员时指出,"要把保障人民健康放在优先发展的战略位置,坚持基本医疗卫生事业的公益性,聚焦影响人民健康的重大疾病和主要问题,加快实施健康中国行动,织牢国家公共卫生防护网,推动公立医院高质量发展,为人民提供全方位全周期健康服务";2021年3月,在福建考察时指出:"现代化最重要的指标还是人民健康,这是人民幸福生活的基础。把这件事抓牢,人民至上、生命至上应该是全党全社会必须牢牢树立的一个理念。"这些论述和观点为健康中国战略打下了理论基石。

2. 新时代我国卫生健康的工作方针

2016年,中共中央国务院印发《"健康中国2030"规划纲要》,将"健康"提到新高度。我国人均期望寿命、婴儿死亡率、5岁以下儿童死亡率、孕产妇死亡率,总体上优于中高收入国家平均水平,为全面建成小康社会奠定了重要基础。同时,工业化、城镇化、人口老龄化、疾病谱变化、生态环境及生活方式变化等,也给维护和促进健康带来一系列新的挑战,健康服务供给总体不足与需求不断增长之间的矛盾依然突出,健康领域发展与经济社会发展的协调性有待增强,需要从国家战略层面统筹解决关系健康的重大和长远问题。2016年8月19—20日,全国卫生健康大会在北京召开,习近平总书记发表重要讲话并首次提出了"以基层为重点,以改革创新为动力,预防为主,中西医并重,将健康融入所有政策,人民共建共享"的38字方针,并指出"要把人民健康放在优先发展的战略地位,以普及健康生活、优化健康服务、完善健康保障、建设健康环境、发展健康产业为重点,加快推进健康中国建设,努力全方位、全周期保障人民健康"。

自十八大后,我国卫生工作方针从"以人为本"的角度出发,与社会发展和人民需求紧密贴合,同时推动健康中国战略的原则和重点基本成型。

(二)健康中国战略是国际健康发展战略的科学规律

世界卫生组织(WHO)研究发现:影响个人健康和寿命的四大因素中,生物学因素占15%,环境因素占17%,卫生服务因素占8%,行为与生活方式因素占60%。因此,健康绝不仅仅是医疗卫生一个领域能解决的问题。世界卫生组织一直积极推动把健康融入所有政策。1978年,国际初级卫生保健大会形成《阿拉木图宣言》,指出健康是世界范围内重要的社会目标,这个目标的实现不仅仅需要卫生部门的努力,也需要其他社会、经济部门参与。1988年第二届国际健康促进大会发布《阿德莱德宣言》,首次提出健康融入万策。2000年《墨西哥健康促进部长宣言》,提出健康促进全国行动计划框架,即"健康国家建设"的概念。2013年第八届全球健康促进大会以"健康入万策"(HIAP)为主题,发表《赫尔辛基宣言》,提出健康入万策的国家行动框架,认为"健康入万策"是实现联合国千年发展目标的组成部分,要求各个国家在起草2015年之后的发展计划时应该重点考虑。此后,通过国家行动把健康融入所有政策逐渐成为国际共识。

自《阿拉木图宣言》后,世界主要发达国家均逐步、积极推动健康入万策行动。美国自1980年起,每十年颁布一次健康促进与疾病预防的计划,即"健康国民"(healthy people)计划,用以指导全民健康促进和疾病预防实践,从而提高全体国民的健康水平。历次《健康国民计划》均包括10年内的总体目标、优先领域、负责实施的部门、实施方法和可测量的具体指标等内容,每次计划中战略目标和关注领域的变化,均反映美国健康问题的变化,体现美国卫生战略重心的转移。

日本是最早实施国家健康战略的国家之一,早在1964年便制定"国民健康、体质增进"计划并首次提出"疾病预防、增进健康"政策,其后分别在1978年和1988年根据当时社会实际健康需求分别制定了第一、第二次国民健康增进战略,力图实现以城镇模式为中心的健康文化都市构想。进入21世纪后,日本制定并实施第三次国民健康增进战略("健康日本21世纪计划"),首次提出了国家、地方政府、社会团体和个人共同参与并相互协作的理念。同时为配合"21世纪计划"的贯彻实施,日本在2002年8月颁布了《健康增进法》,赋予"21世纪计划"以法律地位,以立法的形式保证各类健康增进项目的实施有法可依、有章可循。

英国国家健康战略的制定,则始终围绕着国家卫生服务体系(National Health Service,NHS)的改革与发展。自2000年以来,英国通过开展一系列战略研究,不断调整和完善卫生改革与发展的目标及实现途径。2010年英国发布"健康生活,健康国民:英国的公共卫生战略",开辟了公共卫生发展的新纪元,确立了英格兰公共卫生署(Public Health England,PHE)和地方政府部门在公共卫生工作方面的主体地位。2013年,英国发布《英国公共卫生成果框架2013—2016》,提出促进和保护全国公众健康和福祉,最快地提高最贫困者健康的愿景,明确了提高健康寿命预期、缩小不同社区间预期寿命和预期健康寿命差异的公共卫生服务目标。

自世界卫生组织成立后,健康问题逐渐成为国际交流合作的重要内容之一,并被视为国家实力的组成部分,各国纷纷为提升国民健康水平而制定国家健康战略。我国把人民健康问题上升到国家战略的高度,将实施健康中国战略作为我国实现"两个一百年"奋斗目标、实现中华民族伟大复兴的重要路径,也回应了我国对联合国可持续发展目标(SDGs)作出的承诺。可以说,健康中国战略是党和国家以全民健康为根本目的,以共建共享为基本路径,以构建全方位全周期的健康保障机制为道路而展开的国家战略,是我国战略体系中国民经济和社会管理发展战略的重要一环,同时也是保障和改善民生的战略部署内容。其在理论上突破了我国过去以疾病诊疗为中心的工作理念,树立了"大健康、大卫生"理念思想;在实践上构建起以健康服务、生活健康、健康保障、健康环境、健康产业、支撑和保障为主体的发展道路,相较于我国过去以医疗、医药、医保和公共卫生为框架的工作体系,健康中国战略能够更加全方位全周期地为人民健康提供保障。

2016年11月,第九次全球健康促进大会在中国上海举行,并发布《2030可持续发展中的健康促进上海宣言》,这是指导全球健康促进下一个30年的纲领性文件,对于我国推行国家健康战略起到了很好的科普和推动作用。同时,它也向世界展示了我国健康促进方面的成功经验和自信。大会肯定了我国政府在推动健康促进中所展现的政府领导力,并在充分调研后认识到了可持续发展和健康促进之间的密切关系。正是中国政府对健康促进工作的高度重视,把健康作为经济社会发展全局的重要组成部分放在了优先的位置,贯彻落实预防为主的方针,并坚持把基本医疗卫生服务作为公共产品向全民提供的理念,以农村和城市的社区为重点,大力开展爱国卫生、统筹城乡的医疗服务,发挥中医药的优势,使中国国民的健康水平有了快速提升和质的飞跃,走出了一条新型的健康发展之路。中国的健康促进之路为众多处于不同发展阶段的国家提供了丰富多样的实践和经验,为全球健康促进贡献了中国智慧。

《2030可持续发展中的健康促进上海宣言》全文如下:

我们认识到健康和福祉对可持续发展是不可或缺的

2016年11月21—24日,我们齐聚中国上海,正式提出健康和福祉在联合国2030年发展议程及其可持续发展目标中的核心位置。

我们重申,健康作为一项普遍权利,是日常生活的基本资源,是所有国家共享的社会目标和政治优先策略。联合国可持续发展目标为我们确立了在投资健康、确保全民健康覆盖、减少所有年龄段人群健康不公平现象的义务。我们决心做到"一个都不能少"。

我们将对所有可持续发展目标采取行动来促进健康

只有在实现所有可持续发展目标的过程中开展健康促进,让全社会参与健康发展的进程,才能实现所有年龄段人群的健康生活,增加健康福祉。《健康促进渥太华宪章》发表以来,那些具有变革性、实践性、深远影响、基于证据的健康促进策略为我们提供了指南,我们确认这些策略是持久重要的。这意味着要果断地对所有健康决定因素采取行动,赋予人们增强维护自身健康的能力,确保拥有以人为本的卫生系统。

我们将为健康做出大胆的政治选择

我们正面临着全球健康促进的新情况。人民的健康再不能与地球的健康分离,单靠经济增长再不能确保健康水平的提高。健康安全挑战越来越多,强大的商业力量正在努力阻碍健康。广泛存在的全球健康危机就是这些快速变化的证明,需要我们同舟共济、共谋出路。

解决不可接受的健康不公平不仅需要跨部门和跨地区的政治行动,还需要在全球范围开展联合行动。如果要做到"一个都不能少",就需要采取果断的行动,保护妇女、流动人口和越来越多受到人权和环境危机影响的人们的权利。我们将优先选择良好治理、以城市和社区为平台的地方行动和通过提高健康素养的人民赋权,创新发展,共享健康,并致力于解决最脆弱群体的健康问题。

良好治理对健康至关重要

健康和社会公平政策将使整个社会受益,而治理中的失败往往会在全球和国家层面对健康行动造成不利影响。可持续发展目标间的互相依存性和普遍性决定了投资健康决定因素必将获得巨大收益。

我们认为在国家、地方和全球层面,政府在防止不可持续的生产与消费所带来的有害影响方面负有根本责任,包括避免制订可能导致失业、不安全的工作条件、危及健康的投资与贸易的经济政策。我们同时呼吁商业领袖做出良好公司治理的典范——不要将商业利益凌驾于人们的健康之上。这在非传染性疾病应对领域尤其重要。

我们承诺：

——政府要充分应用可获得的有效机制保护健康，通过公共政策提高福祉；

——加强对不健康产品的立法、管制和税收；

——将财政政策作为强有力的工具，增加对健康和福祉的投资；

——包括建立健全公共卫生系统；

——引入全民健康覆盖，将其作为同时实现健康和财政保护的有效途径；

——确保政策透明度和社会问责制，提高社会参与度；

——增强更好地应对跨国健康问题的全球治理能力；

——充分发掘传统医学在促进健康和可持续发展中日益增长的重要性和价值。

城市和社区是实现健康的关键场所

人们每天生活、工作、休闲和购物的场所与健康息息相关。健康是任何城市实现可持续发展的最有效标志之一，健康使城市对全体居民而言更包容、更安全、更有活力。

我们必须与城市市长一起解决包括快速的农村人口流向城市、全球人口流动、经济停滞、高失业率和贫困、环境污染等一系列问题。我们将努力解决贫困人口的健康服务问题。

我们承诺：

——优先实施能够为健康、福祉和其他城市政策创造共同利益的政策，充分利用社会创新和交互式技术；

——支持城市改善公平和社会包容，通过加强社区参与提高社区不同人群的知识和技能；

——以人民健康和社区和谐为核心,重新调整医疗卫生和社会服务方向,实现公平最大化。

健康素养促进赋权和公平

健康素养能够赋权于公民个体,并使他们能够参与到集体的健康促进行动中。决策者和投资者具有较高的健康素养水平有利于他们采取影响力更大、协同效果更好、更有效地应对健康决定因素的行动。

健康素养以包容地、公平地享有优质教育和终身学习为基础。健康素养是范围较广的技能和能力的综合体,人们需要首先通过学校课程,而后在整个生命周期内不断发展这类技能和能力。

我们承诺:
——充分认识健康素养是健康不可或缺的决定因素,并投资于提高健康素养;
——制订、实施和监测提高所有人健康素养的、贯穿整个教育体系的国家和地方跨部门策略;
——通过发挥数字技术的潜力,增强公民对自身健康及健康决定因素的控制;
——通过价格政策、透明化信息和清晰的标识,确保消费环境有利于健康选择。

行动呼吁

我们认识到,健康是一项政治选择,我们将遏制损害健康的行为,清除赋权的障碍——尤其是针对女性的赋权。我们敦促来自不同部门、不同治理层面以及私营部门和民间社会的领导者们,跟我们一起决心在所有可持续发展目标中促进健康和福祉。

健康生活,共建共享。我们,作为大会的参与者,将以本宣言为鉴,承诺加大对健康促进的政治保证和财政投资,加快实现可持续发展目标。

（三）健康中国战略的提出过程和实施

2008年，为积极应对我国主要健康问题和挑战，推动卫生事业全面协调可持续发展，在科学总结新中国成立60年来我国卫生改革发展历史经验的基础上，原卫生部启动了"健康中国2020"战略研究，首次提出"健康中国"的概念。2016年，习近平总书记在全国卫生与健康大会上强调，没有全民健康，就没有全面小康，要把人民健康放在优先发展的战略地位，加快推进健康中国建设。随后，《"健康中国2030"规划纲要》发布，详细而清晰地规划了今后15年健康中国建设的总体部署和"三步走"目标蓝图。2017年10月，十九大会议正式将"健康中国"上升为国家战略，提出完善国民健康政策，为人民群众提供全方位全周期健康服务。

随着健康中国战略的推进，国家陆续出台相应文件，包括国务院印发《关于实施健康中国行动的意见》《健康中国行动（2019—2030年）》以及《健康中国行动组织实施和考核方案》等，从干预健康影响因素、维护全生命周期健康和防控重大疾病三方面提出开展15项行动，并明确个人和家庭、政府、社会的责任，扎实推进健康中国战略有序开展。同时成立健康中国行动推进委员会以落实相关工作。2020年6月1日，《中华人民共和国基本医疗卫生与健康促进法》正式施行，该法是我国卫生健康领域的第一部基础性、综合性法律，为推动和保障健康中国战略的实施提供了法律依据。

"十三五"时期是健康中国战略的设计和启动阶段。在这五年期间，中国卫生健康事业获得了长足发展，国民健康状况持续改善，居民人均预期寿命达到77.3岁，孕产妇死亡率降至16.9/10万，5岁以下儿童死亡率降至7.5‰，婴儿死亡率降至5.4‰。新冠肺炎疫情防控阻击战取得阶段性胜利，居民主要健康水平优于中高收入国家平均水平，总体上为健康中国建设打造了一个良好的局面。

二、健康中国战略的内涵

从2012年11月15日，习近平总书记在十八届中共中央政治局常委同中外记者见面时做出的"人民对美好生活的向往，就是我们的奋斗目标"的庄严承诺，到2021年3月23日，习近平总书记在福建考察时指出"现代化最重要的指标还是人民健康，这是人民幸福生活的基础。把这件事抓牢，人民至上、生命至上应该是全党全社会必须牢牢树立的一个理念"。可以看出，十年来，以习近平同志为核心的党中央的"健康观"一以贯之，就是以人民为中心、以健康为根本。这也是健康中国的最重要内涵。当然，人民对美好生活的向往是发展的、多元的，健康中国的内涵也是不断丰富的。

2016年，中共中央、国务院印发的《"健康中国2030"规划纲要》是新中国成立以来首次在国家层面上制定的健康领域中长期战略规划，是推进健康中国建设的宏伟蓝图和行动纲领。《纲要》系统阐述了健康中国建设的总体战略、战略任务、支撑保障和组织实施，是健康中国战略内涵的集中体现和具体部署。

（一）健康中国战略的主题

"共建共享、全民健康"是建设健康中国战略的主题。围绕这一主题，必须落实新时期的卫生与健康工作方针：以人民健康为中心，坚持以基层为重点，以改革创新为动力，预防为主，中西医并重，把健康融入所有政策，人民共建共享。

将"共建共享"作为实现健康中国战略的基本路径。这是贯彻落实"共享是中国特色社会主义的本质要求"和"发展为了人民、依靠人民、发展成果由人民共享"的具体体现。坚持政府主导与调动社会、个人积极性相结合，从供给侧和需求侧两端发力，统筹社会、行业和个人三个层面，实现政府牵头负责、社会积极参与、个人体现健康责任，不断完善制度安排，形成维护和促进健康的强大合力，推动人人参与、人人尽力、人人享有，落实预防为主，提高全民健康素养、推行健康生活方式，减少疾病发生。优化健康服务要素配置和供给，补齐发展短板，推动健康产业转型升级，强化跨部门协作，形成多元化共治格局，强化早诊断、早治疗、早康复，在共建共享中实现全民健康，提升人民群众获得感。

将"全民健康"作为健康中国战略的根本目的。立足全人群和全生命周期两个着力点，惠及全人群、覆盖全生命周期，分别解决提供"公平可及"和"系统连续"健康服务的问题，做好妇女儿童、老年人、残障人士、低收入人群等重点人群的健康工作，使全体人民享有所需要的、有质量的、可负担的预防、治疗、康复、健康促进等健康服务，强化对生命不同阶段的主要健康问题及主要影响因素的有效干预，实现"从胎儿到生命终点"的全程健康服务和健康保障，全面维护人民健康。

（二）健康中国战略的目标和任务

健康中国战略明确了2020年、2030年以及2050年三个阶段的发展目标。2030年的主要目标包括：人民健康水平持续提升，主要危害健康因素得到有效控制，全民健康素养大幅提高，健康服务能力大幅提升，健康产业规模显著扩大，促进健康的制度体系更加完善,基本实现健康公平等。

健康中国战略主要抓手或任务的确定坚持以人民健康为中心,站在大健康、大卫生的高度,紧紧围绕健康影响因素(包括遗传和心理等生物因素、自然与社会环境因素、医疗卫生服务因素、生活与行为方式因素),按照从内部到外部、从主体到环境的顺序,依次针对个人生活和行为方式、医疗服务与保障、生产与生活环境等健康影响因素,提出普及健康生活、优化健康服务、完善健康保障、建设健康环境、发展健康产业五方面的战略任务。

一是普及健康生活。从健康促进源头处入手,强调个人健康责任,发展健康文化,通过加强健康教育,提高全民健康素养,广泛开展全民健身运动,塑造自主自律的健康行为,引导群众形成合理膳食、适量运动、戒烟限酒、心理平衡的健康生活方式。

二是优化健康服务。以妇女儿童、老年人、低收入人群、残障人士为重点,从疾病的预防和治疗两个层面采取措施,建立整合型医疗卫生服务体系,强化覆盖全民的公共卫生服务,加大慢性病和重大传染病防控力度,实施健康扶贫工程,创新医疗卫生服务供给模式,提高中医药服务能力并发挥中医治未病的独特优势,为群众提供更优质的健康服务。

三是完善健康保障。健全全民医疗保障体系,深化公立医院、药品、医疗器械流通体制改革,完善国家药物政策,降低虚高药价,切实减轻群众看病负担,改善就医感受。加强各类医保制度整合衔接,改进医保管理服务体系,推进医保支付方式改革,积极发展商业健康保险,实现保障能力长期可持续。

四是建设健康环境。针对影响健康的环境问题,开展大气、水、土壤等污染防治,实施工业污染源全面达标排放,建立健全环境与健康监测评估制度,加强药品食品安全监管,强化安全生产和职业病防治,促进道路交通安全,深入开展爱国卫生运动,建设健康城市和健康村镇,提高突发事件应急能力,最大限度减少外界因素对健康的影响。

五是发展健康产业。区分基本和非基本,优化多元办医格局,推动非公医疗机构逐步向高水平、规模化方向发展。加强供给侧机构性改革,支持发展健康医疗旅游、健康管理服务等健康服务新业态,积极发展健身休闲运动产业,提升医药产业发展水平,不断满足群众日益增长的多层次多样化健康需求,健康服务业总规模到2030年达16万亿。

同时,在自2020年以来的抗击新冠肺炎疫情过程中,我国政府把人民生命安全和身体健康放在第一位,统筹疫情防控和医疗救治,采取最全面最严格最彻底的防控措施,前所未有地采取大规模隔离措施,前所未有地调集全国资源开展大规模医疗救治,不遗漏一个感染者,不放弃每一位患者,实现"应收尽收、应治尽治、应检尽检、应隔尽隔",遏制了疫情大面积蔓延,改变了病毒传播的危险进程。在党中央的坚强领导下,由我国各级政府共同建立中央统一指挥、统一协调、统一调度,各地方各方面各负其责、协调配合,集中统一、上下协同、运行高效的指挥体系,为打赢疫情防控的人民战争、总体战、阻击战提供了有力保证;迅速开展社会动员,发动全民参与,坚持依法、科学、精准防控,在全国范围内实施前所未有的大规模公共卫生应对举措,通过超常规的社会隔离和灵活、人性化的社会管控措施,构建各方参与的联防联控、群防群控防控体系,打响抗击疫情人民战争,牢牢守住社区基础防线,通过非药物手段有效阻断了病毒传播。

此外,健康中国战略的核心要义是把健康融入所有政策,这方面的保障机制包括全面深化医药卫生体制改革、完善健康筹资机制,加强人才培养和科技创新,构建信息服务体系支撑等。

三、健康中国战略与中医药发展

中医药包含着中华民族几千年的健康养生理念及其实践经验,是中国古代科学的瑰宝,凝聚着中国人民和中华民族的博大智慧,也是打开中华文明宝库的一把钥匙。

(一)中医药是健康中国战略的重要组成部分

中西医并重是我国长期以来卫生工作的基本方针之一,中医药为增进人民健康作出了重要贡献。传承创新发展中医药是新时代中国特色社会主义事业的重要内容,对于坚持中西医并重、打造中医药和西医药相互补充协调发展的中国特色卫生健康发展模式,发挥中医药原创优势、推动我国生命科学实现创新突破,弘扬中华优秀传统文化、增强民族自信和文化自信,促进文明互鉴和民心相通、推动构建人类命运共同体都具有重要意义。从这个意义上来说,中医药必然是健康中国战略的重要组成部分。

2016年8月19日,习近平总书记在全国卫生与健康大会上发表重要讲话,指出"要把老祖宗留给我们的中医药宝库保护好、传承好、发展好,努力实现中医药健康养生文化的创造性转化、创新性发展,使之与现代健康理念相容相通,服务于人民健康"。他强调要遵循中医药发展规律,传承精华,守正创新,加快推进中医药现代化、产业化,坚持中西医并重,推进中西医齐头并进、包容发展,建立健全中医药法则,建立健全中医药发展的政策举措,建立健全中医药管理体系,推进中医药科技创新等,充分发挥中医药防病治病的独特优势和作用,为建设健康中国、实现中华民族伟大复兴的中国梦贡献力量。

《健康中国"2030"规划纲要》中也明确提出,要充分发挥中医药独特优势,继承、弘扬和创新中华民族 5 000 多年来形成的中医药文明,提高中医药服务能力,实施中医临床优势培育工程;发展中医养生保健治未病服务,实施中医治未病健康工程;推进中医药继承创新,不断弘扬中医名家学术思想,推进中医药文化传承与发展,推动中医药理论与实践发展,推动中医药走向全世界。

(二)中医药将成为推进健康中国战略的强劲引擎

中医药是我国独特的卫生资源、潜力巨大的经济资源、具有原创优势的科技资源、优秀的文化资源、重要的生态资源,挖掘利用好中医药资源,具有重大现实和长远意义。党和政府长期高度重视中医药工作,特别是党的十八大以来,以习近平同志为核心的党中央,将中医药工作摆在更加突出的位置,落实中西医并重方针,推动中医药在传承创新中高质量发展。相关部门出台了一系列强有力的支持政策,中医药进入了新的战略发展期。

2016 年,国务院先后印发《中医药发展战略规划纲要(2016—2030 年)》和《中国的中医药》白皮书,凸显了中医药在国家战略中占有重要地位和国家对于发展中医药的民族自信。2017 年 7 月 1 日,《中华人民共和国中医药法》颁布实施,这是我国第一部中医药领域的基础性、纲领性、综合性法律,体现了具有鲜明民族特色和深厚历史底蕴的文化自信,完善了我国卫生健康领域的制度体系,为促进中医药事业发展提供了坚实的法律保障。

2019 年 10 月 20 日,中共中央、国务院印发《关于促进中医药传承创新发展的意见》(以下简称《意见》"),明确了健全中医药服务体系、发挥中医药在维护和促进人民健康中的独特作用、大力推动中药质量提升和产业高质量发展、加强中医药人才队伍建设、促进中医药传承与开放创新发展、改革完善中医药管理体制机制等方面的目标任务,并在 25 日举行的全国中医药大会上进行了强化部署。这次会议传达和学习了习近平关于中医药学是中华文明的瑰宝,要遵循中医药发展规律,传承精华,守正创新,坚持中西医并重,充分发挥中医药防病治病的独特优势和作用,推动健康中国建设的重要指示。会议进一步明确了我国中医药发展应遵循中医药发展规律,坚定文化自信,深化改革创新,走符合中医药特点的发展路子,推动中医药高质量发展。

2020年是新冠肺炎疫情肆虐的一年。疫情就是命令,防控就是责任。在此次抗疫战役中,奋战在一线的国家中医医疗队队员充分发挥了中医药治疗优势开展医疗救治工作,无论是对轻症患者还是对于重症患者,其特有的疗法取得了令人赞叹不已的疗效。面对突如其来的疫情,有着悠久历史的中医药喷发出强大的生命力,再次为全人类的健康事业作出了不可替代的贡献。

2021年2月9日,国务院办公厅印发《关于加快中医药特色发展若干政策措施的通知》,进一步落实《意见》和全国中医药大会部署,遵循中医药发展规律,也认真总结了中医药防治新冠肺炎经验做法。如疫情发生后,在国务院联防联控机制科研攻关组的统筹安排下,国家中医药管理局迅速启动了"中医药防治2019新冠病毒的研究""中西医结合防治新冠肺炎的临床研究"两个应急专项,同时,以临床"急用、实用、效用"为导向启动了"中医药防治新冠肺炎有效方剂临床筛选研究"工作,在对临床疗效进行临床观察和数据分析后向全国推荐使用清肺排毒汤,在进一步观察研究后证实,该方能够大大降低新冠肺炎住院患者的死亡风险。同时,国家也越来越重视推进传统中医药的国际化工作,用中医思维建设现代中医药观,用国际化视野指导中医药现代化教育,立中医心,践中医行,大力发展中国特色中医药事业,提供中医药高质量发展路径。

中医药在我国新冠肺炎疫情防控中的突出贡献,让世界人民重新认识到中医药的魅力,也凸显了中医药在健康中国战略实施中的引擎作用。同时,这也增添了中医药医务工作者的信心和执业荣誉感,特别是对于中医药专业的莘莘学子,不但激发了民族自豪感,而且增强和巩固了相信中医药、学好中医药、用好中医药的信念。激励大家将祖先留下的宝贵遗产继承好、发扬好,维护人民健康,让这一中华文明瑰宝焕发新的光彩,为增进人民健康福祉、推进健康中国建设作出新贡献!

思 考 题

结合自身专业,谈谈你对"以人民健康为中心实施健康中国战略"的认识。

第三节　中医药院校人才培养

中医药学包含着中华民族几千年的健康养生理念及其实践经验,是中华文明的瑰宝,凝聚着中华民族的博大智慧。中医药学的发展始终是在继承的基础上创新发展,不断吸收现代科学的研究成果,丰富和充实自身,为培养现代中医药人才奠定基础。中医药教育作为中医药事业的一部分,在中医药事业中有着独特的地位和作用,并对中医药事业产生了积极且深远的影响。

一、中医药院校人才培养简史

新中国成立以来,中医药教育,尤其是正规的学校教育从无到有,取得了长足的发展,形成了高等教育、职业教育和继续教育并举的办学格局,成为我国医药教育体系的重要组成部分。1950年8月,卫生部召开第一届全国卫生会议,毛泽东主席题词:"团结新老中西各部分医药卫生人员,组成巩固的统一战线,为开展伟大的人民卫生工作而奋斗。"1951年12月,卫生部颁发了《关于组织中医进修学校及进修班的通知》,各地随之建立起中医进修学校17所,中医进修班101个,积累了中医学校教学和管理经验。1955年,全国有20所中医进修学校和143个中医进修班。至1956年,先后建立了北京、上海、广州、成都四所中医学院,设立了中医本科专业,拉开了中医高等教育事业的帷幕,中医药教育从此步入了国家高等教育的轨道。1958年1月,卫生部发出高等医学院校增设中医课程的通知,并发布了中医学院试行教学计划。同年10月,第一本中医教材《中医学概论》由人民卫生出版社出版。至1960年,全国共有中医学院21所,设置本科六年制中医医疗专业和四年制中药专业。至2004年,全国高等中医药院校和民族医药院校32所,中等中医药学校61所,中等教育逐渐向职业教育转变。至"十三五"末期,全国有高等中医药院校40所,其中独立设置的本科中医药院校25所。

二、中医药高等院校的专业设置

中医药高等教育建立60多年来,基本建构了多形式、多层次、多专业的中医药教育体系,基本形成了富有特色的中医药人才培养模式,建立了以经济发展和社会需求为导向的人才培养机制,实现了由传统教育方式向现代教育方式的转变,并不断加强中医药教育内涵建设,推动中医药事业和学术的发展,为中医药走向世界作出了贡献。

(一)现代中医药教育体系基本确立

至 2019 年,全国高等中医药院校共 44 所,其中大学(含学院)25 所,设置中医药专业的高等西医药院校 133 所,设置中医药专业的高等非医药院校 227 所;全国中等中医药院校 38 所,设置中医药专业的中等西医药院校 124 所,设置中医药专业的中等非医药院校 189 所。高、中等中医药院校教育成为中医药教育的主体。经过 50 多年的探索和实践,逐步实现了中医药高等教育、职业教育、成人教育的竞相发展,形成了职前教育与职后教育相衔接,院校教育、毕业后教育与继续教育相统一的教育结构。

(二)教育层次结构相继完善

中医药教育层次结构体系建设经过近 20 年的发展相继完善,形成了研究生、本科、大专、中专等多层次的教育结构体系。在发展中专、大专和本科教育的同时,1978 年首次招收了中医药研究生,1981 年正式建立中医药硕士、博士学位授予制度,实现了与国家学位制度的接轨。1991 年国家教委又在部分高等中医药院校试办七年制和中医学专业第二学士学位教育,培养知识面较宽的、跨学科的复合型人才。1995 年国务院学位委员会又批准北京中医药大学等 6 所院校设立博士后科研流动站。此外,中医药函授、夜大教育、自学考试在 20 世纪 80 年代中期已初具规模。

(三)专业设置呈现多学科性

高等中医药院校的专业设置在近 20 年内有了长足的发展。1956 年至 1986 年,中医类专业由最初的中医专业分为中医学、针灸、推拿和骨伤学专业。中药类分为中药制药、中药鉴定、中药资源专业。2012 年中医学类专业已经增加到中医学、针灸推拿学、藏医学、蒙医学、维医学、壮医学、哈医学,2015 年新增傣医学,2016 年新增回医学、中医康复学、中医养生学、中医儿科学和中医骨伤学。至 2020 年,中药学类专业包括中药学、中药资源与开发、藏药学、蒙药学、中药制药和中草药栽培与鉴定。随着时代的发展,中医药院校的专业设置由过去的中医、中药专业向多种专业、专业方向、相关专业及非中医药类专业发展,呈现了多学科、多元化趋势。

> 拓展阅读

1. 张伯礼主编：《中医药高等教育发展战略研究》，中国中医药出版社2013年版。
2. 张伯礼、王启明、卢国慧：《新时代中医药高等教育发展战略研究》，人民卫生出版社2018年版。
3. 严世芸：《乐做中医教育的反思者：严世芸谈中医教育》，上海交通大学出版社2013年版。

第四节　中医药院校学生就业形势和职业发展路径

就业形势是指毕业生就业的大背景，既包括国家政治经济和社会发展状况、毕业生就业市场的供求情况，也包括行业发展情况。职业发展路径，概括地说就是员工都有从自己现在和未来的工作中得到成长、发展和获得满足的强烈愿望和要求，为了实现这种愿望和要求，他们希望在自己的职业生涯中顺利成长和发展，从而制定自己成长发展的职业计划的实施过程。

一、中医药院校学生就业形势

（一）国内就业大环境

从国内就业大环境来看，高校毕业生人数逐年增长，2022年全国高校毕业生达1 076万人，首次突破千万大关，数量创历史新高；新冠肺炎疫情防控形势依然严峻，内防反弹、外防输入的压力持续存在；当今世界正经历百年未有之大变局，经济发展不确定因素增加，新一轮科技革命和产业变革深入发展，经济全球化遭遇逆流，国际贸易和投资大幅度萎缩，单边主义、保护主义、霸权主义对世界和平与发展构成威胁，等等。这些就业环境因素，对就业形势具有重要影响。

党中央、国务院、各级党委政府、社会各界对于毕业生就业工作高度重视，《中共中央关于制定国民经济和社会发展第十四个五年规划和二〇三五年远景目标的建议》特别强调强化就业优先政策，千方百计稳定和扩大就业，坚持经济发展就业导向，扩大就业容量，提升就业质量，促进充分就业；在新冠肺炎疫情大背景下,国务院提出"六稳""六保"政策,也将稳就业、保就业工作放在首位。新冠肺炎疫情稳定后,国内经济复苏态势良好,国家统计局公布的《2020年国民经济和社会发展统计公报》显示,我国国内生产总值达到了101.6万亿元人民币,历史上首次突破100万亿元,增速2.3%,同时党中央又提出了构建国内大循环为主体、国内国际双循环相互促进的新发展格局,我国经济发展整体向好的趋势不变。

(二)中医药院校学生就业形势

党中央非常重视中医药行业的发展,将中医药作为国家健康大产业及健康中国规划的重要组成部分。党的十九届五中全会通过的《中共中央关于制定国民经济和社会发展第十四个五年规划和二〇三五年远景目标的建议》将坚持中西医并重,大力发展中医药事业,作为全面推进健康中国建设的重要政策。同时,我们也可以看到中医药在预防保健、健康教育、慢病管理、残疾康复服务、精神卫生和心理健康等方面都可以有所作为,为加速发展健康大产业作出贡献。《"健康中国2030"规划纲要》对新时期推进中医药事业发展作出系统部署,《中医药发展战略规划纲要(2016—2030年)》明确了中医药行业的发展目标及重要任务,2016年12月公布的《中华人民共和国中医药法》,从法律层面为中医药行业的发展保驾护航。在大量的政策红利下,中医大健康产业的人才需求更加多元化,新岗位新职业如雨后春笋,中医药院校毕业学生的就业形势整体良好。

(三)中医药院校各类专业就业形势

1. 临床医学类专业就业形势

《2020年中国大学生就业报告》显示,医学专业毕业生从医比例持续上升,医学本科生从医比例从2015届的87.4%上升到了2019届的91.5%,是从事工作与专业相关的比例最高的行业。追踪到2014届毕业生五年后的数据,该比例也是最高的。可见临床类专业的择业范围有很强的专业性和稳定性。

从近几年全国各中医药院校公布的年度就业质量报告中可以看到,临床类专业的本科毕业生就业去向仍以医疗卫生事业相关单位为主,整体毕业去向落实率保持在90%以上,其中国内升学读研占比较高,部分中医药院校升学读研率超过40%,甚至更高,该比例也远高于国内高校其他专业的平均水平。

随着我国临床医学教育改革的深入,以"5+3"(5年临床医学本科教育+3年住院医师规范化培训或3年临床医学硕士专业学位研究生教育)为主体、

"3+2"(3年临床医学专科教育+2年助理全科医生培训)为补充的临床医学人才培养体系基本建立,住院医师规范化培训的培养质量得到行业及社会认可,临床专业本科毕业后选择进入住院医师规范化培训的学生越来越多。

2. 药学类专业就业形势

医药企业是药学类毕业生最主要的就业单位,也有部分毕业生选择药师、报考公务员或者教育行业。根据近几年各中医药院校公布的本科药学类专业的就业情况,药学类专业毕业生去向落实率保持在90%以上,其中升学读研率达20%以上。在就业单位中,医药研究单位高层次人才短缺,对学历要求较高,也成为药学类专业学生考研热度持续的影响因素之一。

随着我国医疗卫生事业改革不断深入,执业药师相关法律不断完善,我国医药产业迅速发展,人民群众对于药品使用的安全性、有效性、科学性提出了更高的标准与要求。这些需求,进一步拓宽了药学专业毕业生的就业领域,药学人才市场具有很大的开发潜力。

3. 非医药专业就业形势

全国中医药院校本科非医药专业涉及工学、理学、法学、文学、管理学、教育学等多个学科,其中以管理学、文学、工学专业方向最多。中医药院校开设非医药专业是社会经济发展及健康中国战略推进的必然需求,需要一批具有中医药知识背景的非医专业复合型人才,服务于中医药事业的发展全局,这为学生就业提供了新的选择和更大的发展空间。

在近几年已公布的全国各中医药大学就业质量年报中,部分非医专业毕业生去向落实率甚至高于医学类专业,比如信息管理与信息系统、工商管理、市场营销等专业。可见,中医药院校非医药专业的建设正日渐成熟,得到了越来越多用人单位的认可。

4. 就业去向分布

从地域来看,全国各中医院校本科毕业生在本省工作的比例最高,其次是相邻省份,毕业生更愿意选择留在直辖市、省会城市以获取更好的机会,这也与相关院校服务地方经济建设与服务中医药发展的战略定位相契合。

从职业分布来看,以卫生专业技术人员为主,其他专业技术人员、教学人员、科研人员也占了一定比例,这与医学院校专业性强、择业方向相对固定有关。

从就业单位分布来看,中医药院校本科毕业生就业医疗卫生机构或单位占了较高比例,还有较高比例进入相关国有企业及民营企业。随着中医健康产业的发展,中医药人才将进入更多新领域为大众健康服务,如文化旅游、商业贸易、健康养老、环境保护,等等。

5.基层就业稳步增加

近年来,党和政府通过制定一系列新的高校毕业生基层就业政策,如《大学生志愿服务西部计划实施方案》《关于进一步引导和鼓励高校毕业生到基层工作的意见》《关于引导和鼓励高校毕业生到城乡社区就业创业的通知》等,使得基层就业区域不断扩大、政策优惠范围不断扩展。从就业所在地区来看,医学生到中西部从医的比例也持续增加,医学本科生到中西部从医的比例从2015届的41%增长至2020届的45%。国家也在加快全科医师培养体系的部署,越来越多中医院校设置全科医学专业,定向基层卫生健康服务的中医全科医生也将成为基层中医药服务的主力军。

二、中医药院校各类专业职业发展路径

(一)临床医学类本科专业学生职业方向和发展路径

中医药院校临床医学类本科专业包括中医学、中西医临床医学、临床医学、针灸推拿学等专业。此类专业的基本培养目标是培养具有良好的职业道德、深厚的人文底蕴、扎实的科研素养,具备坚实的中医学、现代医学和自然科学知识,能对常见病症进行中西医临床诊疗的能力,主要服务于医疗卫生领域,从事医疗、预防、保健等方面工作的应用型人才。主要职业以医疗卫生单位医师,医疗卫生相关科研人员、教学人员等为主,也有医疗相关行政业务人员、医药商品购销员、健康管理师等。对应的主要职业范围如表1-4-1所示。

表1-4-1 医学类专业对应的主要职业

专业类型	专业名称	主要职业	主要职业发展路径
医学类	中医学	中医医师(各科医师)、全科医师、医学研究人员、教学人员(高等教育教师、中等职业教育教师)	医师类:住院医师—主治医师—副主任医师—主任医师
	中西医临床医学	中西医结合医师、全科医师、医学研究人员为主,教学人员(高等教育教师、中等职业教育教师)	教师类:助教—讲师—副教授—教授
	临床医学	西医医师(各科医师)、医学研究人员为主,教学人员(高等教育教师、中等职业教育教师)、教学人员(高等教育教师、中等职业教育教师)	研究员:研究实习员—助理研究员—副研究员—研究员
	针灸推拿学	中医医师(针灸科医师、推拿科医师)、全科医师、医学研究人员为主,教学人员(高等教育教师、中等职业教育教师)	

公立医院职称体系以医师系列、研究员系列为主,均是由低到高逐级晋升。在工作年限、专业能力、科研水平等达到一定层次,并能提供专业相关的研究成果(课题、论文、专利、各类奖励)证明文件后,才可以申请晋升上一级职称。进入高教系统,职称则以教师系列为主,评定要求与医师、研究员系列类似,工作年限、教学能力、科研水平等达到一定层次,并能提供专业相关的研究成果(课题、论文、专利、各类奖励)证明文件后,才可以申请晋升上一级职称。

(二)医学类其他本科专业学生职业方向和发展路径

中医药院校医学类其他本科专业包括康复医学类(康复治疗学、康复物理治疗、康复作业治疗、听力与语言康复)、食品卫生与营养、预防医学、医学影像技术、医学检验技术等专业。

康复类专业的培养目标是系统掌握康复医学基础理论、医学基本知识及相关自然科学知识,具备对常见疾病和残疾的康复治疗、评定及预防的基本能力,具备较强的人际交流能力和良好的职业道德,能够在各级各类医疗和社会康复机构从事现代与传统康复治疗工作的高素质康复治疗师。主要择业方向为各级康复医疗机构,包括中西医医疗机构的康复科、各类运动康复机构、老年康复院、特殊学校、民政福利机构等从事相关专业岗位。

食品卫生与营养专业的培养目标是系统掌握营养学、食品卫生学、基础医学、了解中医药学的相关理论,并具有一定的中医药学科素养,毕业后能在相关的企事业单位、卫生医疗机构、科研机构等从事营养保健和相关管理工作的初步合格的营养专业人才。毕业去向主要为健康服务机构、食品企业、餐饮企业、医院营养科、疾控中心、食品卫生监督机构等相关企事业单位。

预防医学专业的培养目标是培养具有良好的政治素质和道德修养,扎实的基础医学、临床医学、预防医学的基本理论、基础知识、基本技能,掌握现代公共卫生知识和中医预防思维、方法,具有较强创新精神和实践能力,能从事疾病预防与控制、卫生监督、社区卫生服务以及预防医学科研、教学工作的复合型、应用型公共卫生人才。毕业去向主要为各级疾病控制中心、卫生监督、食品药品管理机构、医学教学和研究机构、医院防保部门和社区服务中心等企事业单位。

医学影像技术、医学检验技术专业的培养目标是掌握基础医学、临床医学、检验医学的基本理论、基本知识和基本技能,掌握现代仪器设备及先进医学影像及检验技术,适应性强、综合素质高,基础扎实、技能熟练,能够从事医疗卫生机构及相关科研机构的临床医学检验、卫生检验、影像检查等工作,具有一定科研发展潜能的应用型技术人才。主要择业方向是各级各类医疗、卫生单位、医学科研机构和医学院校从事医学影像学、医学检验检查,仪器设备操作、维护等工作。其他医学类专业对应的主要职业如表1-4-2所示。

表1-4-2 其他医学类专业对应的主要职业

专业类型	专业名称	主要职业
医学技术类	康复医学类专业	康复理疗师、保健按摩师
	医学检验技术	临床检验技师
	医学影像技术	临床影像技师
其他医学类	预防医学	公共卫生医师、行政业务人员
	食品卫生与营养	营养与食品卫生医师、健康管理师、行政业务人员

(三)药学类专业职业方向和发展路径

中医药院校药学类专业包括中药学、药学、制剂、生物工程、制药工程等专业,培养目标为培养具备中医药基础理论、基本知识、基本技能以及相关的药学、生物学等方面的知识和能力,能在药品生产、检验、流通、使用和研究领域从事药物鉴定、药物设计、药品质量控制、药效评价、药物制备、药物销售及临床合理应用等方面工作的专业人才。对应的主要职业范围如表1-4-3所示。

表1-4-3 药学类专业对应的主要职业

专业类型	专业名称	主要职业
药学类	药学	医学研究人员、西药剂师、医药商品购销员
	药物制剂	西药剂师、药物制剂工、医药商品购销员
	临床药学	药剂师、医药商品购销员
	药事管理	行政业务人员、文员
	中药学	医学研究人员、中药药师、中药调剂员
	中药制剂	中药制剂工、中药调剂员、中药炮制工等中药材生产人员
	中药资源与开发	医学研究人员、中药材生产管理人员

药学专业的毕业生就业范围广,与药品相关的领域包括药品研发部门、生产部门、管理部门,营销及使用部门,都需要药学专业的毕业生。具体而言,包括医院、医药企业公司、国家各级药品管理机关等相关单位。下面具体介绍4类岗位的职业发展路径。

1. 科研人员发展路径

适合专业成绩突出,热爱药学专业,愿意从事药物研发工作的毕业生,一般要求硕士研究生及以上学历,部分职业要求除精通药学专业知识外,还要具备医学、相关法律法规等知识,熟悉新药政策、报批程序等。在科研部门(所、机构、院校)、药企研究部门,从事药物研发工作,负责化合物药效筛选、制剂的药代动力学研究、主要药效和一般药理、毒性试验等,组织和开展临床试验,通常按照研究员系列职称晋升:研究实习员—助理研究员—副研究员—研究员,如表1-4-4所示。

表1-4-4 研发类岗位要求及发展路径举例

研发类	工作职责	职业发展路径	学历或知识要求
药理	负责化合药物药效筛选,制剂的药代动力学研究,主要药效和一般药理、毒性试验等	研究人员—高级研究人员	硕士、博士
医学部门	组织和开展临床试验	检查员—项目经理—医学经理—医学总监	医学或药学本科、硕士
注册报批	把各种药学、临床前和临床试验资料整理并报到药监局	注册人员又分国内注册、国际注册、器械注册各种细分岗位 报批专员—临床试验项目经理	本科、硕士、博士,精通药学专业知识外,还要具备医学、相关法律法规等知识,熟悉新药政策、报批程序等

2. 药剂师发展路径

在医院药剂科、药房、药厂等从事制剂、质检、临床药学等工作,职称晋升以药师系列为主:药士—药师—主管药师—副主任药师—主任药师。

3. 生产人员发展路径

在药企从事药物的生产管理,负责调整生产工艺,安排生产车间生产,进行品质管理、检测、质控。按照班组长—车间主任—生产管理经理—副总经理等序列晋升,如表1-4-5所示。

表 1-4-5　生产类岗位要求及发展路径举例

生产类	工作职责	职业发展路径	学历或知识要求
工程师	负责调整生产工艺，保证生产效率最优	技术员—工程师—高级工程师—总工程师	本科、硕士
生产管理	安排车间生产，日常管理	主管—生产部长—高级生产经理—生产总监	本科
质检	品质管理、检测、控制	品质工程师—品质主管—品质经理—品质总监	大专、本科

4.医药销售人员发展路径

在医药贸易公司或制药企业从事药品流通及销售等工作，可以担任产品经理、市场专员、医药代表等，如表1-4-6所示。

表 1-4-6　营销类岗位要求及发展路径举例

营销类	工作职责	职业发展路径	学历或知识要求
产品经理	从研发到市场规划到销售实施。公司核心岗位之一，是研发和市场衔接的桥梁人物	产品经理—高级经理—产品总监—自我创业	本科、硕士
市场专员	主攻市场活动、战略策划和学术会议。开展营销工作的指挥部和发动机；数据分析趋势，工作比较枯燥	市场专员—市场经理—大区市场经理—创业或代理商	本科、硕士或MBA
医药代表	业务销售人员，负责产品销售、供货、回款	药代—主管—地区经理—大区经理—自我创业	本科
医药招商	渠道销售人员，接触面比医药代表广，工作压力小于医药代表	招商代表—招商经理—大区经理—全国总代理	大专、本科

医药行业是关乎国计民生的战略性产业，是国家统筹规划的重要部分，新医改为解决看病难看病贵的问题，对药品的研发、生产、流通、使用的多个环节进行了调整，这些对药学专业学生的培养、就业工作产生了深远影响。如药品的集中采购制度，减少了医保基金开支，促进了医药企业加大创新药品、仿制药品的研发投入，企业用人结构势必会更多倾向于药品研发人才；"两票制"的实施，减少了药品流通环节的层层盘剥，切实降低了药品价格，施惠于民，但同时影响了很

多药品经销公司的生存发展。此外,《医药代表登记备案管理办法》的实施,限制了医药代表的从业规模,提高了准入资格,旧有的医药销售观念亟待转变,市场需要的将是具有良好的专业水平,可以传递产品的关键信息,并对药物治疗领域的前沿技术、研究进展有自主学习能力的药学类人才。

随着社会经济的发展,药品的安全性问题越来越受到人们的关注,药物的滥用及中西药合并用药造成的不良反应报告比例居高不下。为此,卫健委大力倡导在医疗机构配备规定数量的药师,转变药师定位由药品为中心至患者为中心,提供临床药学服务,临床药师不仅要掌握与药物治疗相关的专业知识,还要具备基于这些知识之上的分析、判断和解决实际用药问题的能力。临床药学服务将成为药学毕业生就业的重要选择之一。

(四)护理专业职业方向和发展路径

护理专业培养目标是培养适应我国社会主义现代化建设和卫生保健事业发展需要,比较系统地掌握护理学的基本理论、基本知识和临床护理基本技能,及相关医学和人文社会科学知识,具有基本的临床护理工作能力,初步的教育能力、管理能力及科研能力,一定的中医护理临床思维能力和技能,并具有终身学习能力和良好职业素养,能在各类医疗卫生保健机构及相关领域从事临床护理、护理教学、护理管理等护理工作的专业人才。其就业去向主要是各类医疗卫生保健机构及相关领域从事临床护理、护理教学、护理管理等工作。主要职业为护士与助产士,如表1-4-7所示。

表1-4-7 护理岗位要求及发展路径举例

护理类岗位	工作职责	职业发展路径	学历或知识要求
临床护士、助产士	从事护理活动,履行保护生命、减轻痛苦、增进健康的职责	护士、护师、主管护师、副主任护师、主任护师	专科、本科、硕士
血站、疾控中心护士	护理相关工作	护士、护师、主管护师、副主任护师、主任护师	专科、本科、硕士

随着我国经济的发展,人民生活水平不断提高,人口老龄化问题越来越突出,从事养老健康卫生服务的护理人员、面向个人高端护理服务、涉外护理服务

的护理人员需求量将大增。据相关统计显示,近年来护理专业毕业生去向落实率一直排在各行业前列,护理专业的招生规模也在日渐增加。随着人员缺口矛盾因招生规模的扩大日渐缓和,护理学人才培养更加聚焦质量。在现阶段护理大专基本普及的情况下,本科、甚至研究生毕业的高层次护理人才,更加受到用人单位青睐。随着护理学一级学科地位的确立,学科的专业方向也将更加细化,势必需要培养一大批专科方向明确的高层次专科护理人才,来更好提升护理服务质量及学科内涵。

(五)医学人文管理类专业职业方向和发展路径

医学相关的人文和管理专业包括公共事业管理、工商管理、市场营销、医学法学、英语等专业。本类专业培养的是具备一定马克思主义理论素养和现代公共精神,拥有现代公共管理理论、技术与方法等方面知识以及有能力应用这些知识的人才,能在文化、体育、卫生、环保、社会保障、公用行业等公共事业单位、行政管理部门、非政府组织等从事业务管理和综合管理工作。其就业前景更为广阔,可以从事医药营销、卫生事业管理、医疗保险、医疗文化传播、医药立法、执法以及行政、人事等工作,如表1-4-8所示。

表1-4-8 医学人文管理类专业对应专业职业举例

专 业 名 称	主 要 职 业
工商管理	行政业务人员、文员、劳动关系协调员
市场营销	医药商品购销员、销售代表(医疗用品)
公共事业管理	行政业务人员、文员
英语	翻译、文员

人文管理类专业职业发展路径包括经济类与管理类,这两类职业包含的岗位较多,各自的职责、任职要求与发展路径差异性较大,如表1-4-9所示。

健康中国战略与规划的提出,亟须医学人文管理类人才跳出狭隘的专业限制,转向以人为本、以健康为中心、以促进提高劳动生产力为核心目标,构建大健康的管理思想体系和治理体系。2020年新冠肺炎疫情,加速了我国公共卫生应急管理体系变革,在疫情防控常态化的工作背景下,进一步强化公共卫生治理体

表 1-4-9　经管类岗位要求与发展路径举例

经管类	工作职责	职业发展路径	学历或知识要求
市场营销	帮助企业打开市场、扩大销售,乃至进一步扩大再生产	销售专员—销售部地区经理—销售部经理、营销总监；销售专员—市场部经理—高级产品经理—营销总监	专科及以上。具有积极的进取心,坚持不懈的态度,与其他人良好的沟通技巧,给人信任感
卫生事业管理	医疗卫生机构、卫生行政部门等单位从事管理工作	按照公务员晋升制度或事业单位管理类或人才职称评审制度规定晋升	本科及以上。具备医学科学、管理科学、人文和社会科学的完整三位一体的知识结构
医疗保险行业	产品开发、健康管理、核保核赔、个险销售、团险销售	保险理赔员可晋升为理赔部经理、客服部主任等上级职务或是平调到保险公司的其他部门或者晋升至更高级别的行政管理职位。除此之外,还可以向理财规划师、注册会计师等方向发展	本科及以上。有医学背景的医疗保险专业学生从事商业保险尤其是人寿保险和健康保险方面有着较大优势
对外贸易业务人员	将产品销售给国外客户；为国内客户寻找国外货源；组织国际贸易物流等	外贸业务员—业务经理—高级业务经理—自主创业或独立经营；报关员	具备优秀的外语能力、专业英语能力、商务英语能力
行政、后勤	协助领导,起到上传下达的作用	行政专员—行政主管—行政部经理—高级行政经理—行政总监或副总经理	本科、硕士、MBA
人力资源管理类岗位	负责企业招聘、员工培训、绩效考核、人事调度等相关事宜	人力资源专员—人力资源主管—人力资源经理—人力资源总监或副总经理	本科、硕士、MBA,更重视实践经验

系和治理能力建设,需要进一步推进预防医学、公共事业管理等相关专业高层次人才培养。中医院校预防医学、公共事业管理专业的毕业生,有其独特的优势,可以发挥中医药在各类传染性疾病预防中的作用,为构筑常态化疫情防控体系,造福人民健康贡献力量。

三、中医药院校学生就业新契机

（一）中医药人才需求结构多元化,复合型人才需求大

《"健康中国2030"规划纲要》强调要充分发挥中医药独特优势,提高中医药

服务能力,发展中医养生保健治未病服务,推进中医药继承创新。《中医药发展战略规划纲要(2016—2030年)》进一步明确了到2020年,实现人人基本享有中医药服务,中医医疗、保健、科研、教育、产业、文化各领域得到全面协调发展,中医药标准化、信息化、产业化、现代化水平不断提高。"十三五"期间,全国各省市大力推进中医药发展,中医药服务面不断拓宽,服务能力不断提升,多个直辖市在相关报道中提到中医药基层服务全覆盖。在中医药行业整体利好政策的推动下,中医药人才需求量保持稳定增长。

随着人民生活水平的显著提高、健康产业的不断发展,我国同时面临着人口老龄化问题。中医药人才的需求面临新形势,人才需求结构多元化,复合型人才缺口大。如:中医药研发人员,除了精通中医药专业知识外,要求具备市场调研、产品研发能力,能以市场为导向开展相关工作,涉及中医药诊疗技术、中药、医疗器械与医用材料等的研发人才,数量整体不足;中药材培植、炮制、检测、生产加工等方面人才缺乏,尤其是中药材种植与炮制人才,要实现中药材生产各环节人才全覆盖,以促进中药材产业链的发展;中医健康产业的管理决策人才缺乏,在中医药产品的研发与生产、销售以及健康服务的提供过程中,需要具备卓越管理能力与敏锐市场洞察力,并具有医药相关知识背景的管理决策人才提升专业化管理水平和管理内涵;中医药产品营销人才,不仅要具备市场营销技能与专业素养,还要具备中医药相关知识,适应专业化营销需求;随着中医药"一带一路"的发展,需要一批具备扎实的中医基本功,熟练使用外国语言,通晓国际规则,致力于中医药国际标准化建设与对外交流合作的中医药国际化复合型人才。

可见,未来的中医药人才,是基于精通中医药理论知识,同时向着研发、管理、营销、外交等各个领域延展的复合型人才,助力中医药健康产业的发展。

(二)中医住院医师规范化培训质量提升

"十三五"期间,国家中医住院医师规范化培训工作深入实施,中医住院医师规范化培训基地从数量到质量均有明显提升,住院医师规范化培训成为临床医学类专业本科毕业生的优先选择。同时,随着中医临床专业硕士学位培养与住院医师规范化培训的全面衔接,临床专业本科生的升学比例也大大提升。

住院医师规范培训以"标准化、同质化"为目标,规范培训住院医师,切实提高了中医临床专业本科毕业生的临床技能水平,为更好适应未来临床工作岗位打下坚实基础,是贯彻国家医学人才5+3培养体系的重要措施。

(三) 基层就业前景广阔

目前,我国约有80%的医疗卫生资源集中于城市大型综合医院,并且大型综合医院就业岗位已趋于饱和。但是大部分基层卫生医疗机构,医疗卫生人才供不应求。党的十九大明确提出"加强基层医疗卫生服务体系"。"十三五"期间,国家发出多个医学教育改革重要文件均提及加强基层医疗卫生人才培养,可见国家需要医学人才进入基层,扎根基层。

近年来,国家大力推进大学毕业生进基层就业,加快构建引导和鼓励高校毕业生"下得去、留得住、干得好、流得动"的长效机制。自2011年开始实施的《大学生志愿服务西部计划实施方案》每年鼓励大批的高校毕业生下基层,进农村,到最贫困的地方。2017年国家密集发布了《关于进一步引导和鼓励高校毕业生到基层工作的意见》《高校毕业生基层成长计划》等文件,不断增加基层就业转向、基层岗位的招聘人数,扩大高校毕业生基层就业规模。2020年6月国家七部委联合发出《关于引导和鼓励高校毕业生到城乡社区就业创业的通知》,将社区作为基层就业、创业的新重点领域。

国家大力推动基层医疗卫生机构的建设,发挥中医药在基层医疗卫生保障体系中的作用,中医药院校临床类专业毕业生去基层服务的人数在逐年增加。随着国家大力扶持基层医疗卫生体系建设,基层健康产业不断发展,全科医师制度越来越完善,阻碍医学毕业生扎根基层工作的因素,比如薪资待遇低、职称晋升困难、设备落后、工作环境欠佳等问题正在逐步改善,基层医师的薪资待遇明显提升,职称晋升也能享受各类优惠政策。

(四) 自主创业持续升温

国家支持大学生自主创业,在2020年8月国务院印发的《关于推动创新创业高质量发展打造"双创"升级版的意见》中明确提出要强化大学生创新创业教育培训,"在全国高校推广创业导师制,把创新创业教育和实践课程纳入高校必修课体系"。由中国人民大学、中国高等教育学会创新创业教育分会联合发布的《2019中国大学生创业报告》指出,超过75%的大学生有创业意向。可见大学生自主创业热情是高涨的。从各中医药院校近几年公布的就业数据来看,中医药院校自主创业的学生人数呈上升趋势,这与中医药院校近几年的创新创业课程、创新创业教育、国家支持创业政策等密不可分。

中医药院校毕业生自主创业的途径很多,尤其在国家大健康产业蓬勃发展的今天,国内各类政策红利为中医药专业毕业生在大健康各个领域提供了大量创业机遇,如中医诊所、中医互联网+服务、中医康复养生、中医预防保健、中医药文旅、中医药市场营销、中医健康管理等。

(五) 中医药新职业、新岗位

大健康产业的不断发展,对中医药服务提出了更加精细化的要求。在2015年7月29日颁布的《中华人民共和国职业分类大典》(简称"《大典》")中,中医行业新增中医亚健康医师、中医康复医师、中医营养医师、中医整脊科医师、中医全科医师、民族药师、中医技师、中医护士、中式烹调师(含药膳制作师工种)9个职业。除新增职业外,同时完善中医行业特有工种,如保健调理师细分为保健刮痧师、保健艾灸师、保健拔罐师、保健砭术师。2020年,新型冠状病毒肺炎疫情背景下,国家人力资源社会保障部与市场监管总局、国家统计局联合向社会发布了2015版《大典》颁布以来的三批新职业,其中涉及医疗健康的职业有健康照护师、呼吸治疗师、康复辅助技术咨询师、老年人能力评估师等,在保健调理师职业下增设"中医健康管理师"工种,在疫情期间发挥了积极作用。

通过职业设置可以看到,中医健康服务行业的分工越来越精细化,这进一步满足了不同领域的服务需求。新岗位的产生对于中医药人才培养是一个新风向标,为中医药院校学生在规划未来职业时提供了更多选择。

(六) 第四次工业革命新机遇、新挑战

随着科学技术及全球经济的不断发展,全球已经迈入第四次工业革命,这是以互联网产业化、工业智能化、工业一体化为代表,以人工智能、清洁能源、无人控制技术、量子信息技术、虚拟现实以及生物技术为主的全新技术革命阶段,其核心是网络化、信息化与智能化的深度融合,在提高生产力水平、丰富物质供给的同时,也会重塑人力与机器力结合的劳动形式和要求。

第四次工业革命正在带给中医行业巨大变化,如四诊信息客观化研究、健康管理规范化、"互联网+"中医药产业等。《中医药发展战略规划纲要(2016—2030年)》中将推进中医药信息化建设、推动"互联网+"中医医疗作为重要工作。可以预见,中医药行业与人工智能、互联网、信息化必将深度融合,对国家乃至全球的健康大产业产生深远影响。近年来,国内多家中医药院校开设中医信息技术、计算机相关专业等,为第四次工业革命储备人才。从近几年相关高校公布的就业数据来看,相关专业整体就业情况良好。但是纵观行业内医疗机构,熟悉中医药行业的信息技术人才、人工智能人才仍然严重缺乏,中医药院校的中医信息技术、计算机相关专业生源质量一般、学科基础薄弱,极大限制了中医药行业信息化、智能化发展。相关专业学生应该站在中医药行业全局,准确把握行业发展需求,学好专业,勇于探索,发挥所学,服务中医药行业发展。

(七)健康中国战略推动大健康产业发展

大健康从本质上讲是一种广义的健康概念,是随着人们的健康理念的延伸而产生的,它围绕着人的衣食住行、生老病死,对生命实施全程、全面、全要素的呵护,既追求个体生理、身体健康,也追求心理、精神等方面健康。国务院在2016年发布的《"健康中国2030"规划纲要》对我国的大健康产业发展进行了整体布局,优化多元办医格局,支持社会办医;发展健康服务新业态,积极促进健康与养老、旅游、互联网、健身休闲、食品融合,催生健康新产业、新业态、新模式,赋予健康产业更广的外延;积极发展健身休闲运动产业,培育多元主体,引导社会力量参与健身休闲设施建设运营。可以看到,大健康产业广泛涉及目前通行的一、二、三次产业分类,并存在于三次产业划分之中,包括国民经济所有生产、非生产及服务领域。

目前国内的健康产业形态主要包括健康服务产业、保健品产业、医疗服务机构和医药产业四大类,其中后两者的占比较大,主要是受到传统医疗模式的影响所致。但随着社会形态的转变,老龄人群比例增加,居民保健意识提升,健康服务业和保健品产业的构成比例明显上升,对服务人才的需求量也明显增加。社会老龄化的问题在短时间内很难得到有效解决,亚健康状态又成为困扰人们的主要问题,因此健康产业服务人才的需求量在一段时间内会进一步增加。

思考题

1. 结合所学专业,分析第四次工业革命带来的职业挑战及自己的应对措施。
2. 健康中国战略背景下,中医药院校的学生职业发展可以有哪些新方向?

案例 1

考研再战的小王

小王是某中医药院校在读中医学本科学生,自我要求很高,学习成绩优秀,来自普通农村家庭,家境一般,从小父母要求严格。在校期间,她更是全身心扑在学习上,"两耳不闻窗外事,一心只读圣贤书",给周围同学的感觉就是性格内向、沉默寡言。

小王从进入大学开始就将就业目标定为成为一名医生,她认为做医生本科学历是绝对不够的,所以她在所有的考试中都力求完美,以争取保研资格。但因保研名额有限,小王除了学习成绩优秀,其社会实践、志愿服务等方面经历几乎为零,最终没有取得保研资格。遂又全力准备考研,同时本科毕业实习也在进行。为复习考研,她对实习完全不放在心上,处于三天打鱼两天晒网的状态,没有利用实习机会巩固前期知识,各类临床实践操作也都放弃参加。最终考研成绩出来,她取得了满意的初试成绩,且信心满满认为自己一定会被录取。

但是事与愿违,虽然她为复试进行了准备,但是复试阶段表现还是不尽如人意,实践技能操作考试生疏,面试怯场,表现糟糕,最终没有被录取。考研结果对她造成了严重打击,她感觉前途迷茫,最终决定要为了考研再战,她觉得考研是她做医生的唯一途径。

基于以上案例请思考以下两个问题:

1. 你如何看待医学生考研问题?你觉得小王会成功吗?为什么?

2. 结合现在的医学人才培养形势,除了二战考研,小王是否还有其他更好的就业选择?如何为其他就业方案做准备?请你给小王提提建议。

案例 2

本专业自主创业成功案例 SWOT 分析

调研形式:以班级分 3—4 组,每组调研一个案例

1. 寻找本专业自主创业成功的学长,并设法联系到本人;
2. 通过访谈法,撰写学长创业成功案例,包括但不限于其成长经历、创业经历;
3. 案例分析:对学长创业成功的案例进行 SWOT 分析,做出学长创业成功

的原因分析；

4. 综合班级调研案例分析结果，总结本专业创业成功的要素。

拓展阅读

1.《苍生大医——21位医学大师的职业追寻》，毛群安主编

本书收集了21位医学大师职业生涯中的典型事迹和心路历程，通过充满深厚文化底蕴的笔触，旁征博引，用生动的语言再现医学大师的职业素养，结合当前医患关系的现状，让医务工作者在追寻前辈们的足迹中，切实加强自身人文素养的培养、锻塑职业理想，号召医务工作者以患者为中心，在设法为患者解除痛苦过程中体验幸福，在成功挽救生命过程中感受幸福，在提高业务技能中寻找幸福，并在全心全意为人民服务的过程中使自己道德升华、精神净化。

2.《名老中医之路》，周凤梧、张奇文、丛林主编

本书收载了近百位现当代名老中医亲自撰写或其门人、后人回忆执笔的文章，内容包括名老中医的求学之路、治学之道、学术成就、临床经验及医德医风等。其意义在于：第一，启迪中医后学，诱掖新的一代名医成长。名老们的求学道路、治学态度、医德医风等都是中医学子的楷模；第二，改善中医教育。中医教育有其特殊性，名老们对此有许多中肯、精辟的见解和建议，对于办好中医药院校的教育颇具指导意义；第三，名老们一生的成败得失对于今天中医学术的发展、中医现代化问题也都具有现实的借鉴意义。

第二章　职业生涯规划概述

职业生涯规划是关系到一生发展的职业线路图,要想让职业生涯规划在一生的发展中成为定海神针,除了不能脱离实际,还离不开科学的理论作为指导。因此,在进行自我职业生涯规划时,掌握职业发展的相关理论十分必要。

第一节　西方职业生涯发展相关理论

一、职业生涯相关理论的形成

（一）职业生涯相关理论的缘起

任何的真知灼见首先来源于实践,上升为理论后最终指导实践,生涯发展理论也不例外。在古代的农耕社会,人们过着随遇而安的生活,农业、商业和手工业者的职业生涯往往是师承或家传,很少面临严峻的挑战;帝王将相则以世袭制保证子女们有个衣食无忧的职业生涯,这种生涯模式下是不需要什么职业发展理论的。19世纪末20世纪初,工业化浪潮吞噬了农民的土地,城市大规模扩张,人口快速膨胀,工业革命中产生的先进技术剥夺了多数人在传统职业方面的工作机会。传统的生涯模式面临着严峻的挑战,形成了一种纠结两难的供需矛盾。一方面,年轻从业群体对职业信息掌握不全面,不了解岗位所需的技能要求,无法做出适合自己的就业选择,出现了大量青年人"无业可就"的状况;另一方面,社会职业专门化对劳动技能提出了更高的要求,学校教育很难适应新生岗位技能的要求,用工企业出现"无工可用"的局面。

为了满足青年人对职业咨询的需求、用工企业对用人的需要,波士顿市民在美国开设了第一个基督教青年会分会,专门为处于社会下层的工人提供咨询。

基督教青年会致力于帮助失业的青年选择就业地点,后来,它的分会不断蔓延到其他城市,并专门开设了就业局,聘请一些人员专门进行失业青年的安置工作,也开设了一些公共图书馆,提供讲座和职业课程。"基于其新的哲学和教育心理学,基督教青年会开创了为青年提供指导的先河。"但是,当时的这些职业指导仅作为其他职业培训和教育计划的辅助手段和慈善实践,他们的服务范围有限,缺乏系统化、制度化和专业化。虽然他们的职业指导服务一直延续到20世纪中期,但一般不被认为是正式的职业指导实践的开端。

(二)职业生涯相关理论的构建

1908年被视为美国生涯指导研究的重要时刻。这一年,波士顿大学教授、社会改革家弗兰克·帕森斯(Parsons,F.)认为需要经过专门培训人员来帮助年轻人做出职业选择。他在波士顿市民服务之家创建了职业局,为当时的青少年和新移民提供职业安置服务,这被认为是美国第一所制度化的职业指导中心。早在1906年美国成立全国工业教育促进协会时,参与该协会的很多人就与公民服务之家及其职业局有联系。全国工业教育促进协会提供了一种有组织的方式来游说联邦政府改变公共学校教育,以适应工业教育和职业指导。

1909年,《选择职业》在帕森斯过世后出版。这本书为帕森斯赢得了作为美国职业指导创始人的地位。该书的出版也被视为美国职业指导运动的开始。

帕森斯受过良好的教育,具有社会改革意识。在参与波士顿"市民服务之家"的活动中,他向学生讲授职业选择的重要性。他对人们如何选择一生的工作非常感兴趣,认为职业选择是个人和社会效益的一种形式,是进步理想的一部分。他关于这个问题的讲座很受欢迎。学生们经常要求与他面谈,讨论他们的职业本质。受之推动,帕森斯在1908年1月在市民服务之家开设了职业局,职业局的座右铭是"光,信息,灵感与合作"。

早期工业社会催生了帕森斯提出的职业选择方法和斯尼登等人倡导的普职分离的职业教育以及相关的生涯教育,后期工业社会则直接促使美国生涯指导走向更加专门化和技术化操作。

(三)职业生涯相关理论的繁荣

后期工业社会的标志性事件是第二次世界大战以及随后出现的冷战。科技的发展以及生产方式的转换导致世界各国发展的不均衡以及大国地位的重新认定。就此而言,科技发展以及生产方式的转换是世界大战的一个重要起因。从时间上看,第一次世界大战(以下简称"一战")既是早期工业社会的尾声,也是后期工业社会的开端。第二次世界大战(以下简称"二战")则是后期工业社会的高潮。在二战前后,后期工业社会更加明显地呈现出以电气化为特征的机器大工业生产。

一战和二战对职业生涯指导的影响主要有三个方面:一是职业教育被视为国际军事竞争的关键力量。按照美国史学家克雷明的说法,一战期间,职业教育日益被看作国家军备竞赛的一个方面,也因此,当时的美国总统威尔逊特别看重职业教育。也正是在这个背景下,1917年2月,在美国参战前的两个月,参议院史密斯和众议院休斯提出的一项法案获得通过。"史密斯—休斯法案"成为影响美国职业教育和生涯指导的重要文件。二是对入伍军人的考核和甄别为生涯指导提供了比较先进的咨询工具。这种咨询工具后来推广到军队之外的职业指导。三是战后退伍军人的再就业问题增加了生涯指导和职业咨询的需要。退伍军人如何重新就业的问题一度成为生涯指导尤其是职业指导的一个重要主题。

两次世界大战要求对新兵的选拔和安置进行大规模的测试。受之推动,心理测量学以及各种智力测验量表纷纷被开发和使用。一战期间,明尼苏达机械能力测试取代了智力测试,起初是用于士兵入伍考核和军事分类,在战后成为安置退伍军人和移民到各行各业的工作岗位的主要工具。

受战争影响,心理测试成为生涯指导以及相关的职业咨询的第一个重要组成部分。随着心理测量领域的心理学家纷纷加入,心理测验以及相关的职业兴趣测试在职业指导领域逐渐获得广泛的认可。而在种种职业兴趣测试中,霍兰德开发的"自我探索量表"影响较大。

总体而言,早期工业社会以生涯教育为主导模式,在1900年前后,美国出现了生涯指导机构和帕森斯的生涯指导模式以及以普职分离为主导的生涯教育模式。后期工业社会以霍兰德和舒伯等人的生涯咨询为主导模式。在1950年前后,出现了以霍兰德模式为代表的职业选择理论和以舒伯模式为代表的生涯发展理论。而信息化社会(20世纪末21世纪初)出现了以新职业主义和"生涯技术教育"等生涯教育为主导的多种模式并存的多元化生涯指导模式。

总之,生涯指导主要受科技发展和经济转型的影响。也因此,生涯指导在前工业社会和早期工业社会、晚期工业社会以及后工业社会呈现出不同的特点与模式。有学者特别强调，这三个阶段的生涯指导虽然有一定的时间发展顺序，但后面出现的生涯指导模式占主导时，前面阶段的生涯指导模式并不会完全消失。随着新模式被越来越多的人认可和使用，旧模式才逐步退居幕后。也就是说，三个阶段之间虽然有比较明显的转向，但并没有"前仆后继"的断裂。

二、职业选择理论范式

以霍兰德模式为代表的结果取向的职业选择理论范式，以及以舒伯模式为代表的生涯发展理论范式，都属于心理学模式或生涯咨询模式。职业选择理论范式普遍以特质因素论、测量心理学、心理类型理论为其研究视角。

（一）帕森斯的特质—因素理论

帕森斯的特质—因素理论，也被叫作"帕森斯的人职匹配理论"。由美国波士顿大学教授帕森斯（Parsons,F.）提出。特质因素论包含两个内容：一是特质，二是因素。特质是指个人的人格特征，包括能力倾向、兴趣价值和人格，可以通过心理测量工具进行评量或评价。因素是指在工作中要取得成功所必须具备的条件和资格，可以通过工作的分析了解到。该理论源自帕森斯对职业辅导方面所建立的一些基本原则。帕森斯也因此被普遍认为是职业指导之父。

帕森斯的特质—因素理论在二战后很多人需要重返职场的背景下，最初叫作职业指导，目的是当年为了帮助退伍军人做更好的职业选择，是一个关于职业选择的理论。它将人进行分类，认为不同特质的人，适合去干不同的事情。

1909年，帕森斯在《选择职业》这本书中，提到"人跟职业相匹配是职业选择的焦点"这样一个观点。他认为每个人都有自己独特的人格模式，每一种人格模式都有对应的一些职业类型。帕森斯提出用职业选择行为的三个步骤，也称为帕森斯的三要素，即特性、因素和人职匹配，构成了特质因素论的理论核心点：① 认识自己，包括自己的身体状况、能力、兴趣、性格、价值观念、学历成绩、工作经历等一些个人资料，以及各方面的限制；② 认识工作世界，分析各类职业所要求的工作条件；③ 对自己以及工作世界两方面的所得资料作适当的推理，找出这两者之间的关系，作一个适当的配合。

特质—因素论对生涯辅导领域有两个贡献：① 强调个别差异现象；② 强调认识工作世界的重要性。前者影响各类心理测验及评量工具的发展，后者推动职业资料的分类与建立。

作为生涯基础理论的鼻祖,特质—因素论相当于心理学的精神分析。它将职业和人的特质视为静态的存在,不太重视职业的变化以及人的发展潜力,这导致了该理论的局限性:① 他认为个人的生涯目标是单一的,一个人一辈子只有一个适合他的正确目标。事实上,一个人可以有很多适合他的目标。② 主张职业选择基于心理测量的结果,然而事实上影响个人职业选择的因素除了个人各方面特质外,环境中的其他影响因素亦相当多。而这些因素都是特质因素论没有考虑到的。

一个多世纪以来,帕森斯所开创的职业指导方法在生涯指导领域产生了持续的影响。不过,帕森斯的贡献仅仅指向生涯指导的实践,他并没有提出一个完整的生涯指导理论模型。

(二)霍兰德的人格类型理论

约翰·霍兰德(John Holland)的人格类型理论,也称职业兴趣理论,在职业规划领域中起着转折性作用,标志着从个体差异的理论开始走向了以发展眼光的生涯理论当中。

相比特质—因素论静态的特点,人格类型论走向动态的一种眼光、一种视角来看人与职业的匹配。它并不重视个人心理特质是怎样形成的,而是重视在将这个形成了的个人特质如何与职业相匹配,如表2-1-1所示。霍兰德区别于其他研究人员的一个最重要的特点就是,他讲的不单单是人的兴趣人格价值观,同时也对应职场的环境以及职业的分类。在生涯领域中它是一个独立的理论体系,并不依附于其他的理论体系。

1959年霍兰德提出职业选择的人格类型理论,也有称之为"人业互择理论"。20世纪70年代基于此理论发布了六角形模型,应用延伸为SDS测评量表。20世纪90年代应用于职业代码词典和工作世界地图。

其观点源自人格心理学的概念,认为职业选择行为是个人人格特质的延伸,由职业选择的过程可反映出个人的人格特质。而个人的人格特质与所选择职业之间的匹配程度,则影响个人对工作的满意、适应以及稳定程度。因此,人格类型理论也被称作霍兰德职业兴趣理论。这里指的兴趣,是描述人格的另外一种方法,在职业选择中,是一个更为普遍的概念,甚至被称作人格理论,其后阐述的是一个人的价值观。

表 2-1-1　人格类型与职业类型的匹配模型

类型	劳动者的人格特点	相对应的职业类型
现实型 R	愿意使用工具从事操作性强的工作;动手能力强,做事手脚灵活,动作协调;不善言辞,不善交际	主要指各类工程技术工作、农业工作。通常需要一定体力,需要运用工具或操作机器。主要职业:工程师、技术员;机械操作、维修安装工人,木工、电工、鞋匠等;司机;测绘员、描图员;农民、牧民、渔民等
研究型 R	抽象能力强,求知欲强,肯动脑,善思考,不愿动手;喜欢独立和富有创造性的工作;知识渊博,有学识才能,不善于领导他人	主要指科学研究和科学试验工作。主要职业:自然科学和社会科学方面的研究人员、专家;化学、冶金、电子、无线电、电视、飞机等方面的工程师、技术人员;飞机驾驶员、计算机操作人员等
艺术型 A	喜欢以各种艺术形式的创作来表现自己的才能,实现自身价值;具有特殊艺术才能和个性;乐于创造新颖的、与众不同的艺术成果,渴望表现自己的个性	主要指各种艺术创作工作。主要职业:音乐、舞蹈、戏剧等方面的演员、艺术编导、教师;文学、艺术方面的评论员;广播节目的主持人、编辑、作者;绘画、书法、摄影家;艺术、家具、珠宝、房屋装饰等行业的设计师等
社会型 S	喜欢从事为他人服务和教育他人的工作;喜欢参与解决人们共同关心的社会问题,渴望发挥自己的社会作用;比较看重社会义务和社会道德	主要指各种直接为他人服务的工作。如医疗服务、教育服务、生活服务等。主要职业:教师、保育员、行政人员;医护人员;衣食住行服务行业的经理、管理人员和服务人员;福利人员等
企业型 E	精力充沛、自信、善交际,具有领导才能;喜欢竞争,敢冒风险;喜欢权力、地位和物质财富	主要指那些组织与影响他人共同完成组织目标的工作。主要职业:经理企业家、政府官员、商人、行业部门和单位的领导者、管理者
常规型 C	喜欢按计划办事,习惯接受他人的智慧和领导,自己不谋求领导职位;不喜冒险和竞争;工作踏实,忠诚可靠,遵守纪律	主要指各类与文件档案、图书资料、统计报表之类相关的各类科室工作。主要职业:会计、出纳、统计人员;打字员;办公室人员;秘书和文书;图书管理员;旅游、外贸职员;保管员、邮递员、审计人员;人事职员等

人格类型理论的核心思想提出了4个基本假设:① 在所处的文化里,大多数人都能被归为六种人格中的一种:现实型(Realistic type)、研究型(Investigative type)、艺术型(Artistic type)、社会型(Social type)、企业型(Enterprising type)、常规

型(Conventional type)。这六个类型的首字母按照固定的顺序排列成六角形RIASEC模型(见图2-1-1)。每一特定类型人格的人,便会对应相应职业类型中的工作或学习感兴趣。因此,人的职业兴趣倾向就是其人格的反映;② 与之相对应的,职业环境也存在六种类型;③ 人们在寻求这样的环境:能够在其中运用他们的技巧与能力,表达他们的态度和价值观,处理适宜的问题,承担合适的角色;④ 个人的行为取决于人格与环境特征之间的交互作用。

迄今为止,人格类型理论在生涯领域是具有非常广泛的、有影响力的工具。

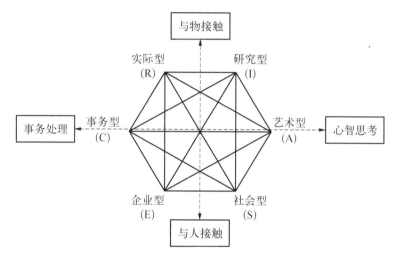

图2-1-1 RIASEC模型

对于医学类学生来讲,霍兰德六角形职业性向选择图对职业生涯的指导有重要意义。现实型的医学类学生更适合牙医、牙科技术人员等操作性强的职业;研究型的医学类学生更适合从事临床科研、医学技术及研发工作;艺术型的医学类学生可以向医学美容、整形发展;社会型的医学类学生适合从事一线的医护工作、医学教育、医学咨询等;企业型的医学类学生可在医学事业管理方面大展身手;而传统型的医学类学生可以在医学管理中从事具体的事务工作,发挥自己的优势。

三、生涯发展理论范式

(一)舒伯的生涯发展理论

生涯发展理论认为人的身心职业经历都是不断发展的,是一个连续的长期的发展的过程。生涯发展理论起源于20世纪50年代,在60、70年代被具体运用到生涯规划和生涯教育实践过程中。70年代后美国的一些生涯教育的设想就是在生涯发展理论影响下提出的,尤其是在舒伯的理论体系影响下提出的。

舒伯(Super)把人的职业选择和适应的过程,从幼儿期一直延伸到老年期,把人的一生看作是一系列的发展阶段,依照年龄将每个人生阶段与职业发展配合,在不同的发展阶段都有不同的发展课题,不同的时期有不同的职业成熟的指标,他提出了一个更为广阔的新观念——生活广度、生活空间的生涯发展观。

所谓"生活广度"是指人生的发展历程,即成长、探索、建立、维持、衰退五个阶段。而所谓"生活空间"是指个人在同一时期所扮演的不同角色,包括儿童、学生、休闲者、公民、配偶、家长、父母、工作者、退休者等角色。同时,他提出扮演这些不同角色的四个人生剧场,分别为家庭、学校、社会、工作场所。"生涯彩虹图"是用来说明生活广度及生活空间之生涯发展观念的最佳表达,如图2-1-2所示。

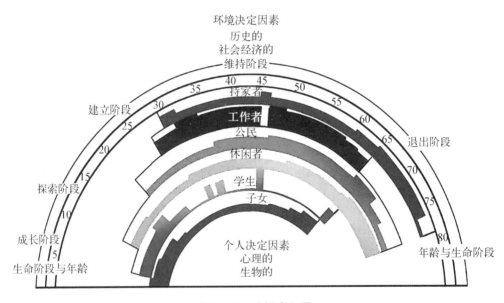

图2-1-2 生涯彩虹图

舒伯生涯发展理论的12条基本假设如下:

(1)人在职业上的发展是前进的,一般而言是不可逆的过程;

(2)人的职业发展具有一定的秩序和一定的形式,是可预测的过程,可预测也就是可以被规划的;

(3) 职业的发展是具有时机性的(个人与环境相互作用的过程)——环境的因素对一个人的发展有非常重要的作用;

(4) 自我概念从青年期以前就开始形成,进入青少年后进一步明确,逐步成为职业上的自我概念;

(5) 现实的主要因素(个人性格特征的现实、社会存在的现实等)将随着人的年龄的增长(青年期向成人阶段的发展),对人的职业选择起越来越重要的作用;

(6) 父母或长辈自小开始的以"平等对待"的态度,对个人自我作用的合理养成发展以及人际关系能力等方面的发展具有关联作用;

(7) 个人从某个职业水平向另一个职业水平的移动(且是朝着上升方向的移动)的速度与个人的智力、家庭的社会经济水平与地位、个人的价值欲求(价值观)、兴趣、处理人际关系的技能水平、社会经济的供需状况等有关联;

(8) 个人选择的职业领域与自己的兴趣、价值观、欲求、父母长辈的期望和平等对待状况、可利用的地域社会资源(如文化、教育设施等)、学历程度、所在地区社会的职业构成与职业动向、个人对职业的态度等有关;

(9) 各种职业对人的年龄、兴趣、性格等特征类型的要求,具有相当大的通融性;

(10) 个人能否从工作中获得满足感,依赖于是否找到了适合于个人能力、兴趣、价值观、性格特征等的职业;

(11) 从工作中获得满足感的程度,是与个人自我概念的实现程度成正比的;

(12) 某个职业从事者,多数为男性或者多数为女性,将成为个性构成上的交叉点,但是对某个人来说,有时候是在这样的交叉点的周围,有时候偶尔出现在交叉点上,有时候是在游离。

舒伯生涯发展理论的一个核心是发展性的自我概念。自我概念的发展是指个人如何看待自己及其所处的情境,是个人与社会间动力互动历程的反映:个人在发展的历程中,由于接触了周围他人和环境事物,与个人的想法产生互动,而逐渐衍生出对自己的看法。个人即依据其对自我的概念与其在社会中所扮演的角色,组织内在、外在的所有个人与社会势力,来发展其生涯。自我概念理论可以分为两个部分:① 个人或心理的,专注于个人如何选择及如何调适其选择;② 社会的,重点在个人对其社会经济情况及当前社会结构的个别性评价。

舒伯把职业的发展看作一个人的自我概念在职业上的形成,他所谓的自我概念包括个人对自己在兴趣、能力、价值观念以及人格特征各方面的认识。可以简单归纳为两点:

(1) 人通过选择能实现自我的职业,从而表现自己与自我的概念;
(2) 人通过职业表现自我概念,并且在不同的阶段有不同的自我概念的表现。

这个自我概念理论后来又衍生为"拱门模型理论",如图 2-1-3 所示。

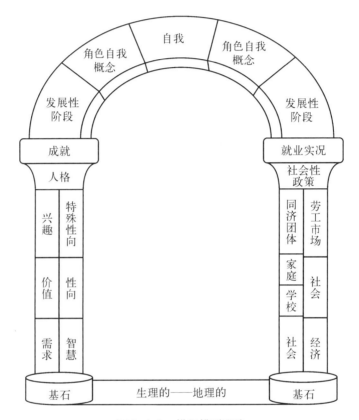

图 2-1-3 拱门模型理论

拱门的左右两大基石分别为生理基石和地理基石,生理基石支持了个人的心理特质,涵括了个人的需求、智慧、价值、性向及兴趣等,这些因素会影响个人的成就表现。拱门的地理基石,支持了如经济、社会、学校、家庭、劳工市场等社会环境范畴,这些因素影响了社会政策及就业标准。连接左右两大基石的拱形,则是由生涯发展阶段与自我概念所串联而成,主导个人的生涯选择与发展。

舒伯的生涯发展理论在众多生涯理论中是相当完备的一套理论,他所讨论的概念很广泛,能解释人类现象的情形颇为充分,所引发出的研究也相当多。然而它还是有不足的地方,例如原生家庭对人的影响等。

(二)萨维科斯的生涯建构理论

舒伯的学生萨维科斯(Mark Savickas)在继承其核心思想的同时,于2002年提出生涯建构理论。他受到人职匹配理论的影响,并把舒伯的理论做了一个创新:关注某个阶段,个体如何适应不同职业,如何将工作融入生活中。他对自我和生涯发展提出新的假设,回应了传统理论的困境。

1. 自我是通过工作和关系持续被建构和创造的

真我并不先于经历存在,测评和基于头脑反省所得到的不过是"根植于过去的我",固着于探寻过去的真我,既难以应对高速变迁的社会环境,也会让自我的发展陷入停滞。

2. 生涯发展经历是一项建构自我概念的生命设计(life project)

理想职业不会自动展现,是个体在做出选择实现意图(intention)时被建构和设计出来的。所以,好的生涯发展是积极行动,是将经验整合并丰富自我概念的过程。

3. 生涯即故事,透过故事理解并创造人生

生涯建构论认为,讲述个人故事让人们觉察那些本就存在但模糊不清的意识。① 关注过去和当下的经验(Experience);② 解释其重要性和赋予意义(Intention)。

萨维科斯的生涯建构论包含三个组成部分:人格特质、生涯适应力和生涯主题。

(1) 人格特质:萨维科斯在批判性地继承霍兰德类型理论及职业世界地图理论的基础上,来理解个体职业人格类型(RIASEC),认为从过往经历中可以发现一个相对稳定的职业人格(重评估行动呈现出的兴趣倾向),并且会与职业呈现出一定的匹配性。但萨维科斯关注的点会有所不同:① 更侧重来访者的主观看法,而非测评分数。② 更关注来访者意图中呈现的可能的我(possible self),而非过去的我。

(2) 生涯适应力:社会飞速变迁令个体不得不更加主动地根据环境做出态度、行为和能力上的调整,形成个体的生涯适应力。萨维科斯提出的生涯适应力模型包括:关注、控制、好奇和自信。需要围绕"适应力模型"尝试激发来访者对未来生涯的关注、控制、好奇和自信,推动来访者将意图(intention)转化为行动。只有行动才能创造新的故事,即新的自我和生涯;也只有在行动中适应力才能得以提升。

所以，对于相当多个体，问题不在于是否做出了决定，而是在于是否付出了行动。

（3）生涯主题（theme）：个体通过进入一个职业来诠释和发展自我概念。如果来访者能深入理解自我概念和个人愿景目标，将更加有效地做出生涯选择。萨维科斯认为，个体自我概念和愿景目标通过一个生涯主题来展现——如同一个故事的主题，概括了这个故事的中心思想。生涯主题由一个或一系列个体最急切希望解决的问题和个体解决问题的方法构成。个体生涯发展的目标和行动都围绕生涯主题宏观地指引展开。

总之，萨维科斯的生涯建构理论的核心概念是自我和身份认同。自我总是跟身份认同关联在一起。舒伯和萨维科斯的理论的一个重要特征是他们对当事人的自我概念以及与之相关的情感领域的关注，都强调当事人的主动建构能力。萨维科斯的自我概念挑战了传统意义上的职业咨询师与当事人的关系。在传统的职业咨询中，咨询师是主导者，当事人是被动的接受咨询者。而在萨维科斯这里，生涯建构的关键途径是当事人的自我概念及其生涯建构的叙事。萨维科斯尤其关注自传叙事对个体身份建构的影响。每个人都有一个社会角色，并按照这个角色去行动。每个人都必须在社会行动中扮演某个角色，必须保护这个角色，避免发生角色冲突。最终，会在头脑里建构一个自传故事，甚至将这个自传故事讲出来或写出来，以此解释自己的职业经历的连续性。这是作为作者的自我。

（三）克朗伯兹的生涯学习理论

美国斯坦福大学教育和心理学教授克朗伯兹（Krumboltz）将班杜拉社会学习理论应用在生涯辅导的领域里，进而讨论影响个人做决定的一些因素，并设计出一些辅导方案，以增进个人的决策能力。其基本假设：

（1）兴趣是学习的结果（更确切地说兴趣是通过积极的学习经验培养来的）；

（2）学习经验导致个体从事某职业，而不是兴趣与能力；

（3）偶发因素不可避免，在人生中无处不在；

（4）不能做决定（indecision）主要是缺乏和生涯有关的学习经验（所以推动行动增进学习经验是关键）。

克朗伯兹理论继承和发展了社会学习理论，其理论最主要的价值集中在两个方面：一方面是对生涯决定的研究，另一方面是对偶发事件与生涯发展关系的研究（机缘规划）。

克朗伯兹认为个人的生涯发展历程相当复杂。他的理论的主要目的是在说明影响某一个人决定进入某一个职业领域的因素。他提出，个人的社会成熟度在很大限度上依赖于对他人行为的学习和模仿，并由此决定他们的职业导向。影响职业决策的主要表现有四种因素：遗传素质及特殊能力、环境及重要事件、学习经验、任务取向的技能。这些因素共同作用，使人们形成了关于自我和职业世界的信念系统、问题解决技能和试验性行动，并最终决定了人们的生涯选择。

克朗伯兹认为，在个人发展的历程中，下面四种因素相互作用，从而形成了个人对自我和世界的推论。

（1）遗传素质及特殊能力，包括天生的资质、性别、身高、外观还有智力才能等；

（2）环境及重要事件，包括家庭教育、社会就业机会、政治经济、自然力量（自然资源、自然灾害）等；

（3）学习经验，包括直接性的学习经验和间接的学习经验。直接学习经验是个人直接从某个结果当中去获得一些学习经验。间接学习经验则是指人通过对其他事物的观察而获得的学习经验；

（4）任务取向的技能，包括解决问题的能力、工作习惯、心理状态、情绪反应和认知的历程。

一般所谓的个人兴趣、价值观等实际上都是学习的结果。个人学习经验的不足或不当，可能导致错误的推论、单一的比较标准、夸大式的灾难情绪等种种问题，从而有碍于生涯的正常发展。因此，克朗伯兹特别强调丰富而适当的学习经验的重要。

在克朗伯兹论及的信念系统里，关于自我的信念核心是对自己表现的评估和未来的预测，而关于职业世界的信念核心是对环境及未来事物的评估与展望。很多个体不能做决定，很大限度上是对自我和职业世界存在限制性信念。

一直以来的生涯理论都在试图尽可能地降低生涯选择所面临的不确定性，尽可能使所有事件合乎情理，但忽视了不可避免的偶发事件的重要性。对此，克朗伯兹有非常不同于其他理论的观点：

（1）偶发事件无所不在，意外的发生并不意外；

（2）偶发事件可能成为学习机会，应该对不能做决定持开放态度；

（3）应该善用机缘，拥抱偶然，从中发现机会，甚至规划偶发事件；

（4）有五大促进机会发生的因素：好奇、坚持、乐观、善于变通、敢于冒险。

他强调,应该协助来访者制造偶发事件,辨认偶发事件,并把偶发事件整合进自己的生涯规划中;发展出积极的学习经验——形成对自我和职业世界的积极信念,了解工作技能提升的方法,提升行动意愿。

(四)社会认知生涯理论

社会认知生涯理论(Social Cognitive Career Theory)试图揭示生涯选择的动力机制,以此预测个体的兴趣、职业目标、生涯选择等过程(见图2-1-4)。理论提出者兰德(Lent)、哈克特(Hackett)、贝茨(Betz)等人对生涯选择与行为提出了以下关键假设:

(1)个体职业目标源自职业兴趣的影响,又会影响生涯选择和行动,进一步决定了后续的成就表现;

(2)提升自我效能和结果期待能有效激发职业兴趣,进而帮助个体形成职业目标;

(3)学习经验是影响个体自我效能和结果期待的关键,受到个体因素和环境变量的限制。

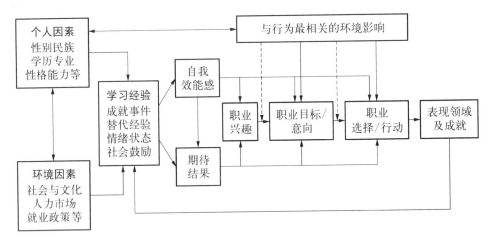

图2-1-4　社会认知生涯理论模式图

社会认知取向生涯理论模式中的主要概念,自我效能、结果预期及个人目标。

第一,自我效能,是班杜拉理论中最重要的思想和行动决定因素之一。自我效能感不是一种单一的或全局的特质。相反,自我效能感被认为是与特定的绩效领域和活动相联系的一组动态的自我信念。例如,一个人可能对他或她弹钢琴或打篮球的能力持有强烈的自我效能感,但觉得自己在社会或机械任务方面的能力要差得多。

自我效能感主要通过四个来源来获得调整:① 个人表现成就;② 替代学习或替代强化;③ 口头说服;④ 生理和情感状态。其中,个人表现成就或先前的成功体验对自我效能感的影响最大。在某一特定领域(如数学)取得令人信服的成功经验往往会增强与该领域相关的自我效能感。重复的失败往往会削弱自我效能的信念。也就是说,在自我效能感的绩效成就、替代学习、社会说服、生理和情感状态四个来源中,个人表现成就或绩效成就与自我效能感的关系最为密切。

第二,结果预期,是指对执行特定行为的后果或结果的信念。自我效能信念与一个人的能力有关(例如"我能做到这一点吗?"),而结果预期涉及对特定行动的结果的想象。例如,"如果我这样做,会发生什么?"班杜拉描述了三种类型的结果预期,包括对身体、社会和自我评价结果的预期。他坚持认为,自我效能感和结果预期都有助于决定人类行为的一些重要方面,如人们选择从事的活动和他们避免的活动。在许多情况下,自我效能感可能是更有影响力的决定因素,这些情况需要复杂的技能或需要更多努力以克服困难的行动方案。例如"是否从事医疗职业"的选择,因为医疗行业会带来很大的声望和帮助他人的机会,人们可能对结果抱有积极的期望。但是,如果他们怀疑自己有能力取得成功(即"我不擅长科学"),就会避免做出某种选择。然而,人们也可以设想自我效能感很高但结果期望很低的情景。例如,一个人对自己的数学相关能力很有信心,但由于预料到学习数学的负面结果而不选修数学课程。

人们从各种直接的和间接的学习经历中对不同的学术和职业道路产生结果预期,例如对他们个人在过去相关工作中所获得了某些结果,以及他们获得的有关不同职业领域的二手信息(例如,通过观察家人和朋友,或看到各种媒体如何描述不同形式的工作)。自我效能感也会影响结果预期,特别是在结果与成绩密切相关的情况下。人们在执行他们认为有能力的任务时,通常希望得到积极的结果而避免消极的结果。

第三,个人目标,它可以定义为一个人从事某一特定活动或产生某一特定结果的意图。目标指向的问题是:我想做这件事的程度有多高,做得有多好?通过设定个人目标来组织、指导和维持自己的行为。在实现目标的过程中取得进步,可能会产生重要的情感反应。例如,获得满足感可能会导致坚持同样的选择，未获得满足感可能会导致放弃选择。

社会认知理论认为，人们的选择和个人目标受到自我效能感和结果预期的影响。例如，在音乐表演方面，强烈的自我效能和积极的结果预期很可能培养与音乐有关的目标，如打算花时间练习，寻找表演机会，也许从事音乐事业。在实现个人目标方面取得的进展（或缺乏进展）反过来又对自我效能和结果预期产生相互影响。成功的目标追求可以在一个积极的周期内进一步增强自我效能感和结果预期。

四、生涯教育理论范式

（一）新职业技术教育理论

新职业技术教育理论又名新职业主义教育理论。由于对新职业技术教育理论的研究尚未构成特定的理论，因此，这里主要基于纵向历时性和横向跨国比较两个维度对新职业技术教育理论进行研究，在更广泛的层面展开文献梳理。

对新职业技术教育理论的概念有两种理解。第一种理解认为"新职业主义"是一种教育理念与思潮。霍德金森（P. Hodkinson）认为"新职业主义"属于进步教育理论思潮，即反对工具的、学科式的传统教育，强调从学生本体出发的、以学习者需求为导向。第二种理解认为"新职业主义"是一种综合化的教育改革运动。格拉布（W.N. Grubb）提出"新职业主义"这一概念最早出现在 1983 年颁布的《国家在危机中——教育改革势在必行》，新职业主义教育包括提升学术标准、关注"工作场所基础知识"、整合学术教育与职业教育、在岗位情境下进行学术内容学习等一系列改革。

"新职业主义"并不只是指一项运动或教育改革，而是建立在职业教育不同方面和发展阶段的一系列变革，并且这些变革在未来将会持续进行。格鲁伯（Gnubb）认为新职业主义主要包含五方面内容：① 学习学分模型的变化；② 达成必备技能秘书委员会颁布的技能；③《帕金斯法案》，提出通过扩大职业教育内容增加科学知识以及通用技能（个人技能）等对职业教育进行改革；④ "学校到工作"机会法案，反复强调科学与职业之间的整合；⑤ "通过工作进行教育"，将理论教学与实践进行整合。

（二）生涯技术教育理论

生涯技术教育是新职业主义的延续和发展。生涯技术教育包括中等教育、大专教育和成人教育。与新职业主义一样,生涯技术教育既反对传统的普通教育,也反对传统的职业教育。生涯技术教育强调普通教育与职业教育的整合,其新措施主要包括学术课程与职业课程的整合。与新职业主义不同之处在于,生涯技术教育有明确的建制(比如生涯学院)和课程体系。

生涯技术教育整合了斯尼登和杜威两个人的理想,既重视职业技术教育,同时又强调学生的"学术成就"和终身发展。与20世纪初普洛瑟等人的职业主义不同,21世纪的经济明确要求将思想和文化融入生涯技术教育。学习者需要的不仅仅是针对特定工作的职业培训,而是做出决策、解决问题,并利用各种学科和文化背景来理解工作过程中出现的挑战和变化。因此,学习者既需要学习就业课程,也需要掌握必要的学术课程。

21世纪是信息技术高速发展的时代,生涯技术教育的一个重要作用是缩小学校学习内容与21世纪生活与工作所需要的知识和技能之间的鸿沟。美国教育部把"21世纪技能"引入整个教育体系,特别是生涯技术教育改革中,要求生涯技术教育以培养学生21世纪技能为主要目标,不仅重视学生阅读、写作和算术等基本核心能力,更重视21世纪必需的交流能力、思辨能力、创新能力和协作能力。相比起普职分离中的职业学校和普通学校,以及生涯咨询范式的生涯指导,生涯技术教育通过培养学生21世纪技能能使学生更加具备社会的竞争力,成为21世纪社会真正需要的人才。

> **思考题**
>
> 1. 霍兰德人格类型中,你更符合哪种类型?
> 2. 我们已经选择了现在的专业,是不是就只能从事某一种特定的工作?
> 3. 选择你最认同的某个理论,解释自己认识的"牛人"的生涯规划过程。

  案例

清华大学樊富珉教授的职业经历

清华大学心理学系的樊富珉教授,1977年本科毕业于清华大学机械系,毕业后任清华大学机械工程系教师、辅导员。她37岁时在日本学习的课堂上偶然接触到职业生涯测验,由此知道了自己的职业生涯代码SAE,最适合的职业是心理咨询师、社会学老师等,也由此开始了正式学习心理学、从事心理学科研教学工作。虽然之前也因为某些原因在研究生毕业之后就开始教心理学,但是这次契机让她知道她最适合做心理咨询师,而且还有机会做心理咨询师。于是,樊富珉教授在37岁时第一次做出了自主选择:做一名心理学的老师。到现在樊富珉教授在心理学界已经取得了非常大的成就。

讨论:

1. 樊富珉教授的简单经历介绍可以给我们哪些启示?
2. 结合樊富珉教授的经历,谈谈你是如何理解舒伯的生涯发展理论的。

第二节 职业生涯规划的意义

每个人或许都经历过外出旅游,若要出行成功,我们通常需要规划以下事项:① 出行前的思考,出行的时间、出行的目的地。② 根据个人兴趣和实际情况,上网查资料,筛选比较,最终确定旅游时间及目的地。③ 权衡抉择是否跟团,然后货比三家,比价格、比路线、比服务等;倘若选择自由行还要上网搜寻自由行攻略和拟定旅行路线。④ 实施计划,准备跟团游的材料,签订合同;而选择自由行则需要自己确定交通工具、订车票、订酒店等。⑤ 适时调整,根据实际情况和需求变化,适时对上述事项进行调整。只有这样才能收获一个令自己满意的旅游度假体验。外出旅游尚且需要有规划,更何况是关乎个人未来的职业选择和发展呢!那么职业生涯规划对我们个人和社会发展到底有什么具体的意义呢?下面就让我们了解一下职业生涯规划的意义。

一、职业生涯规划的个人意义

大学生职业生涯规划是有关大学生本人的职业生涯规划,与大学生自己的个人成长和发展息息相关,自然对其个人发展有着重要意义。职业生涯规划对大学生而言最重要的意义莫过于找到合适的工作和促进职业的长远发展。

(一)人岗匹配,促进大学生找到适合自己的工作

目前,美国职业分类典(The Dictionary of Occupational Tifles)已列有三万

多种职业。当今社会信息繁杂,面对众多的工作岗位,仅凭大学生自己的经验和阅历,很难深入全面地了解各种职业的内容和内涵。而面对复杂的职场信息,父母、亲友或者师长们也很难具有这方面专业化的知识,来协助大学生选择适当的职业。因此,在现实生活中就会很容易产生盲目选择的情况,以至于对后期职业发展产生深远的不良影响。所以职业生涯规划对大学生的职业选择和发展具有重要意义,具体而言主要体现在以下三个方面。

1. 提前认知自我

通过对职业生涯的规划可以提前确定个人职业发展的不同阶段目标,然后结合自身的兴趣爱好、性格特点、内在潜能找到与不同阶段目标的结合点,通过制定不同的提升计划、行动方法,可以提前认知自我、认知岗位、认知行业。如果不能全面了解自己的优缺点,则会造成日后择业时无法全面考虑自身特点和岗位的匹配度,若匹配度较低则会造成人岗不匹配,形成较大落差,对心理打击较大。若能及早给自己做好职业规划,就能更早地了解自己不容易察觉的特点,及时做好提升计划,扬长补短,完善自我。

2. 提前认知岗位

随着目前人工智能、大数据技术等前沿科技的发展,越来越多的行业岗位,尤其是重复简单易操作的岗位容易被取代。倘若个人职场竞争力不强,在如今大学生遍地都是的职场中想应聘到合适满意的岗位就尤为困难。但是,如果能及时做好职业规划,便能在学生时代和工作前给予自己充足的时间来做好就业工作的准备。不管是找自己感兴趣的行业,还是找有前途的行业,都能有足够充分的时间来了解,了解之后便可根据自身情况进行调整和匹配。如果没有提前做规划,在找工作时就无法对适合自己的岗位和行业做充分了解,最终只能错失心仪的岗位。

3. 提前认知行业

在未做职业生涯规划时,对于自身专业对应的行业都是非常片面的了解,没有做好充足的调研考察。做了生涯规划后,对专业对应的行业就会做详细的了解、调查和评价,获得客观认知,从而能更好地判断自己是否适合从事相关行业,提前做出判断和决策。

(二)职业发展,促进大学生职业更好地发展

大学生做职业生涯规划,不仅仅是为了暂时找到一份满意的工作,最重要的

是为了通过规划求得更好的职业发展。通过对所在的市场状况、行业前景、职位要求、工作业务等内容进行详细的探究,制定出今后各个阶段的发展目标,并且做出实现发展目标的计划和措施,努力成为行业的精英,从而实现自己职业生涯的发展。具体而言职业生涯规划可以在以下三个方面促进大学生发展。

1. **职业理想的自我实现**

美国社会心理学家马斯洛有著名的人的需求层次理论:从最低到最高分别是生理需求、安全需求、社交需求(爱与归属的需求)、尊重需求和自我实现需求。后两种自我需求属于较高层次的内在需求,人生的意义也在于对这两种需求的实现程度有多深。人如何尊重自我和受到他人尊重,如何使自己的人生理想得以实现,是古往今来所有杰出人物共同的人生奋斗目标。如果一个人只是把自己当成了生存的手段,那是一种对自我人格的不尊重,也失去了作为一个人存在的意义和价值。现实中为什么只有少部分的人可以成功,其实并不在于个人的智力差异程度有多大,或者诉诸一些所谓运气的成分。相关调查表明,除了天才和白痴之外,绝大部分人的智力条件都比较接近。心理学家长期跟踪和调查发现,那些已经获得成功的人士都有较高的自我要求和人生境界,内心都具有对自我尊重和自我实现的潜在心理需求。正是这两种需求动机,不断推动着他们对既定的目标持续努力,从而产生了更高的职业满足感。

2. **人的潜能开发**

正如大家熟知的"冰山理论",露出海平面的那部分被称作人的"意识",也可以说是人的"外在能力",属于可见的知识和技能的范畴,容易通过学习而得到提高和改进。而隐藏在海平面以下的部分被称作人的"潜意识",也可以说是人的"心理潜能",属于个性特质、自我的价值观和信念的范畴,这部分的能力深藏在内心的深处,不太容易觉知和感受到。从心理学角度来讲,潜能是人的一种潜在的、还未被有效发挥出来的能力。有的心理学家通过实验证明,人在现实中所展现出来的能力只占5%,而仍有95%的能力还处于待开发的状态中。如果对这部分巨大的能力进行有效的开发,每个人都可以做到连自己都无法想象的成就。当然,这只是一个假设。现实中很多人都会理性地去看待这个问题,都会用现实的尺度去权衡个人付出与收益之间的关系。每个人都有各自的局限性,但是人类历史的进步和发展是一种不断和自身局限性做斗争,不断去突破自身局限性的过程。其实,人生的意义和社会发展一样,是一个不断挑战和创新地认识自我的过程,一个持续去探索和建构自我与整个社会和世界合理关系的过程。如何让自我跟随着社会和世界同步发展,取决于个人如何去充分挖掘自身潜力,不断接受新的挑战,让自己去从事更有意义的事业。人类社会沿着创新——整合——超越——传承的历程发展,这样的过程循环往复,永无止境。同样,人也是通过这样的一个过程,通过一个不断认识自我的过程,对自身的能力和潜力提出更高的要求,不断为自己设定更高的人生追求目标。

3. 健全人格的发展

人格也称个性,这个概念源于希腊语 Persona,原来主要是指演员在舞台上戴的面具,类似于中国京剧中的脸谱,后来心理学借用这个术语用来说明:在人生的大舞台上,人也会根据社会角色的不同来换面具,这些面具就是人格的外在表现。面具后面还有一个实实在在的真我,即真实的人格,它可能和外在的面具截然不同。所以说,人格其实是我们与生俱来的一种先天的特性,一种稳定的先天气质,一种与他人做出区分的个人特征。从本质上来说,世界上没有完全相同的两个人,这就好比世界上没有完全相同的两片树叶一样。即使是孪生兄弟姐妹的相貌看上去完全相同,其个性特点也会有很大的不同。从职业的角度分析,人格的特征往往具备属于自身的一种先天的竞争潜力,在适合个性发展的某一专业技能方面与他人相比具有竞争优势。如果假设一个人在未来的职业选择中,可以自由地把这种优势体现出来,同时结合自己的兴趣爱好导向,在可以预见的将来,其成功的概率相对就比他人要大得多。而且这种成功也会来得相对比较轻松一些,在这个过程中可以充分地感受到职业发展给自己带来的个人成长的喜悦。当一个人处于这种工作状态下,其自身价值就会得到充分的发挥,反过来更能促进人格的完善和发展。同时,在这个过程中,实现了人格发展与职业发展的正反馈机制,能充分享受到健康和快乐的职业与人生。

二、职业生涯规划的社会意义

从社会角度去看,西方社会在前工业化时代,社会生产更多的是以小生产作坊的形式,由父传子、师带徒的方式传承手艺,其生产过程比较简单,行业和职业的种类也相对较少,不存在职业选择的问题。而发展到近现代大工业化时代,新兴产业的种类随着机器化大生产和科技发展的日新月异,与这些产业相配套的各种职业岗位呈现出复杂化和细分化的趋势。发展到今天,西方各发达国家已进入后工业化时代,由传统的机器大生产逐渐向现代服务业的转型,催生了数量庞大的集专业性和知识密集型的工作岗位。如何实现人岗匹配和大学生的职业发展,不仅对大学生个人有着重要意义,对整个社会也有独特的意义。

(一)促使社会人力资源利用最大化

大学生做职业规划不仅仅是为了找到工作,而是为了找到自己更加喜欢和更适合自己的工作。所以,基本上不存在找不到工作的大学生,大学生失业主要是结构性失业。结构性失业(Structural Unemployment),是指由于经济结构(包括产业结构、产品结构、地区结构等)发生了变化,现有劳动力的知识、技能、观念、区域分布等不适应这种变化,与市场需求不匹配而引发的失业。结构性失业在性质上是长期的,而且通常源于劳动力的需求方。结构性失业是由经济变化导致的,这些经济变化引起特定市场和区域中的特定类型劳动力的需求相对低于其供给,造成社会人力资源的空置和无效。

如果每个人都适才适所,业有所求,能从职业实践与付出中获得自我实现与生存成长的资本,并在不断的职业素质积累中获得更高层次的人生实现和境遇跳跃,那么国家、社会将会满载正能量,经济建设、人力配置欣欣向荣国强民兴。反之,就会个人贫穷而无所事事,社会经济补给力量严重匮乏,阶层矛盾、社会问题层出不穷,国不宁则民难安。因而大学生做好职业生涯规划,实现人岗匹配,可以最大限度地发挥自己的聪明才干,促使社会人力资源利用最大化。

(二)促使社会稳定和谐发展

根据人社部公布的数据,2022年全国高校毕业生达到1 076万人,首次突破千万大关,创历史新高。近20年来,每年都是"史上最难就业季"。大学毕业生的数量在逐年增加,就业只会越来越难,这几乎成了大家的共识。然而大学生就业的结构性矛盾仍然突出,就业难和招工难并存。一方面是大学生找工作越来越难;另一方面像制造业、服务业普工难招、技术工人短缺,技术技能人才的求人倍率超过2,也就是说,1个技术技能人才至少有2个岗位在等着他。企业招不到合适的人才,必然会影响到生产效率;而大学生找不到合适工作,则会影响到个人的生活。无论是从企业的角度,还是大学生本人来看,不良的就业结构都会造成社会的不稳定。

对于高校而言,人才培养是其生命线。随着社会发展的日新月异,高校人才培养质与量的矛盾愈发显著。有些高校盲目扩大招生规模,招生计划与学校实力不符,培养的人才达不到预期效果;有些高校跟不上社会发展步伐,对专业设置不能进行及时有效的调整。随着高学历人才的过剩,以及体力劳动者的相对稀缺,大学生就业竞争将更加激烈。随着大学毕业生人数的增多,用人单位的准入门槛越来越高,提高准入学历成为众多用人单位选拔员工的共同方式,这使得大学生就业形势更加严峻。因此,高校做好大学生的职业生涯规划教育,有效提高大学生的就业能力,显得尤为重要。

就业乃民生之本。促进大学生就业,促进大学生找到合适的工作,是事关民生的大事。而职业生涯的重要意义就在于帮助大学生顺利就业,实现自己的职业理想和职业价值,促进社会和谐和稳定。

> **思考题**
>
> 1. 大学生为什么要做职业生涯规划?
> 2. 职业生涯规划对个人和社会有哪些重要的意义?

第三章　中医药院校学生的自我认知

"认识你自己"是苏格拉底的经典哲言。"知人者智,自知者明。胜人者有力,自胜者强"是老子的高深智慧。认识自我是我们人生中值得思考和探索的一大问题。系统化的职业规划是一个由内而外的过程,想明白"我是谁""我从哪里来""我要到哪里去",也许就能找到自己职业生涯规划的答案。因此,在进行职业规划时应该先认识自己,包括职业兴趣、职业性格、职业技能和职业价值观。

第一节　自我认知概论

一、自我认知的内涵

（一）自我认知的概念

自我认知,即个体正确客观地认识和评价自己,是自我意识的基础成分和主要内容。在自我意识的三个层次（自我认知、自我体验、自我调节）中,自我认知是自我体验和自我调节的前提和基础,为个体发展和自我实现指明方向。因此在职业生涯规划中,自我认知起着举足轻重的作用,是职业生涯规划的基础和前提。

自我认知主要概括为自我观察和自我评价两个方面：① 自我观察是指对自己的感知、思维和意向等方面的觉察；② 自我评价是指对自己的想法、期望、行为及人格特征的判断与评估,是自我调节的重要条件,也是自我认知的核心。通俗地讲,自我认知回答的就是"我是怎样一个人""我为什么是这样一个人"的问题。

心理学家曾从不同的角度对自我认知进行诠释。其中,美国著名心理学家威廉·詹姆斯（William James）将自我分为物质自我、社会自我和心理自我三个方面,较为全面地概括了自我的内容。

（1）物质自我指个体对自己身体、生理状态的意识，是自我意识的最原始形态，如对自己性别、身高、体重、容貌、身材等的认识，以及对自己的饥渴冷暖的感受等。

例如：
- 我的生理躯体特征，如身高、体重、肤色、发型；
- 我所拥有的物质实体，如我的家庭、房子、宠物等。

（2）社会自我指体现个体对自身和外界客观事物关系的意识，包括个人对自己在客观环境及各种社会关系中的角色、地位、权利、义务、责任等的意识。

例如：
- 私人关系，如丈夫、妻子；
- 种族与宗教，如亚裔美国人、意大利移民、穆斯林；
- 政治倾向，如民主党人、民盟成员、无党派人士；
- 职业爱好，如科学家、音乐家、小提琴手、工人；
- 烙印群体，如嗜酒者、吸毒者、罪犯。

（3）心理自我指我们所感知到的内在心理品质，代表了我们对于自己的主观体验、对自己的感受，包括对自己心理活动、个性特点、心理品质的意识，如对自己的性格、气质、能力、情绪、情感、态度、理想的认识等。

例如：
- 我们的态度、愿望、能力、动机、兴趣、梦想；
- 我们的烦恼、焦虑、潜意识；
- 我们的奋斗目标、我们的信念等。

（二）大学生自我认知的特点

1. 自我认知的内容更加深刻和丰富

美国精神病学家埃里克森（E. H. Erikson）认为，人的发展是一个进化过程，一个人在出生时还是一个未分化的普遍体，在生长过程中，普遍体验着生物的、心理的和社会的事件发生的顺序，并按一定的成熟程度分阶段地向前发展，从而提出了人格发展八阶段理论，认为人的发展受个人内心生活、社会和环境多重因素影响。

大学阶段是学生人格特质逐步趋于成熟的重要阶段，这一变化是由内外双重因素导致的。就个体本身而言，大学生正处于一个迫切想要探索自我、探索世界的时期，这也使得他能够更加深入地发展完善自身人格，发掘内心世界。从外界环境看，大学生活相对以往的学习阶段来说，学习内容更加丰富，课余生活更加多样，校园文化活动更加多彩，社会关系和人际交往也更加复杂，这就给大学生认识自我提供了更加丰富的资源和条件，也使得大学生在更加丰富、更加复杂的自我体验中，无意识地不断加深了对自我的认知。

大学生在自我认知过程中，总体上对自我有了更深入的领悟，通过对潜意识和外界世界的体验和感知来剖析自己的内心世界，能促成意识和潜意识的互相交互与协调，促进个体内心潜意识层面提升到意识层面的认知，无意识的内容被意识所真正接纳；能促进自我概念得以重构，从而调节自我认识，增强个体内心想法与外部现实的协调与整合，发挥自身的潜能，自我力量趋于强大，从而实现人格整合，促成人格的完善与发展。

2. 自我体验呈现出敏感性和波动性

大学阶段也是学生成长过程中最为敏感的时期，理想自我和现实自我的差距往往是造成大学生心理冲击的导火索。这个时期，大学生在自我体验上呈现出敏感性和波动性的特点。有时容易因为一时的成功而骄傲，有时也容易因一时的失败而丧失信心。因为他们对外部的世界和自己的内心世界比较敏感，注重自己在他人心目中的形象，注重自身在集体中的地位和作用，对自身的荣誉、理想、发展和前途等方面比较重视，更加容易形成较为强烈的自我情绪体验。

在不同的年级表现上，大学一、三、四年级的学生自我意识随着年龄的增长而发展，而二年级是大学生自我意识最低、内在矛盾最尖锐、思想斗争最激烈、回顾和展望时间最多的时期，也是一次新的上升时期，也称为大学生自我意识发展的转折时期。每一阶段都有一个特殊的矛盾或核心问题，如果个体无法解决这些问题，就会出现"自我认知危机"。只有打破这个阶段性的矛盾，才能解决成长的"危机"。

3. 自我控制和评价能力逐渐增强

如上所言，大学生的自我体验波动随着年级的上升不断趋于稳定，一是由于他们自我控制的自觉性和独立性得到了显著增强。随着个体的成熟，大学生对自我有了更加强烈的自我设计和自我规划的愿望，比如职业生涯规划。因为他们已开始思考"我是谁""我从哪里来""我要到哪里去"三个问题，也慢慢有了一点线索和思路。这里的自我控制能力提高，其实更是一种独立性，是自我教育能力的提升和成长，使得大学生能够更好地控制自我发展方向。二是因为自我评价能力的提高。自我评价是自我认知中最核心的部分，随着年龄的增长，大学生的自我评价能力日趋成熟，因为有了合理的评价，所以能够帮助他们更好地评估现状、计划未来。但是大学生在自我评价上也呈现出比较大的差异，有的学生不能自觉、客观、主动地评价自己,因而好高骛远或妄自菲薄。所以,大学生需要在不断深化自我认知中找到自己最好的"定位"。

(三)基于职业规划的自我认知内容

自我认知、环境认知、匹配分析、目标设定、路径选择、生涯策略、生涯评估是学生职业生涯规划的七个步骤,其中自我认知是关键的第一步,通过全面的自我观察能够准确评估自我的职业胜任力。从"自我认知模型"可以看到,基于职业规划的自我认知包含职业性格、职业兴趣、职业能力和职业价值观四个方面(见图3-1-1)。

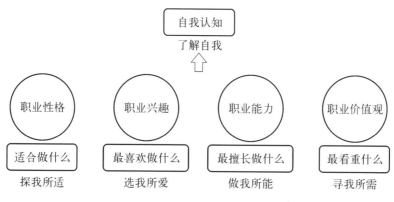

图 3-1-1　自我认知模型

1. 职业性格:探我所适

性格是指人对现实的稳定态度和习惯化行为方式的总和,表现为个体独特的心理特征,它在社会生活中逐渐形成,同时也受个体的生物学因素影响。人的性格千差万别,或热情外向,或羞怯内向,或沉着冷静,或火爆急躁。在对性格的理解上,每种性格本身没有优劣之分。职业心理学的研究表明,不同的职业有不同的性格要求。虽然每个人的性格都不能百分之百地适合某项职业,但是可以根据自己的职业倾向来培养、发展相应的职业性格,也可以根据自己的职业性格来选择合适的就业方向。了解自己的性格类型,可以让我们更好地扬长避短;了解职业所需的性格特点,也可以促进我们更好地实现能岗匹配。在这中间最重要的在于调整和完善,而非改变和对抗。就本体而言,自己才是自我性格的最终判定者,我们不能把性格作为逃避现实的借口。性格中的态度和行为倾向可以发生改变,但那是一个"能量消耗"的过程。在职业规划中,性格决定了我们与他人沟通的方式、讲话的方法、工作的风格,性格类型与工作要求的最佳匹配,也会使我们成为更有效的工作者。常见的职业性格包括现实型、研究型、社会型、企业家型、传统型。

2. 职业兴趣：选我所爱

霍兰德的职业兴趣理论认为职业兴趣指的是个体对不同类型的工作、活动的心理偏好程度,也就是一个人想从事某种职业的愿望,说明的是个体心理能力的具体指向,根据理论可以找到我们的职业偏向。在生涯规划中我们最为关心的当然可以联系到职业的兴趣,虽然兴趣本身并不是为了从事什么职业而产生和形成的,但它可以根据职业的种类来进行分类,这样就出现了职业兴趣类型。根据职业的种类,可以将职业兴趣类型分为多种,比如农业兴趣、艺术兴趣、运动兴趣、商业兴趣、电子兴趣等。通过这种分类,我们可以比较容易地发现自己的兴趣与未来职业之间的联系。在职业规划中,通过兴趣的探索可以找到我们的职业兴趣,这里强调我们在进行职业探索时,不要考虑是否有能力去做好某事,而只考虑有兴趣与否。兴趣虽也可以划分为职业兴趣和非职业兴趣,但几乎每一种兴趣都可以与某种职业联系起来。我们的满足感、幸福感往往来自从事某种活动,而不是无所事事或单纯的享乐游玩,这也是工作原本的意义所在。因此,兴趣与工作满意度、职业稳定性、职业成就感都存在着密切的关联。

3. 职业能力：做我所能

职业能力是我们从事某种职业的各种能力的总和,包括一般职业能力、专业能力和综合能力。例如,一位医生只具有专业技能是不够的,还必须具有良好的沟通与交流能力、良好的逻辑判断与推理能力、良好的协调能力和合作精神以及科研能力等。职业兴趣可能决定我们的择业方向,以及在职业道路上愿意付出努力的程度。一定的职业能力往往能胜任某种职业岗位的挑战。因此,职业能力能够反映的是我们对于某一个岗位可能的胜任能力,也就是在这个职业上获得成功的可能性。在职业规划中,我们需要了解自己的优缺点,了解自己各方面的能力情况,从而判断自己是否能够胜任某个具体岗位或者是自己能力范围内可选择的职业岗位,从而规避掉自身不合适的工作,提高就业匹配度以及职业规划的正确性。

4. 职业价值观：寻我所需

价值观是基于人的一定的思维感官之上而作出的认知、理解、判断或抉择,也就是人认识事物、辨定是非的一种思维或取向。职业价值观是指人生目标和人生态度在职业选择方面的具体表现,也就是一个人对职业的认识和态度以及他对职业目标的追求和向往。俗话说:"人各有志。"这个"志"表现在职业选择上就是职业价值观,它是一种具有明确的目的性、自觉性和坚定性的职业选择的态度和行为,对于学生职业生涯发展中的职业目标和择业动机起到极其重要的、决定性、方向性的作用,甚至往往超过职业兴趣和职业性格对我们的影响。常见的职业价值观类型分为:自由型、经济型、支配型、自尊型、自我实现型、志愿型、家庭中心型、合作型、享受型。

二、自我认知的作用

(一)自我认知对个体生理、心理、社会关系的作用

1. 对个体生理的作用

身体是革命的本钱,健康的身体是开展各项社会实践的基本前提。首先,个人要对自己的身体状况有准确的了解,即自己的身体素质到底是好还是差,是需要继续保持还是需要加强锻炼,因为强健的体魄是个人成长的重要根基。其次,要对个体样貌有合理的认知。对样貌的合理认知能够帮助你避免过高或过低地评价自己,规避自负和自卑的性格。反之,如果不能正确认知个体生理机能,则会产生过度积极或过度消极的心理问题。

2. 对个体心理的作用

关于大学生心理健康的标准,国内外学者从不同的心理观角度提出了各有差异的心理健康标准。纵观国内研究,大多数学者把大学生自我意识情况作为大学生心理健康评估的重要标准。一个心理健康的人应当具有正确的自我认知,能够体验自我存在的价值,客观评价自我的性格、能力、优缺点等,能够接受自我、悦纳自我,能够有效进行自我控制和调节。自我认知决定了自我体验、自我评价和自我控制。如果自我认知出现问题,就不能正确认识和评价自己,甚至缺乏正确的自我体验和自我控制,严重影响大学生的身心健康发展。

3. 对个体社会关系的作用

人的本质在其现实性上是一切社会关系的总和,这强调了人的社会性。人的一生要扮演多个社会角色,甚至同时扮演多个社会角色。而身处各个角色之中必定要与他人进行人际交往。因此,合理认知社会中的自我显得尤为重要。只有认清社会中的自我,找准自己的社会定位,才能顺利地开展自己的事业,并与周边的人们友好相处,形成和谐的人际关系。除此之外,对自身和家庭经济状况的合理认知也有助于规避拜金主义、享乐主义的错误观念,促进个体在社会中的健康发展。

（二）积极的自我认知是成长成才的动力

自我认知是推动人的成长、成才和社会化的关键因素，在人格完善和个体的成长过程中起着非常重要的作用。人的认识、情感、意志、能力、信念等都会受到自我认知的影响。

美国心理学家罗森塔尔和 L.雅各布森在 1968 年通过实验发现，教师对学生的殷切希望能戏剧性地给学生带来正向的影响。教师因为对高成就者和低成就者分别期望着不同的行为，并以不同的方式对待他们，从而维持了他们原有的行为模式。这就是著名的"皮格马利翁效应"。从这个故事中，我们也可以发现积极的自我认知对于个人的影响深远，能够将个体蕴含的强大潜力和未知自我发掘出来，从而收到意想不到的结果。通俗地说，就是你对自己的想法（自我认知）改变了，你的行为也会随之变化，从而使得最后的结果发生变化。最后，这个结果又会进一步验证和促进你先前的想法。其实，这就是一个不断递增的循环，自信的人在一次次成功经历中变得更加自信，自卑的人在不断的自我怀疑中变得更加否定自我。因此，积极的自我认知是大学生成长成才道路上非常关键的动力。

意识支配行为，行为反映意识。因此，自我认知对于人的行为具有强大的影响和推动作用。每个人的心中都有一个自我的"现实画像"和"理想画像"，然后根据这个理想的自我来决定自己的言行，逐渐朝着理想的自我靠近。比如，一个人对于自我形象、性格等各方面较为满意，并且具有合理的期待，那么他就能够更加从容淡定、积极乐观地看待事物、发展自我；一个充满信心的人，就更加敢于独立自主地完成某个事项，更加乐于去表达自我、流露自我，更善于在人际交往中展示自己的内心世界，与人建立深厚的情谊。但是，如果一个人对自己的身体状况、学习成绩、性格能力、兴趣爱好等问题缺乏正确认识、否定自我，就会对自己产生怀疑、厌恶等负面情绪，从而产生自卑、焦虑等心理障碍，这不仅对其身心健康带来严重的消极影响，从长期来看更将对其学习、生活产生负面影响。

因此，自我认知决定了大学生对自己现实的看法，影响着大学生的心理活动和行为方式。积极的自我意识能够帮助大学生在成长的挫折和困难中保持积极的态度和乐观的心态。当然，积极的自我认知可以通过有意识的训练而发生改变，通过整合不同的自我，学会反省和理解自我认知的各个方面，积极地进行自我认知的调整，适应外部世界，从而提高自我认知能力，促进积极认知。

(三)清晰的自我认知是职业规划的关键

对于大学生而言,正确积极的自我认知能够促进身心健康发展和成长成才,这是终身受益并随着年龄增长而持续有效的。对于职业规划,自我认知更有其对于大学生的阶段性作用。意识对物质具有能动的反作用,正确认识自己的性格与兴趣有助于处理好个人的人际关系、树立正确的学习和择业目标。大学生正处于寻找职业方向、确立职业目标、探寻人生理想的关键阶段。从大一入学的憧憬探索期,到大二大三的迷茫成长期,再到大四逐步确定方向和目标。这个过程就是一个不断认清自己的过程,也就是慢慢地有了清晰的自我认知。但是,对于有些学生来说,这个历程可能是困难的、煎熬的、痛苦的。如有的学生克服了、挑战了困难,明白了自己的未来方向,但也有的学生在毕业时仍不知道自己想要的是什么,或者在毕业工作后才发现这份职业并不适合自己。

所以,自我认知是规划职业生涯的第一步,正确的自我认知能够为职业发展奠定良好的基础。要想做好一份科学合理的职业生涯规划,首先要全面评价自己,提高自我认知,根据自己的职业性格、兴趣、能力、价值观找到一个适合的职业。其次,要明确自我定位,树立正确的职业价值观,保持积极的就业和择业心态。这对于大学生成功就业至关重要。只有通过自我认知才能避免产生心理误区,以积极的择业心态踏上职场。

(四)明确的自我认知是职业能力提升的前提

能岗匹配是学生和用人单位在求职招聘过程中的一场博弈。职业能力是求职过程中一块重要的"敲门砖"。因为职业规划是一个长期的过程,受到兴趣、爱好、性格和能力等各方面因素的影响。这些因素是可以不断调整、不断变化的。而大学阶段正是学生发展职业能力的关键时期,有了明确的自我认知,才能在大学里有计划、有目地地开展学习。所以,这块"砖"就需要学生在大学期间不断积累和铸造。所谓"见贤思齐焉,见不贤而内自省也"。通过不断回顾、总结,认识自己,发现自己的优缺点,正确评价自我,是提升自我的第一步。

比如说,你有一个感兴趣的职业方向——它可能是你在职业兴趣、职业性格、职业价值观上都相匹配的一个岗位,但是,你在职业能力上暂时还无法达到岗位要求,那么,你就需要再锤一锤、炼一炼,不断提升你的职业能力。明确了不足,找到了方向,就可以通过针对性地培养和锻炼自身的职业能力,提高学习的效率和效果,从而逐渐拥有职业自信,最终提高职业规划中决策的明确性和独立性。

三、自我认知的方法

老子在《道德经》中写到"自知者明",意思是说能清醒认识自己、对待自己,才是最聪明、最可贵的。但是,认识自己是一门大学问,值得我们不断发掘和探索。那么,我们自我认知的方法有哪些呢?我们常常说要"吾日三省吾身"。除了正常的自我审视,还可以通过参照物找准自我定位,比如以自己的行为、自己的经验、他人对自己的评价为参照物。除此之外,现代研究者也制定了许多成熟的测量工具来帮助我们科学地认识自己。

(一)内省法——观察自己眼中的自己

如何进行合适有效的自我认知?自我内省是一种很重要的自我评价方法,也可以称作自我观察法。通过学会观察自己眼中的自己,认清我是谁,想要什么,能做什么。内省法指个人凭借非感官的直觉审视自身的某种状态或活动,从而能使个人清楚地了解自己的观念,就像是"照镜子"一样可以照出自己的看法。要达到全面而深度的自省,可能每个人的方式都不一样,有的人习惯睡前回忆自己的一天,有的人则更喜欢在早晨思考过去。无论哪种方式,都必须保持内观,才能重新审视自我认知。从自己与自己的关系中认识自我,反省自己的日常表现来总结自己是个怎样的人,适合做什么、不适合做什么,找出自己的优缺点,形成一个自己对自己的客观公正、不抱偏见的评价。

(二)观察法——观察自己的行为

内省往往只能察觉当下的意识,或者是比较容易感知的内心感受与想法。但是,有些自我心理状态是难以直接意识到的,仅靠内省有时候可能会导致"误判"。1972年D.J.贝姆提出的自我知觉理论指出,当我们不确定自己的感受时,可以通过观察自己的行为,来判断自己真实的态度、情感和情绪,也就是个体可以通过自己外显的行为和行为发生的情景来了解自己。在没有外界压力和引导的情景下,人们的行为就能反映其对从事某种活动的兴趣的真实想法。

(三)交流法——了解别人眼中的你

库利在《人类本性与社会秩序》中提出了"镜中我"的观点,指出个人可以通过总结其他个体或群体对自己的评价、印象、态度与期待等外界信息来进行自我角色定位。个人与他人的联系通常取决于相互之间的印象。库利指出,自我认识不是由单一形式组成,而是由个人认为自己在他人印象中的形象、个人对自我在他人印象中的看法及通过该种看法的判断后,出现的如自卑、自信等个人感觉组成。所以,交流法强调在与别人交往的过程中,通过别人的反馈与评价以及自身与别人的比较获得自我认知。但是,这个方法需要注意的问题是"别人"的选择,也就是你在与怎样的人进行比较,比较的标准是否有意义。

根据美国心理学家乔和哈里(Jone和Hary)提出的关于自我认识的"窗口理论",通常有以下四种情况:其一,自己和别人都认识到的优点或缺点,有利于形成正确的自我意识。其二,别人未认识到而自己认识到的,较易形成肯定的自我意识。其三,别人已认识到自己未认识到的,这时自我意识确立的情况要视其对交流者信任度的不同而不同,与自己信任的人交流易形成自我意识。反之,则较难形成确定的自我意识。其四,若自己和别人都未认识到,则难以形成正确的自我意识。所以,运用这种方法关键在于大学生要如实表现自己,坦率地征求他人对自己的看法,理性看待双方认识的同与异,形成正确的自我认知。

(四)成果分析法——从历史经验中认识自己

海德(Fritz Heider)归因理论为人们找到日常生活中事件的原因提供了很好的方法。海德认为事件的原因无外乎两种:一是内因,比如情绪、态度、人格、能力等;二是外因,比如外界压力、天气、情境等。从结果中倒推原因,可以分析事件中个体部分发挥的影响和特质。大学生在校园各类活动中往往有成功也有挫败,正是这些经验帮助我们不断认识自我。通过正确分析自己的活动成果,可以客观认识自己的才能和个性特点,发挥长处,弥补短处。例如,一位学生干部在组织某项活动时出了一点问题,他可以从中认识到自己可能还有些工作方法需要改进;某次考试成绩不够理想,说明自己的学习效率还需提高等。无论成功还是失败,都要冷静分析成功原因,或者自我发省总结,吸取失败教训。只有这样,才能不断提高自己,以便使自己在下次活动中仍然取得成功、避免失败。

(五)职业测评法——借助工具进行自我分析

职业测评的作用主要有预测、诊断、区别、比较、探测、评估。对于大学生来讲,能在毕业的时候找到一份合适的、能够充分发挥自己优势特长的工作,对他们的成长和未来发展将起到巨大的推动作用。职业测评就是通过一些科学的测量工具来帮助我们准确地对自身的兴趣、性格、能力等特征进行分析,发现自身潜在竞争优势和与这个优势匹配的工作,帮助我们找准定位。它主要包括两种方式,一种是正式测评,另一种是非正式测评。

1. 正式测评

正式测评是在职业咨询专家的指导下,采用正式测评工具对自我进行多方面评价的方法。常用的职业测评主要有以下类型。

(1) 职业性格测验。考察个人与职业相关的性格特点,即"你是怎样的一个人"。比如常见的MBTI职业性格测试,从动力、信息收集、决策方式、生活方式,进行分析判断,把不同个性的人区别开来,分为外向(E)和内向(I)、理智(S)和直觉(N)、思考(T)和情感(F)、判断(J)和知觉(P)四个维度。

(2) 职业兴趣测验。可以在个体兴趣与职业之间进行匹配。比如霍兰德职业性格测试,根据兴趣的不同,人格可分为研究型(I)、艺术型(A)、社会型(S)、企业型(E)、传统型(C)、现实型(R)六个维度,每个人的性格都是这六个维度的不同程度组合。

(3) 职业能力测验。考察个人的基本或特殊的能力素质。能力倾向测验以一般能力倾向为主,它通过纸笔测验与器具测验结合的方式,测查个体的智力、言语能力、数理能力、空间判断能力、形状知觉、书写知觉、运动协调、手指灵巧度、手腕灵巧度九个方向的九种能力。

(4) 职业价值观及动机测验。了解职业发展中的价值观以及内驱力。目前常用的测量工具是美国心理学家舒伯编制的职业价值观量表。该量表包括了内在价值维度的七个因子(智力激发、利他性、创造性、独立性、美感、成就和管理)、外在价值维度的四个因子(工作环境、同事关系、监督关系和变动性),以及外在报酬维度的四个因子(声望、安全性、经济报酬和生活方式)。

2. 非正式测评

非正式测评是指运用一些相关评估工具对自己进行多方面的了解,包括性格测试、情绪测试、观察力测试、应变能力测试、创造能力测试和人际关系测试等。常用的职业相关测评工具有:360度评估、生涯彩虹图、生涯生命线、我的墓志铭。

(1) 360度评估。通过自我评价以及与自己联系密切的他人的评价来充分认识和了解自己的优点和缺点。通过家人、老师、同学、亲密朋友的评价，以及其他社会关系的反馈，清楚地知道自己的优缺点与发展需求（见表3-1-1）。360度评估可以帮助我们提高对自我的洞察力，更加清楚自己的强项和需要改进的地方，进而制订下一步的能力发展计划，还可以激励我们不断改进自己的行为。

表3-1-1 360度评估测量表

评价角度	优点	缺点
自我评价		
家人评价		
老师评价		
同学评价		
亲密朋友评价		

（2）生涯彩虹图。著名职业生涯规划大师舒伯依照年龄将每个人生阶段与职业发展配合，提出一个更为广阔的新观念——生活广度、生活空间的生涯发展观。生涯彩虹图（见图2-1-2）表达了生活广度及生活空间的生涯发展观念。

（3）生涯生命线。生命线简单来说就是给自己的生命定个期限，然后按照时间顺序来叙述自己人生的大事件。写生命线的目的是可以对自己的人生有所展望和安排，以增加人生的目的性和规划性，为创造理想人生打下基础（见图3-1-2）。

生涯生命线的规划步骤：
- 联想关键词
- 画出生命线
- 分析生涯生命线
- 分析对自己影响的重大事件
- 分析未来的生涯之路

（4）我的墓志铭。俗语说"人过留名，雁过留声"。墓志铭作为一种悼念性

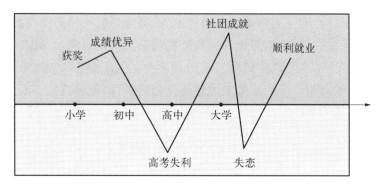

图 3-1-2 生涯生命线

文体,是对一个人一生的评价,通常包括一个人的生平、为人和一生中的主要成就。在生涯规划中借用这种形式,主要目的在于引导学生思考自己的人生长远目标,明确自己将要成为一个什么样的人。

测量工具虽是一种科学的测评方法,但是不能解决所有问题。只有正确对待测评的结果,才能使其起到事半功倍的效果。

思 考 题

1. 结合 360 度评估方法,了解自我与他人的评价,梳理出"我眼中的我""别人眼中的我"与"理想的我"。

	我眼中的我	别人眼中的我	理想的我
身高			
体重			
外形			
家庭出身			
文化程度			
性格			
人际关系			
兴趣爱好			
理想抱负			
…			

2. 请想象在你生命终结时,家人要在你的墓碑上刻上一段文字,你希望这段文字是怎样的? 请写出来。

最低限度要包括以下几点:

① 一生的最大目标

② 在不同年纪时的成就

③ 对社会、家庭或他人的贡献——我是一个怎样的人

案例

1. 小红和大多数大学生有着一样的困惑,她不知道自己究竟适合做什么,能够做什么。

2. 小浩学习的是热门专业,就业前景非常好,但是他不喜欢现在的专业,对于自己未来的发展也不看好。

3. 小明学的是英语专业,但是他将来想要从事的工作与英语的关系并不大,所以困惑自己将来的就业岗位需要掌握哪些技能。

4. 小杨对自己目前专业方面的能力不是很自信,认为自己不适合从事现在所学专业,但是又没办法转换专业,他应该怎么办?

我们或许有着上述相似的困惑。想要解决这些问题,就要做好一份清晰正确的职业规划,我们需要了解职业性格、职业兴趣、职业能力、职业价值观这四个内容,它们分别回答的是"你最适合做什么?""你最喜欢什么?""你最擅长做什么?""你最看重什么?"

第二节　了解职业性格

性格是职业生涯探索中的一个重要部分。每个人都有与众不同的特质,性格与职业的最佳匹配会使人们更好地发挥才能,成为更有效的工作者。通过学习迈尔斯·布莱格斯类型指标(MBTI)等理论,可以通过测评的方法了解自己的性格特征,并思考性格特征与职业的匹配度,从而更准确地做出职业生涯决策。

一、认识职业性格

职业心理学研究表明：性格影响一个人对职业的适应性，同时不同职业对于人的性格也有特定的要求。一个人在选择职业时，要充分考虑自己的气质类型和性格特点。"扬性格和天赋之长""避性格和天赋之短"，选择最适合自己的职业和职业发展路径。下面就从性格入手，进一步了解职业性格及其影响因素。

（一）性格与职业性格

性格是指一个人在先天生理素质的基础上，在社会实践活动过程中和不同环境的影响下逐渐形成的比较稳定的心理特征。不同人的性格均有一定差别：有的人大刀阔斧，有的人和风细雨；有的人乐观积极，有的人消极悲观；有的人坚定执着，有的人柔软脆弱。

职业性格是指人们在长期特定的职业生活中所形成的与职业相联系的、稳定的态度和习惯化了的行为方式中表现出来的个性心理特征。例如，有的人对待工作总是一丝不苟、踏实认真，在待人处事中总是表现出高度的原则性，果断、活泼、负责，在对待自己的态度上总是表现为谦虚、自信、严于律己等，所有这些特征的总和就是职业性格。

不同职业对于工作者职业性格的要求有较大不同：营销服务类的工作要求从业者热情开放、积极乐观，有较强的开拓精神；科学研究类的工作则要求从业者沉稳内敛、严谨求实，一丝不苟地工作；行政事务类的工作要求从业者遵章守矩、循规蹈矩，百分之百地执行规程；创造开发类的工作要求从业者勇于开拓、大胆创新，具有突破性思维；艺术表演类的工作要求从业者细腻敏感、乐于表现，具有较强的感知力和表现力；工程技术类的工作要求工作者踏实肯干、责任心强，具有较强的逻辑性和执行力。

如果个人性格与工作岗位匹配程度较高，比如严谨内敛的人从事科研类工作或乐于表现的人从事艺术类工作，则工作者对工作往往乐于投入、得心应手，工作中心情很好，个人对职业的满意度高，能愉快且高效地完成自己的工作，职业道路一般会较为顺畅，很快实现自己规划的职业目标。如果个人性格与工作岗位匹配程度较低，比如细腻敏感的人从事工程类工作，或大胆创新的人从事行政类工作，则工作者在工作中的心情和个人满意度也往往较差，对工作任务可能会产生不满和反感，工作中往往会感受到莫名的压力和焦虑，不容易体会到成就感,比较难以完成自己的工作职责,职业道路可能会较为艰难,相对难以实现自己规划的职业生涯。

性格类型与职业之间存在一定的关联性:一方面是不同性格类型适应不同的职业环境及职业要求;另一方面是从事某种特定职业的人,会按照职业要求不断巩固或调整原有的性格特征。但性格与职业之间并不存在严格的一一对应关系,不同性格类型的人在同一职业领域中能够各具特色,同一性格的人在不同的职业领域中也会各显魅力。

(二)影响职业性格发展的因素

职业性格的形成受到多种因素的影响,各种因素在单独影响的同时,也会出现交叉影响的现象,现从生产力水平、家庭教养、自身条件、职业环境、自我培养等方面对影响职业性格的因素作简单分析。

1. 生产力水平

社会生产力发展水平,是第一个影响因素。社会生产力发展水平越高,生产方式越先进,社会分工就越精细,职业与行业的种类就越繁多,人们就业的机会也就越多。就我国目前情况而言,虽然与世界上许多先进国家相比经济还比较落后,但改革开放却为人们实现自己的职业前景提供了较为广阔的天地。随着经济的不断发展和改革的进一步深入,天地必将更加宽广。

2. 家庭教养

父母是孩子的第一任老师,在父母的言传身教下,孩子会经常观察和模仿家长的行为,久而久之,在子女身上会逐步表现出父母身上的某些个性特征。因此,家庭教养在各个方面都对个人产生深远的影响,也是影响职业性格的重要因素。在现实生活中,常常会看到,一些家庭几代人在性格、能力、职业选择方面都有很多相似之处。

3. 自身条件

人的容貌、体形、年龄等自身条件对个人职业性格都会产生直接的影响。身体外部条件好的人容易产生愉快、满足、自信之感,这种自豪感容易使人形成积极向上、活泼开朗的外向个性。反之,容易形成一种心理压力,甚至产生自卑感。年龄增长也会对人的个性产生影响,不同的年龄段,个性会有明显的差异,这与人随着年龄增长而不断发展认知、丰富阅历、拓宽视野等有较大的关系。

4. 职业环境

当一个人进入社会职场后，会在反复学习担当各种新角色、新工作应有的行为方式和对事物态度的过程中，形成和改变某些职业性格特征，以更好地适应日益扩大的人际交往范围和生活领域。职业的种类、薪酬待遇、获得荣誉以及与上下级关系都会影响职业性格的变化。

5. 自我培养

当性格发展到一定阶段，个人对性格的自我培养成为影响职业性格的重要因素，也就是说，每个人都在塑造自己的性格。尤其在大学生涯阶段，大学生的自我意识不断发展，自我调节功能不断增强，大学生能在自我分析、自我认识和自我评价的基础上，不断运用自我激励、自我暗示、自我反省、自我约束等方式进行自我培养。因此，自我培养对性格形成、发展的作用是非常大的。

此外，需要注意的是，以上种种因素也会在个人成长的过程中相互交织，共同影响职业性格的形成与发展。

二、性格与个人职业发展的关系

性格是人对现实的态度和行为方式中比较稳定的心理特征的总和。职业性格是一个人对职业的稳定态度和在职业活动中习惯化了的行为方式所表现出来的个性心理特征，对个人的职业生涯规划有重要意义。

（一）性格是个体人格中具有核心意义的部分，几乎涉及一个人的心理过程及个性特征的各个方面，与职业息息相关

性格使一个人更加偏爱某一种而不是另一种环境，由于性格的不同，每个人在对不同环境的认知过程中，也表现出不同的个性化风格。从事与自己的性格不匹配的工作，个人的才能就会受到阻碍，会让人觉得整个工作状态都很"不对劲"。使一个人在某种职业中获得成功的性格，可能会让他在另一职业中大受挫折。因此在职业选择中，应尽可能充分考虑让自己的个性特征与职业要求相适应，这样在工作中就能够满足个体的独特欲望，能够发挥个人特有的能力，还能利用个人资本，体验到更多的快乐和愉悦。

职业规划专家通过一个小小的实验可以阐明这一观点。在一张纸上或是书页边上，签上自己的姓名。然后说：完成了吗？好。现在换一只手再签一次。如果感到别扭，那就对了，因为大多数人在第一次签名后会说"很自然、简单、很

快、毫不费劲"。然而当换用另一只手时又如何呢？一些经典的回答有"很慢、别扭、困难、发酸、很累、要花很长时间、花费更多精力和心思"。职业规划师认为用手的习惯可以很好地说明，找到与性格匹配的职业的重要性。使用惯用的那只手时，会感到舒适和自信；若强迫使用另一只手，这当然可以拓展能力，但却绝不会像先前那样灵活自如，收到的效果当然也就不那么令人满意了。

（二）在职业发展上，性格比能力重要

用人单位在选人上逐渐认识到性格比能力重要。这种认识在国外已经相当普及。其原因是，如果一个人能力不足，可通过培训提高，一年不行，两年，两年不行，三年，总可以培养与发展。但一个人的性格与职业或岗位不吻合，要改变起来，就会比较困难。所以，公司在招聘新人时，将性格的测验放在首位，当性格与职业或岗位吻合了，才对其能力进行测验考察。如果性格与职业或岗位不吻合，再高的学历，再高的能力，也可能不予录用。

（三）性格无所谓好坏，关键看是否放对了地方，每一类性格都有与之相适应的职业范围

职业心理学的研究表明，不同的职业需要具有不同性格的从业者，某一类职业工作能够体现出某一类共同的职业性格。

例如，敏感型的人，精神饱满，好动不好静，办事喜欢速战速决，但行为常有盲目性，有时情绪不稳定。这类人合适的职业范围包括运动员、行政人员及一般性职业。情感型的人，感情丰富，喜怒哀乐溢于言表，不喜欢单调生活，爱刺激，爱感情用事，对新事物很有兴趣。这类人合适的职业范围包括演员、导游、活动家、护理人员等。思考型的人，善于思考，逻辑思维发达，有比较成熟的观点，生活、工作有规律，时间观念强，重视调查研究的精确性，但有时思想僵化，缺乏灵活性。这类人合适的职业范围包括工程师、教师、财务人员和数据处理人员等。想象型的人，想象力丰富，憧憬未来，喜欢思考问题，有时行为刻板，不易合群。这类人合适的职业范围包括科学工作者、技术研究人员、艺术工作者和作家等。

三、测试自己的职业性格

对自己和个人偏好了解得越多，就越可能发现那些适合自己个性的工作或户外活动。有几种个性测试工具可以帮助了解自己。在下面的练习中，使用的

测试工具是建立在瑞士心理学家荣格(Carl Jung)(1923)的研究工作基础上的，他发展起一套了解人们天生的倾向并将其分类的方法。凯瑟琳·伯瑞格斯(Katherine C. Briggs)和伊莎贝尔·伯瑞格斯·麦尔斯(Isabel Briggs Myers)(1962)后来又扩展了荣格的理论，她们发展出一种确定个性倾向的测试工具。这种被广泛使用的测试方法叫作麦尔斯-伯瑞格斯类型鉴别工具(MBTI)。如果想更详细地了解自己的性格类型，最好的方法是找职业中心和职业顾问安排做 MBTI 的测试。

（一）MBTI 中的四个维度

下面的练习不是为了给出关于个人的准确的个性描述，也不是为了具体地指出哪种个性适合哪种职业。实质上，关于个性与职业选择和职业满意度的相关性的问题还存在着争议。下面的活动和讨论仅仅是让个人了解一下自己的个性特点，告诉个人可能更适合做某一类工作或活动，更能从中得到满足。

有关个性的信息可以帮助个体决定选择课程和职业方向。职业成功是基于自我了解的，个体越是知晓、理解、接受独特的自我，就越可能做出好的生活和职业的选择。了解个性还能帮助个体更好地理解和接受其他人的不同的个性。

现在请从下面活动的四个部分中发现自己的个性偏好。

资料

识别你的个人喜好

荣格、麦尔斯和伯瑞格斯的研究工作通过一个四个部分的框架来检测我们天生的某些倾向性。

下面的练习由四部分组成，在每一部分中，你可以决定在两个特点或偏好的描述中，哪一个更像你。概括地说，你可以从第一部分到第四部分中选择出某些反映出你的性格指向的性格倾向：(1)外向型或内向型；(2)理智型或直觉型；(3)思考型或感觉型；(4)判断型或感悟型。下面将对每一个特点做出解释。

说明：阅读下面每一对描述，选择其中在大多数情况下最像你的一个(所有的人都在某种程度上具有所有这些特征)。你必须设想最自然状态下的自己，你在没有别人观察情况下的举止。

第一部分。关于精力的描述,哪一种模式更像你,E 还是 I?

E	I
● 喜欢行动和多样性	● 喜欢安静和思考问题
● 喜欢通过讨论来思考问题	● 喜欢在讨论之前先进行独立思考
● 采取行动迅速,有时不做过多的思考	● 在没有搞明白之前,不会很快地去做一件事
● 喜欢去观察别人是怎样做事的,喜欢看到工作的结果	● 喜欢理解这项工作的道理,喜欢一个人或很少的几个人干事
● 很注意别人是怎么看自己的	● 为自己设定标准

大部分选择 E 的人的兴趣是指向行动、人和事物。选择 I 的人的兴趣指向一些内在的东西,如道理或个人感受。当然每个人都是外向而行动、内向而思考的。你也一样肯定会做这两件事,但是你在做某一件事时会感到更舒服,更倾向于依赖某种方式做事,正如右撇子的人更愿意使用右手一样。

E(Extroversion)代表外向型,意思是向外开放。

I(Introversion)代表内向型,意思是内敛的。

外向型的例子

杰斯(Jesse)是一个计算机专家。他经常参加一些公司的若干人参加的需求和解决方案会议。他乐于为需要系统升级的客户提供培训。他的爱好包括参加他儿子的童子军会议,担当童子军领导和组织周末露营等活动。杰斯乐于从人群中获得力量。

内向型的例子

詹尼弗(Jennifer)是一个计算机专家。她的工作是计算机系统设计。她与某公司的计算机网络专家合作,后者为她提供一张公司对计算机系统的需求清单。她计算这些需求,对系统进行调试直到满足用户的需求为止。她让别人去培训使用者。詹尼弗从集中精力从事技术工作而得到力量。她通过一个人独处得到恢复。她的爱好包括通过阅读、上网和远程学习等方式来学习和探索新东西。

第二部分。下面是一些处理信息的方式,其中哪一种模式与你更接近? S 还是 N?

S	N
● 主要是通过过去的经验本身去处理信息	● 主要是通过分析事实所反映出的意义以及两者之间的逻辑关系去处理信息
● 愿意用眼睛、耳朵和其他感官去察觉、感受事物	● 喜欢用想象去发现新的做事方法和新的可能性
● 讨厌出现新问题,除非存在标准的解决方法	● 喜欢解决新问题,讨厌重复地做同一件事
● 喜欢用已会的技能去做事,而不愿意学习新东西	● 与其说练习旧技能,不如说更愿意运用新技能
● 对于细节很有耐心,但当出现复杂情况时则开始失去耐心	● 对细节没有耐心,但不在乎复杂的情况

S 和 N 代表两种接受和处理信息的方式,即两种运用和对待经验的方式。每个人都在不同程度地运用理智和直觉,但不同的人更倾向于使用其中的某一种。S 型更多地把注意力放在源自个人经验的事实上。S 型更容易察觉细节,而 N 型则更倾向于从整体上看事物。因为,N 型更倾向于从事实的背后看到它所代表的意义。

S(Sensing)代表理智。

N(iNtuition)代表直觉。

理智型的例子

乔治特(Georgette)有极好的记忆力。她当一家汽车经销商的会计已经有好几年了。一天,她向上司提醒扰流器和车挡板销售得很快,上司查阅了销售记录,同意这一观点并把她提升为库存管理负责人。上司发现乔治特喜欢跟踪材料进销数字的特点对公司很有帮助。

直觉型的例子

桑托斯(Santos)是一位自由撰稿人,并且在社区学院里教授剧本写作。他运用他的创造性和现实生活经验帮助他人为独立制片人创作剧本。他经常在幻想中或在健身房健身锻炼时得到写作灵感。桑托斯在车里放上一个笔记本,随时记下自己的新想法。另外,他也教授别人如何在写作中记录下自己的创意。

第三部分。下面是描述你做决定的方式,哪一种模式最接近你,是 T 还是 F?

T	F
• 喜欢根据逻辑决策	• 喜欢根据个人感受和价值观决策,即使它们可能不符合逻辑
• 愿意被公正和公平地对待	
• 可能会不知不觉地伤害别人的感情	• 喜欢被表扬,喜欢讨好他人,即便在不太重要的事上也是如此
• 更关注道理或事情本身,而非人际关系	• 了解和懂得别人的感受
• 不需要和谐	• 能够预计到别人会如何感受
	• 不愿看到争论和冲突,珍视和谐

T 型通过检验事实和数据做出决策,很少把个人感情牵涉到决定中去。F 型通过个人的价值观和感受做出决定。每一个人每天都进行 T 型的和 F 型的判断,我们倾向于更多地运用某一种决策方式。

T(Thinking judgement)代表思考判断。

F(Feeling judgement)代表感觉判断。

思考型的例子

毛坎(Malcolm)是一个学生,他正在考虑是否应该选择工商管理专业。他将根据所收集到的事实来做出决定:他与大学的职业顾问谈了话,在职业中心做了兴趣测试,他已经选修了一些与工商管理有关的课程,他还去了一些雇用工商管理专业毕业生的公司。甚至,他还调查了某些雇主所需要的研究生学位的课程。

感觉型的例子

莎瑞英(Shareen)一直想要成为一名模特。但是她受到丈夫和成年的孩子们的影响,他们都希望她取得一个大学学位。她保持着良好的体型并且一直坚持参加社区学院的模特培训班,同时还在大学读书。在与一位大学职业顾问会谈后,她决定学习时装销售,这样既可以学习一个与她理想职业有关的专业,同时又可以让她的家人满意。

第四部分。描述你的日常生活方式。哪一种模式更接近于你,J 还是 P?

J	P
• 喜欢预先制定计划,提前把事情落实和决定下来	• 喜欢保持灵活性,避免做出固定的计划
• 总想让事情按"它应该的样子"进行	• 轻松地应付计划外的和意料外的突发事件
• 喜欢先完成一件工作后,再开始另一件	• 喜欢开始许多项工作,但是总不能完成它们
• 对人和事的处置一般很果断	• 在处理人和事时,总愿意收集更多的信息
• 可能过快地做出决定	• 可能做决定太慢
• 在形成看法和决策时,务求正确	• 在形成看法和决策时,务求不要漏掉任何因素
• 按照不轻易改变的标准和日程表生活	• 根据问题的出现而不断改变计划

J类型的人更容易对他人表现出自己的思维和感情判断,而不太轻易对他人表现出自己的直觉感受。P类型的人与J类型正相反,他们在同外部世界打交道时,更容易表现出自己的直觉感受,而非理智的判断。

J(Judgement)代表判断型。

P(Perception)代表感悟型。

判断型的例子

马林(Marion)是个电影编辑。他有一个计算机控制的约会日历装置,以提醒他一些重要的约会时间。他所有的客户都知道,当他确定了一个完成工作的最后期限时,他肯定能够在规定时限内交活。他不会让任何事打乱他的计划。他的上司给他某些紧急任务,这会让他发疯。他不愿在完成他手上的工作之前接受任何新任务。

感悟型的例子

凯斯(Cathy)也是一个电影编辑。一些同事认为凯斯做事精力不集中。她在同一时间里从事几项任务。尽管她的办公室很乱,但她似乎总能找到胶带、电话号码和其他所需要的杂物。她经常在结束一项旧工作之前又开始一项新工作,因为她不想落下任何事。每次她的主管提醒她某项工作应该在前一天就结束,她应该准时完成工作时,她就被激怒了。

回顾前面的四个部分,哪些类型更接近于你?请圈出适当的字母。

$$
\begin{array}{ll}
E & I \\
S & N \\
T & F \\
J & P
\end{array}
$$

你偏好的四个字母为_____。

你现在有了一个四个字母的个性偏好,它是以荣格、麦尔斯和伯瑞格斯的研究作为基础的。这种初步的自我测试提供了一种欣赏和尊重你的自然个性的方法。虽然,我们都表现为每一个特征的混合体,但是我们具有某种自然倾向,表现为我们的不同类型,这些类型对于我们选择职业有很好的参考价值。要想更准确地了解你的偏好,可以去咨询大学职业顾问或去职业指导中心安排做一个MBTI的测试。

你的职业选择部分地依赖于你的脾气秉性和性格偏好。如果你喜欢细节和结构性,一些专业如会计、工程、数学、科学、法律和健康科学可能会让你感兴趣。如果你喜欢某些非结构性的、全局性思考的课题,创造性艺术和社会学可能适合你。有非常重要的一点值得注意,各种性格类型的人在每一个专业领域都存在。为了想要真正做好,你必须在那些并非天生的强项上努力增强自己,你必须在该职业的要求以外付出额外的努力。当你亲身经历各种不同的工作环境和需求时,请记住这一点。

要知道的是,一个专业或职业选择与你的个性偏好不相匹配时,你需要付出额外的精力和注意力去应付。了解你的个性与课程或专业的关系,并不是不鼓励你确定一个具体的职业,而是让你明白为什么你掌握某些课程比另一些容易得多,为什么你会被某些职业所吸引。

(二) 16种MBTI类型

为了方便理解,前面将MBTI的各个维度做了单独的介绍,但这并不等于可以从单个的维度去理解人。人的性格非常复杂,每个维度都会彼此影响。因此,将四个维度结合起来,是正确理解一个人的方法。在MBTI中,四个维度中的两极正好组合成16种人格类型,这16种性格类型及其特点见表3-2-1。

表 3-2-1　MBTI 16 种性格类型及其特征

MBTI 16 种性格类型及其特征			
ISTJ	ISFJ	INFJ	INTJ
沉静，认真；贯彻始终、得人信赖而取得成功。讲求实际，注重事实，能够合情合理地去决定应做的事情，而且坚定不移地把它完成，不会因外界事物而分散精神。以做事有次序、有条理为乐——不论在工作上、家庭上或者生活上。重视传统和忠诚。	沉静，友善，有责任感和谨慎。能坚定不移地承担责任。做事贯彻始终、不辞辛劳和准确无误。忠诚，替人着想，细心；往往记得他所重视的人的种种微小事情，关心别人的感受。努力创造一个有秩序、和谐的工作和家居环境。	探索意念、人际关系和物质拥有欲的意义和它们之间的关系。希望了解什么可以激发人们的推动力，对别人有洞察力。尽责，能够履行他们坚持的价值观念。有一个清晰的理念以谋取大众的最佳利益。能够有条理地、果断地去实践他们的理念。	有具创意的头脑、有很大的冲劲去实践他们的理念和达到目标。能够很快地掌握事情发展的规律，从而想出长远的发展方向。一旦作出承诺，便会有条理地开展工作，直到完成为止。有怀疑精神，独立自主；无论为自己或为他人，有高水准的工作表现。
ISTP	ISFP	INFP	INTP
容忍、有弹性；是冷静的观察者，但当有问题出现，便迅速行动，找出可行的解决方法。能够分析哪些东西可以使事情进行顺利，又能够从大量资料中，找出实际问题的重心。很重视事件的前因后果，能够以理性的原则把事实组织起来，重视效率。	沉静，友善，敏感和仁慈。欣赏目前和他们周遭所发生的事情。喜欢有自己的空间，做事又能把握自己的时间。忠于自己所重视的人。不喜欢争论和冲突，不会强迫别人接受自己的意见或价值观。	理想主义者，忠于自己的价值观及自己所重视的人。外在的生活与内在价值观配合。有好奇心，很快看到事情的可能与否，能够加速对理念的实践。试图了解别人、协助别人发展潜能。适应力强，有弹性；如果和他们的价值观没有抵触，往往能包容他人。	对任何感兴趣的事物，都要探索一个合理的解释。喜欢理论和抽象的事情，喜欢理念思维多于社交活动。沉静，满足，有弹性，适应力强。在他们感兴趣的范畴内，有非凡的能力去专注而深入地解决问题。有怀疑精神，有时喜欢批评，常常善于分析。
ESTP	ESFP	ENFP	ENTP
有弹性，容忍；讲求实际，专注即时的效益。对理论和概念上的解释感到不耐烦，希望以积极的行	外向，友善，包容。热爱生命、热爱人、爱物质享受。喜欢与别人共事。在工作上，能用常识注	热情而热心，富于想象力。认为生活充满很多可能性。能够很快地找出事件和资料之间的关	思维敏捷，机灵，能激励他人，警觉性高，勇于发言。能随机应变地去应付新的和富于挑战性的

ESTP	ESFP	ENFP	ENTP
动去解决问题。专注于"此时此地",喜欢主动与别人交往。喜欢物质享受的生活方式。能够通过实践达到最佳的学习效果。	意现实的情况,使工作富趣味性。富灵活性、即兴性,易接受新朋友和适应新环境。与别人一起学习新技能可以达到最佳的学习效果。	联性,而且有信心地依照他们所看到的模式去做。很需要别人的肯定,又乐于欣赏和支持别人。即兴而富于弹性,时常信赖自己的临场表现和流畅的语言能力。	问题。善于引出在概念上可能发生的问题,然后很有策略地加以分析。善于洞察别人。对日常例行事务感到厌倦。甚少以相同方法处理同一事情,能够灵活地处理接二连三的新事物。
ESTJ	**ESFJ**	**ENFJ**	**ENTJ**
讲求实际,注重现实,注重事实。果断,很快作出实际可行的决定。能够安排计划和组织人员以完成工作,尽可能以最有效率的方法达到目的。能够注意日常例行工作的细节。有一套清晰的逻辑标准,会有系统地跟着去做,也想别人跟着去做。会以强硬态度去执行计划。	有爱心,尽责,合作。渴望有和谐的环境,而且有决心营造这样的环境。喜欢与别人共事以能准确地、准时地完成工作。忠诚,即使在细微的事情上也如此。能够注意别人在日常生活中的需要而努力供应他们。渴望别人赞赏他们和欣赏他们所作的贡献。	温情,有同情心,反应敏捷和有责任感。高度关注别人的情绪、需要和动机。能够看到每个人的潜质,要帮助别人发挥自己的潜能。能够积极地协助人和组织的成长。忠诚,对赞美和批评都能作出很快的回应。社交活跃,在一组人当中能够惠及别人,有启发人的领导才能。	坦率、果断,乐于作为领导者。很容易看到不合逻辑和缺乏效率的程序和政策,从而开展和实施一个能够顾及全面的制度去解决一些组织上的问题。喜欢有长远的计划、喜欢有一套制定的目标。往往是博学多闻的,喜欢追求知识,又能把知识传给别人。能够有力地提出自己的主张。

请对照表3-2-1,看一看自己所属的类型描述和所了解的自己有多少相符。当然,仅仅通过一个活动往往很难一下就准确地判断MBTI类型。所以,除了完成前面的活动以更好地理解MBTI类型外,最好做一些正式的MBTI测评,再结合在课堂活动中的反应及自己在日常生活中的性格表现来判断自己属于哪个类型。

(三)MBTI与职业的匹配

知道自己的MBTI类型,可以帮助了解职业倾向。有研究数据表明,S-N、

T-F 两种维度的组合(ST、SF、NF、NT)与职业的选择更为相关(Hammer and Macdaid,1992)。

ST 型的人更关注通过实效和实际的方式应用详细资料,如商业领域。例如,一位 ST 型的心理咨询硕士将会成为心理测评和应用方面的专家。

SF 型的人喜欢通过实践的方式帮助别人,如健康护理和教育领域。例如,一位 SF 型的心理咨询硕士将关注自己的管理、督导技能,以发展和促进同事之间有效的工作关系。

NF 型的人希望能通过在宗教、咨询、艺术等领域的工作来帮助人们。例如,一位 NF 型的心理咨询硕士将成为临床专家来帮助人们成长、发展,学习如何更好地了解自己和他人。

NT 型的人更关注理论框架,如科学、技术和管理,喜欢挑战。例如,一个 NT 型的心理咨询硕士将运用他的战略重点和管理技巧,成为人力资源领域的管理者。

工作安全感则受 IJ、IP、EP、EJ 的影响最大,其中 EJ 类型的人最易有工作安全感,而 IP 类型的人常常在工作中对组织、未来等缺乏安全感。

当然,如表 3-2-2 所示,16 种 MBTI 类型各有其职业倾向。其中,职业倾向都是从大的类别描述的,从中理解自己的职业倾向时,请不要陷入类别名称的描述,而更重要的是要看到这一类别工作的特点。因为在现实的工作世界中,工作岗位名称千变万化,即使相同名称的职位也可能因不同公司而要求各异,所以只有知晓适合自己性格类型的工作特点才能灵活地运用这一理论帮助自己选择工作。

表 3-2-2　**MBTI 16 种性格类型的职业倾向**

MBTI 16 种性格类型的职业倾向			
ISTJ	ISFJ	INFJ	INTJ
● 管理者 ● 行政管理 ● 执法者 ● 会计 或者其他能够让他们利用自己的经验和对细节的注意完成任务的职业。	● 教育 ● 健康护理(包括生理、心理) ● 宗教服务 或者其他能够让他们运用自己的经验亲力亲为帮助别人的职业,这种帮助是协助或辅助性的。	● 宗教 ● 咨询服务(包括个人、社会、心理等) ● 教学/教导 ● 艺术 或者其他能够促进他们情感、智力或精神发展的职业。	● 科学或技术领域 ● 计算机 ● 法律 或者其他能够让他们运用智力创造和技术知识去构思、分析和完成任务的职业。

续　表

ISTP	ISFP	INFP	INTP
● 熟练工种 ● 技术领域 ● 农业 ● 执法者 ● 军人 或者其他能够让他们动手操作、分析数据或事情的职业。	● 健康护理(包括生理、心理) ● 商业 ● 执法者 或者其他能够让他们运用友善、专注于细节的相关服务的职业。	● 咨询服务(包括个人、社会、心理等) ● 写作 ● 艺术 或者其他能够让他们创造价值的职业。	● 科学或技术领域 或者其他能够让他们基于自己的专业技术知识独立、客观分析问题的职业。

ESTP	ESFP	ENFP	ENTP
● 市场 ● 熟练工种 ● 商业 ● 执法者 ● 应用技术 或者其他能够让他们利用行动关注必要细节的职业。	● 健康护理(包括生理、心理) ● 教学/教导 ● 教练 ● 儿童保育 ● 熟练工种 或者其他能够让他们利用外向的天性和热情去帮助那些有实际需要的人们的职业。	● 咨询服务(包括个人、社会、心理等) ● 教学/教导 ● 宗教 ● 艺术 或者其他能够让他们利用创造和交流去帮助他人成长的职业。	● 科学 ● 管理者 ● 技术 ● 艺术 或者其他能够让他们有机会不断承担新挑战的工作。

ESTJ	ESFJ	ENFJ	ENTJ
● 管理者 ● 行政管理 ● 执法者 或者其他能够让他们运用对事实的逻辑和组织完成任务的职业。	● 教育 ● 健康护理(包括生理、心理) ● 宗教 或者其他能够让他们运用个人关怀为他人提供服务的职业。	● 宗教 ● 艺术 ● 教学/教导 或者其他能够让他们帮助别人在情感、智力和精神上成长的职业。	● 管理者 ● 领导者 或者其他能够让他们运用实际分析、战略计划和组织完成任务的职业。

根据自己的MBTI类型，在表3-2-2中找找适合的职业倾向：_____。

在运用MBTI性格类型时，应该注意：每个偏好、每种类型没有哪种是更好的，也没有更坏的，更没有对错之分。每种类型都是独特的，会在适合的环境中发挥自己的特点。认识自己的性格类型，可以更好地了解自己，理解自己的行为特点,根据自己的特点学习、工作和解决问题,但这并不意味着它可以成为约束自己不做某事或不选择某种事业的借口。世界上没有百分之百适合某种性格的职业,也没有百分之百不适合某种性格的职业,懂得用己所长,整合资源,才是问题解决之道。性格认识旨在帮助人们更好地了解自己的行为和做事特点,理解他人为何与自己不同。评价的标准不止一个,人与环境的互动也很复杂,很难用某个标准来评价。所以,请注意不要在工作中因性格类型而固化地看待甚至歧视某些人。

(四)其他性格测试方式

除了MBTI性格测试之外,相关专家还研究出了若干种性格测试方法,本章仅作简单介绍,具体测试内容可以根据需要参考其他书籍或网络资料。

1. 明尼苏达多项人格测验

简称MMPI,是现今国外最流行的人格测验之一,此量表是由美国明尼苏达大学教授哈瑟韦(S. R. Hathaway)和麦金力(J. C. Mckinley)所合作编制。该量表的内容包括健康状态、情绪反应、社会态度、心身性症状、家庭婚姻问题等26类题目,可鉴别强迫症、偏执狂、精神分裂症、抑郁性精神病等。

2. 卡特尔16种人格因素量表

简称16PF,是美国伊利诺州立大学人格及能力测验研究所卡特尔教授(R. B. Cattell)经过几十年的系统观察和科学实验,以及用因素分析统计法慎重确定和编制而成的一种精确的测验。这一测验能以约45分钟的时间测量出16种主要人格特征,凡具有相当于初三以上文化程度的人都可以使用。

本测验在国际上颇有影响,具有较高的效度和信度,广泛应用于人格测评、人才选拔、心理咨询和职业咨询等工作领域。该测验已于1979年引入国内并由专业机构修订为中文版。

3. DISC性格测试

DISC理论由美国心理学家威廉·莫尔顿·马斯顿博士(Dr. William Moulton Marston)在1921年的著作《常人的情绪》(*Emotion of Normal People*)中提出。DISC理论对不同的年龄、性别、种族、国别的人们均适用,已经成为人类共同的性格语言。迄今为止,有多家公司根据DISC理论开发出相应的DISC性格测试,已经广泛应用于政府、军队和企业。DISC性格测试主要从指挥者(D)、社交者(I)、支持者(S)和修正者(C)四个主维度特质对个体进行描绘,揭示个体激励因素、沟通方式、决策风格、能力特长、抗压能力等特质。广泛用于企业招聘、选拔、培训、团队建设、管理沟通等和个人用于提升潜能、解决人际冲突、增强幸福感,等等。由于 DISC 测试施测的简便性以及测试结果使用的便利性,DISC 测试受到企业界的热烈欢迎。

四、中医药类专业毕业生常见职业性格类型

职业人格是一个人为适应社会职业所需要的稳定的态度,以及与之相适应的行为方式的独特结合。医学领域范畴内的性格也叫医学职业人格,健康的医学职业人格是医务人员职业素质的核心部分,也是医疗卫生事业持续健康发展的重要条件。

在医学领域中,这一职业人格包含多方面的含义,其中最核心的内涵就是尊重患者,这是由医学职业的特殊性决定的。医学这一职业需要医生和患者共同努力建立起相互信任的良好医患关系。医患关系发生在互不认识但却利益攸关的陌生人之间,患者将生命健康权这一人最根本的权益托付给医者。只有医生认识到自己所从事职业的特殊性,对医学职业有着崇高的尊敬和热爱,对生命有着敬畏和责任,才会养成医者的敬业精神,主动追求医学的不断进步。

医学职业人格是从事医学职业的人们在医疗工作中所具有的人格,医学职业人格的培养教育是坚定的职业意识、良好的职业道德、崇高的职业理想和强烈的职业责任教育的有机结合过程。医疗工作者应该不断强化使命感、荣誉感和责任感,在日常医疗活动中,始终坚持以患者为中心,体现人文关怀,树立全心全意为患者服务的观念。根据前述职业性格测评和 MBTI 16 种职业性格类型适合的职业领域进行归纳总结,现将中医药类专业学生常见的性格类型与适合的职业领域归纳如下,详见表 3-2-3。

表 3-2-3 中医药类专业学生常见的性格类型与适合的职业领域分析

常见的性格类型	适合的职业领域
ISTJ 型	销售/服务
	教育
	卫生保健
ISFJ 型	卫生保健
	社会服务/教育
	商业/服务

续 表

常见的性格类型	适合的职业领域
ISFP 型	教育/咨询
	健康保健
INFJ 型	咨询/教育
	健康保健/社会服务
INTJ 型	教育
	健康保健/医药
INFP 型	教育/咨询
	健康保健
ESFP 型	教育/社会服务
	健康护理
	商业
	服务业
ESTJ 型	营销/服务
	管理
	专业人员
ESFJ 型	卫生保健
	社会服务/咨询
	商业
	销售/服务业

思 考 题

1. 什么是性格,影响职业性格的因素有哪些?
2. 性格与职业有什么样的关系？试举例说明。
3. 完成自己的 MBTI 测试,与同学讨论自己的性格特征,并结合自己的职业规划谈谈测试结果与自己未来职业设想之间的关系。

案例

某中医药大学针灸推拿学专业大三的阿龙同学目前面临考研和就业的烦恼,不知道该何去何从。如果不考研,他会考虑转行到教育行业,在上海市的中学从事物理课的教学工作;如果考研,他会继续针灸推拿学的深造,以求在专业上有所突破。在上完职业生涯规划课的性格探索之后,阿龙测出自己的 MBTI 性格特征为 ISFP,于是他就对照着 MBTI16 种性格特征,发现确实与自己的个性相吻合:沉静,友善,敏感和仁慈。同时他对照 ISFP 性格适合从事的职业,发现健康护理(包括生理、心理)确实是自己适合的职业类型。

经过与家人、好友协商以及自己测评出来的性格类型,阿龙决定专心考研,因为他想成为一名真正的中医师,回到自己户籍地的三甲中医院,为自己家乡的父老乡亲减轻疾病的痛苦。后来经过自己的努力,他以优异的成绩保研本校附属医院进行深造,硕士3年之后,如愿获得了毕业证和学位证,同时,也通过自己的努力,顺利拿到了中医执业医师资格证和住院医师规范化培训合格证书。毕业后,阿龙毫不犹豫报名了县城的中医院,并有幸成了一名受人尊敬的中医师,造福家乡百姓。

阿龙的职业规划和职业决策经历,对你有什么启发呢?

资料

名 人 名 言

1. 我是个极其相信运气的人,我发现我越是拼命工作,我越有可能获得它。(托马斯•杰佛逊 Thomas Jefferson)

2. 每个人都有他隐藏的精华,和任何别人的精华不同,它使人具有自己的气味。(罗曼•罗兰 Romain Rolland)

3. 思想决定行为,行为决定习惯,习惯决定性格,性格决定命运。(杰克•霍吉 Jack D. Hodge)

4. 人生的价值,并不是用时间,而是用深度去衡量的。(列夫•托尔斯泰 L. Tolstoy)

> **拓展阅读**

1.［美］Dunning Donna 著,王瑶、邢之浩译:《你的职业性格是什么？MBTI16 型人格与职业规划》(第 2 版),电子工业出版社 2014 年版。

2.［美］Clarke G. Carney、Cinda Field Wells 著,曹书乐、肖奔放译:*Working Well, Living Well, Discovering the Career Within You*(《找到适合你的职业》),中国轻工业出版社 1999 年版。

3.［美］Robert Lock 著,钟谷兰、曾垂凯、时勘等译:*Taking Charge of Your Career Direction: Career Planning Guide*(《把握你的职业发展方向(第 5 版)》),中国轻工业出版社 2006 年版。

第三节　发现职业兴趣

俗话说:"兴趣是最好的老师。"在兴趣的激发之下,人们可以集中精力高效地做自己喜欢的事情。一般而言,人们对于自己感兴趣的职业,相较于其他职业,可以更加全身心地投入其中,并在自己的工作领域取得更大的成就。

一、职业兴趣概述

(一) 兴趣与职业兴趣的概念

兴趣看上去是个体的外在状态,但是其本质是个人在选择、情感、情绪等内在维度的倾向,是个体对认识特定事物和开展某些活动的对象性活动。因此,兴趣这一内在的情感、认知倾向,可以对人的实践活动产生促进和维持作用。具体到特定个体和具体事物时,兴趣会在行为、情感、情绪等维度进行表达,由向内走向向外。

职业与兴趣有非常强的关联性。职业看似是一种外在行为,其本质是向内探索的过程,也就是发现兴趣的过程。当兴趣具体到职业领域时就被称为职业兴趣(Occupational Interest)。因此,职业兴趣是个人对具体职业和行业倾注知识、学习和关注等精神投入的过程和状态,兴趣越浓厚则投入关注越多。职业是一个人与社会最密切、最直接的连接点,与职业活动相关联的职业兴趣,自然贯穿到职业活动的全过程。职业兴趣是兴趣在职业选择方面的一种综合性表现，浓厚的职业兴趣能够最大限度地调动人的潜能，对职业成就感、职业满意度和职业稳定性有重要的作用，是人们职业生涯取得成功的重要推动力。因而，个人的职业兴趣在职业抉择和生涯发展的过程中起着至关重要的作用。

（二）职业兴趣的核心特征

1. 稳定性

所谓稳定性是指职业兴趣的相对稳定性，职业兴趣在短时间内不太可能发生巨大的变化，而是在相对较长的时间内保持一定范围内的稳定。一般来说，职业兴趣的稳定性决定了个人在特定领域的长时间投入，促进个人系统而全面的发展。

2. 延展性

所谓延展性是指个体的职业兴趣是没有明确边界的，在不同的时间、不同阶段和不同场合，个人的职业兴趣都可能不一样。在个体之间，职业兴趣的延展程度存在差别，有些人的经验和知识储备可以支撑其不断拓展职业兴趣外延，有些人则不能。

3. 指向性

所谓指向性是指个人所处场景或所具有的知识经历不同，其职业兴趣也会因此有所不同。个人所处的年龄阶段、所具有的教育背景、特定的场合情景不同时，其感兴趣的职业也会存在不同，进一步形成了个体之间的差异。

（三）影响职业兴趣的因素

1. 需求性要素

需求是个体行动的根本出发点，是影响兴趣的基础因素。美国心理学家马斯洛的需求层次理论，将人的需求分为生理需要、安全需要、社会需要、尊重需要和自我实现需要。兴趣总是在一定需求的基础上、在社会实践中形成的，需求越明显，兴趣也就越强烈。

2. 认知和感情要素

内在的理性和感性支撑是职业兴趣的内在支点。兴趣的大小与个人认知和情感密切相联。认知层面和感情层面的相互作用可以直接决定兴趣的增长或者降低。一般情况下，在认知层面的缺乏会导致情感上的否定，兴趣在这种情况下较难产生。反之,认识越深刻,情感也就越丰富,兴趣也就越深厚。

3. 成长环境要素

成长环境会对个人的认知、情感和意识产生深远影响,会深层次影响甚至决定个人的职业兴趣。举例来说,家庭环境的影响对一个人职业兴趣的形成具有较为明显的导向作用。一个人从小就在家庭环境中感受其父母的职业活动,随着年龄的增长,自己对职业价值的认识也就不可避免地带有家庭教育的印迹,主要体现在择业趋同性与协商性方面。

4. 职业供需要素

在职业兴趣与职业选择之间,职业供需是重要的中介因素。与此同时,职业供需和职业选择也同样在影响职业兴趣。职业需求就像蓄水池,水池里面的水越少,对其需求就越大。职业需求越多,个人选择职业的余地就越大。当职业需求减少时,就会抑制个人与实际职业需求不相符的职业取向,或引导个人产生新的职业取向。当然,职业供需要素是影响个人职业兴趣的客观因素。

5. 教育背景要素

教育能在较大程度上改变个人对外在的看法和观点,随着教育程度的提高,职业兴趣会更为聚焦。教育背景是塑造职业兴趣的重要影响因素,随着知识量的提升和专业范围的聚焦,职业兴趣也会随之改变。一般来说,个人学历层次越高,接受职业培训范围越广,其职业取向领域也就越宽。

除以上影响因素外,个人的个性因素、社会大环境因素等都会对职业兴趣产生影响。

二、职业兴趣与职业生涯发展

职业兴趣是个体在社会实践中形成的社会性和历史性产物,而不是生而有之的。因此,个人的内在条件和所处的外在环境都是影响职业兴趣的重要因素。对于大学生而言,不仅要考察和分析内外条件,而且要持续优化内外素质,培养和发展职业兴趣,才能在未来职业选择过程中尽早明确方向,在工作中始终保持内在动力和积极性,不断推动职业生涯的发展,最终实现个人生涯的成功。

(一)职业兴趣影响职业发展

1. 职业兴趣影响职业选择和职业定位

职业兴趣是职业发展中重要的影响因素,它会较大程度地影响职业的发展,受个体本身和外部环境的影响,兴趣也存在一定程度的不稳定性。因而,职业兴趣会影响个人的职业选择和定位。其中,个人的知识性和经验性的积累对职业定位的影响尤为明显。在职业发展的过程中,如果个人通过不断积累关于该职业的各种知识,甚至通过实习等实践行为积极参与到该项活动中,就会形成对职业的进一步认知和理解,从而影响其对职业的选择和定位。此外,职业兴趣还影响个人的职业生涯发展。强烈的职业兴趣会促使个人对该职业投入更多的精力或给予优先的关注,培养深厚的职业情感,享受从事该职业的乐趣,形成明显的职业倾向,进而显著影响其在职业行为中的表现和职业道路的选择。

2. 职业兴趣增强职业适应能力

职业兴趣所带来的主观积极性和正面感受可以提升个人的职业思维、职业情感活性,往往可以帮助个人在新的环境和角色中快速适应。有关研究资料表明,如果一个人对某一项工作有兴趣,便能发挥其全部才能的 80%—90%,并能够长时间、高效率地工作而不感到疲劳;相反,如果某个人对所从事的工作不感兴趣,在工作中只能发挥其全部才能的 20%—30%,并容易产生疲劳和厌倦。同时,当一个人在工作中遇到困难和挑战时,职业兴趣会成为其克服困难、坚持不懈的内在动力和自我激励。职业兴趣不仅能提升对环境的抗逆力,而且可以激发一个人的探索欲和创造力。当个人的职业兴趣与职业环境一致时,更容易在具体的职业活动中,充分调动整个身心的积极性,创造性地开展工作,积极思考,大胆探索,取得职业成就,进而促进个体职业生涯的发展。

3. 职业兴趣利于潜能开发和技能锻炼

职业发展中,最好的老师永远是自己,尤其职业兴趣是自我向内探索,也就是"自己最了解自己"。基于职业兴趣进行职业能力的开发是非常有效的方法。一个人对于某一事物具有较为浓厚的兴趣,就会激发其对寻求该事物相关知识的欲望以及探索热情,并促使其调动全身心的积极性,以饱满的情绪投入学习和工作。当然,关注兴趣并不是只看兴趣,单单关注兴趣过于狭窄,应该将关注的范围拓展到与兴趣相关的领域。需要特别注意:培养和发展职业兴趣不是职业技能开发的全部,而是技能开发的有效方法。职业发展所需的技能是多种多样的,有的难,有的易,有的与兴趣一致,有的令人厌烦。在技能培养的过程中,只是学己所爱是不够的,更多的要靠理性和意志要求自己爱己所学,择己所需,随着职业生涯的发展不断发现与培养职业兴趣。

4. 职业兴趣提升工作积极性和满意度

职业兴趣是激发内在动力的基本因素,能给职业过程带来积极的心理暗示和主观感受。心理学研究表明,当一个人对自己所从事的职业有着浓厚的兴趣时,即使工作再苦再累,也会感到精神愉快,生活充满乐趣。相反,如果一个人从事了一项自己不喜欢的工作,就不可能积极主动地去做,甚至有时还不自觉地表现出被动的、消极的工作态度。如果个体从事的职业与自己兴趣相一致,个人的兴趣需求得到满足,大部分的工作时间都能保持积极情绪,个体对即使枯燥无味的工作也会感受到乐趣和意义,工作的积极性和满意度会明显提升,从而进一步促进职业发展。

(二)在职业发展中培养职业兴趣

个人的职业兴趣不是天生的,兴趣的形成受多个方面的影响,有的来自父母与家庭成员的影响,有的来自榜样的示范,有的来自偶发事件的启示,最核心的是来自职业活动中的不断的认识与实践。职业兴趣的培养可以根据职业发展需要,以职业目标为导向,通过职业实践和探索、客观评价自我、培养广泛兴趣和树立兴趣轴心,有意识地发现和培养自己的职业兴趣,并不断强化和发展职业兴趣,使其更好地促进职业生涯的发展。

1. 积极参加职业实践

职业发展需要相关的知识背景,同样需要直接的经验积累。尤其是对于大学生而言,未来职业的选择更多的与现在所学的专业紧密相联,对专业的兴趣直接影响着未来的职业发展。专业认同度的不足在很大程度上是因为对所学专业的认识不足,还因为直接经验不足,因而难以培养职业兴趣。实践表明,学生参加职业(专业)实践活动、生产实习、社会实践、参观访问以及组织兴趣小组等活动,是有意识地培养职业兴趣的重要渠道。

2. 客观评价自我

客观认识自身的内在储备和外在能力是优化提升职业兴趣的基本方式。兴趣和能力是相互支撑、相互发展的。职业兴趣是影响职业成功的重要因素,但职业成功也离不开从业者所具有的职业能力。因此,大学生在努力培养自己职业兴趣的同时,要客观评价自我,通过参加与职业相关的实践来客观评估自己的能力是否适合职业的要求,以便进一步明确职业兴趣培养的方向和目标。

3. 培养广泛兴趣

职业发展需要对领域内的发展历史和发展趋势具有较强的敏感性,同时还需要厚实的知识和经验作为"加油站",培养广泛的职业兴趣是行之有效的方法。一方面,广泛的兴趣关注可以提升个体的适应能力。具有广泛兴趣的人往往视野开阔,能有效解决遇到的各种问题,在职业上也具有多元化的选择,容易获得较大的发展。反之,兴趣范围狭窄的人,对新事物的适应性就要差些,在职业规划上所受的限制也多些。大量的教育实践证明,培养大学生广泛的兴趣是大学生全面成长的需要。另一方面,广泛的兴趣领域可以提升知识储备。不同领域之间的交叉和融合是当今社会发展的基本特点,也是未来发展的趋势,拓展职业兴趣边界有助于个体主动学习不同领域的知识和本领,提升个体的职业能力,促进个体全面发展。

4. 树立兴趣轴心

培养广泛兴趣和明确兴趣轴心,这两者并不冲突。广泛的兴趣是职业发展的外在表达,是职业兴趣培养和发展的基础;而兴趣轴心则是职业发展的方向,是职业兴趣的核心内容。部分大学生在职业蓄力期没有形成职业发展的兴趣轴心,最直接的表现是无法聚焦明确的职业发展方向,不知道自己到底喜欢干什么,导致职业选择的迷茫。一个人应该培养广泛的兴趣,但要注意的是,要有重点,要有兴趣轴心,这样才能具有确定的职业规划方向。个人的精力有限,精确的关注能带来更大的竞争价值。

三、职业兴趣的识别

大学生对职业世界的探索和认识非常有限,加上大学阶段学生兴趣广泛且不稳定等多重因素的影响,大学生的职业兴趣探索主要集中在对基本兴趣的探索。可见,个人对职业兴趣的探索具有阶段性的特点,职业兴趣相对稳定而可延展变化。因此,职业兴趣的探索结果只能作为职业生涯规划的参考要素之一,在职业决策时要综合多种自我认知结果而定。探索和识别职业兴趣的方式,通常有探索法和测评法两种。

(一)探索法

探索法是一种非正式测量方法,通常以个体或团体活动的方式开展。霍兰德曾表示,预测个人职业选择最有效的方法是询问这个人自己想做什么,并对个人学习与生活中的各种体验进行总结和分析。对于大学生而言,可从学科兴趣和热情及成效两个方面进行分析,探索自己的职业兴趣。

1. 根据学科兴趣进行分析

学科专业能力只有与职业兴趣相结合,才能在职业过程中发挥最大优势。在校大学生在大学期间所参与的和职业相关的实践是有限的,所以,从自己的学习经历和实践中分析识别自己的职业兴趣是一个行之有效的方法。目前,大多数大学生并不了解其所学专业的培养方案及学校课程设置情况,对所学专业所要学习的知识、技能和本领的了解,是随着课程的开展而开始的。从大量的个体咨询案例来看,大学里的专业培养方案或学校的公共选修课清单是一个辅助学生识别职业兴趣的有用工具。学生可从课程清单中选出自己最感兴趣的课程和最不感兴趣的课程,然后对这些选出的课程进行编号,尝试将其所涉及的具体内容按照霍兰德职业类型理论中的职业环境的六个类型进行分类,并将这些课程代码标注在霍兰德职业兴趣类型六边形上,根据这些课程在六边形上的分布可以很清楚地了解自己感兴趣与不感兴趣的职业领域,便于在自己的职业兴趣领域中寻找自己感兴趣的具体职业,并做深入的了解。

2. 根据热情和成效分析

除了分析学科兴趣以外,分析在以往生活经历的成就事件中的热情和成效,也是识别职业兴趣的有效办法。人们的生活经验中很容易发现,总有一些喜欢干的事情、干得比较好的事情,这些事情称为个人的"成就事件"。在"成就事件"中,"喜欢干"是热情,意味着感兴趣;"干得好"是成效,意味着具有相关职业能力。回顾个人成长经历,把这些"成就事件"写出来,并按照"人—物"和"资料—观念"两个维度来对事件进行分类,将分类的结果标识在图 3-3-1 的兴趣坐标中,从图中"成就事件"的分布可以大致判断个人的兴趣领域是更喜欢跟人打交道,还是更喜欢跟物打交道,是更喜欢跟资料打交道,还是更喜欢跟观念打交道,以此来识别职业兴趣领域。

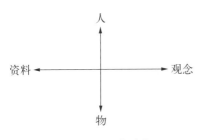

图 3-3-1 兴趣坐标

(二)测评法

相较于探索法,测评法是一种正式测量方法,需要在专业人员指导下实施。目前使用较为广泛的职业兴趣测评是根据霍兰德职业类型理论开发的职业兴趣测试。本书附录提供了霍兰德职业兴趣测试工具,可通过完成测试,查看有关的结果分析,帮助大学生进一步识别自我职业兴趣取向。

在进行职业兴趣测评时,需注意以下几点。

1. 测评工具的科学性和专业性

测评工具的科学性和专业性是测评结果准确性的基础和前提,职业兴趣测试也不例外。20世纪90年代末,白利刚、凌文辁、方俐洛分别以霍兰德职业兴趣理论为依据,结合我国国情和职业分类体系特点,编制的霍氏中国职业兴趣量表已经在各个领域得到广泛使用。当前,在国内有很多引进和自主研制的测验,网上也有很多免费的测验,测评工具类型众多,在选择测评工具时,要选择正规、权威的测试工具,尽量选择符合心理测评基本标准的工具。

2. 测评实施与相应结果的解释

测评实施过程中务必按照专业人员的指导和测评要求进行操作,以保证测试的准确性和有效性。目前,国内测评工具多且尚不成熟,缺乏专业的职业生涯指导人员,在解释说明方面也存在片面性、机械性等问题。因此,要特别注意,在测评时不能迷信测评,以免被误导。在解释结果方面,要求由生涯指导专业人员实施测评(自助式测评除外),并对测评的结果进行专门的解释和说明,帮助被测试者正确理解测评的含义。

3. 科学对待测试结果

由于同一种职业在不同的组织机构内其性质和工作内容也会有很大差别,因此要具体情况具体分析。做职业兴趣测试的目的是增进对自我及职业世界的认识,从而拓展自己在职业上的发展思路,为未来职业发展提供方向性的指导,而不是限定自己。所以,不要局限于测试结果所建议的职业,也不要给自己的职业类型贴标签、下定论,而应科学对待测评结果,结合测评结果进一步探索职业生涯和自我认知,继续发现和培养职业兴趣,从而进一步聚焦与职业兴趣相匹配的职业目标。

4. 测评法的测试偏差

职业兴趣测试具有科学性和专业性,但因为测试是个人根据主观认识而做出的判断,容易受到个人的情绪、状态、认知等各种因素的影响,测评结果难免产生偏差。如有的人在测试时心理状态或情绪不稳定,使得测试结果偏离自己实际的职业兴趣;有的人在测试时受到价值观、能力等影响,导致测试没有做出符合实际的判断;还有的人受到环境和实践经历的影响而使自己的兴趣没有发挥或没有意识到自己的职业兴趣,使测评结果出现几种兴趣类型的分值相差不多。

考虑到上述可能存在的偏差,大学生在做职业兴趣测评时要树立这样的观念:测评重要的不是得出某个确定的职业结果,而是以兴趣类型作为自己探索和定位的方向性参考。

四、中医药类学生职业兴趣类型与典型职业的匹配

根据霍兰德职业索引——职业兴趣代号与其相应的职业对照表进行分析总结,现将中医药类专业学生的职业兴趣的基本类型与对应的典型职业归纳如下(详见表3-3-1)。需要说明的是,对照表中的霍兰德职业索引未经本土化改造,与中国的现存职业可能会有偏差,在此仅供参考。

表3-3-1 中医药类专业学生职业兴趣类型与适合的典型职业

职业兴趣类型	中医药专业所对应的典型职业	霍兰德职业代码对应的典型职业
ISA型	中医医师(妇产科医生、眼科医生、五官科医生)、中西医结合医师(妇产科医生、眼科医生、五官科医生、内科医生)	普通心理学家、社会心理学家、临床心理学家、妇产科医生、眼科医生、医学实验技术专家、民航医务人员、护士
IRA型	中医医师(外科医生)	外科医生
IAS型	中医医师(内科医生)、中西医结合医师(内科医生)	心理学家、内科医生
ISR型	中医医师(骨科医生)	牙科医生、骨科医生
IES型	中药调剂员、临床药剂师	生理学家、医院药剂师、药房营业员
SIA型		心理咨询者、大学各学科教师、研究生助教
SIE型	健康管理师、营养师	营养学家、校长
SIR型	针灸科医师、推拿按摩科医师、理疗师、针灸师、推拿按摩师、保健按摩师	理疗员、手足病医生
SEI型	中等职业学校教师	大学校长、学院院长、医院行政管理员、职业学校教师
SRC型		护理员、护理助理
IRS型		药物学家、生物化学家
ECS型	医药商品购销员、中药购销员	售货员、采购员
CEI型	销售代表	推销员

资料 1

有趣的职业兴趣自我探索活动

假设你获得了一次免费的岛屿度假机会,唯一的要求是你必须与岛上的居民一起生活至少三年。请不要考虑其他因素,仅凭自己的兴趣挑出你最向往的岛屿。

A岛:美丽浪漫的岛屿。岛上有美术馆、音乐厅,弥漫着浓厚的艺术文化气息。同时,当地的原住民还保留了传统的舞蹈、音乐与绘品,许多文艺界的朋友都喜欢来这里找寻灵感。

I岛:深思冥想的岛屿。岛上人迹较少,建筑物多僻处一隅,平畴绿野,适合夜观星象。岛上有多处天文馆、科博馆以及科学图书馆等。岛上居民喜好沉思、追求真知,喜欢和来自各地的哲学家、科学家、心理学家等交换心得。

C岛:现代井然的岛屿。岛上建筑十分现代化,是进步的都市形态,以完善的户政管理、地政管理、金融管理见长。岛民个性冷静保守,处事有条不紊,善于组织规划。

R岛:自然原始的岛屿。岛上保留有自然带的原始植物,自然生态保持得很好,也有相当规模的动物园、博物馆和水族馆。岛上居民以手工见长,自己种植花果蔬菜,修缮房屋,打造器物,制作工具。

S岛:温暖友善的岛屿。岛上居民个性温和,十分友善,乐于助人,社区均自成一个密切互动的服务网络,人们多互助合作,重视教育,弦歌不辍,充满人文气息。

E岛:显赫富庶的岛屿。岛上的居民热情豪爽,善于企业经营和贸易。岛上的经济高度发展,处处是高级饭店、俱乐部、高尔夫球场。来往者多是企业家、经理人、政治家、律师等。

你总共有15秒的时间回答以下问题:

1. 不要考虑其他因素,仅凭自己的兴趣挑出最想前往的第一个岛屿,你会选择哪个岛屿?

2. 其次你会选择哪一个岛屿?

3. 第三你会选择哪一个岛屿?

4. 你无论如何都不愿意选择哪一个岛屿?

依次记下答案,并与结果比对;六个岛屿代表六种典型的职业生涯兴趣类型,第一个是主要兴趣,第二、三个是辅助兴趣。

答案：六个岛屿分别代表艺术型(A)、研究型(I)、现实型(R)、社会型(S)、企业型(E)和常规型(C)，具体内容请查询附录一中的霍兰德职业索引。

 资料2

回答问题——职业兴趣探索

请具体、详细地回答下列问题，如有可能请与一位同伴相互讲述自己对问题的思考和回答，通过互相提问帮助讲述的人探询细节和原因。这个练习可以回忆并梳理日常生活中有关个人兴趣的一些代表性事件，增进自己对自我职业兴趣的觉察，同时起到探索作用。

排除所有现实的考虑，把经过上述活动获得的最有兴趣的职业中相关专业写上来。

1. 假如你现在得到一个机会，可以让你在一夜之间精通三种专业，你希望它们都是什么？

2. 你喜欢阅读哪一方面的杂志或书籍，读哪方面的书籍或杂志，真正让你感到有趣？请写在下面。

3. 你喜欢阅读报纸上的什么文章？什么主题的特别报道能令你真正感兴趣？请将答案写在下面。

4. 你喜欢浏览什么网站？这些网站实际上属于哪个专业？哪些网站令你真正感兴趣？将答案写下来。

5. 我们生活中都有过一些时间，因为专注于某种工作或某方面的学习而忘记了休息时间。如果这种事情发生在你身上，会是什么工作让你如此全神贯注，废寝忘食？写下来。

回答完上面的问题，需要仔细寻找一下答案里面有什么共同点。是否可以归纳为什么主题或关键词？这些主题或关键词可能和霍兰德的哪些类型相对应？如何能让这样的主题在今后的生活中得到发展？

第四节 探索职业能力

能力是一个人的知识智慧在工作中的综合体现，是个人素质的核心部分。

在职业生涯中,能力是一个人能否进入职业的先决条件,也是能否取得职业成功的关键因素。一个人只有了解自己的能力,并根据自身的技能和特长,选择适合自己发展的行业和职业,才能提高工作成效,获得职业成就感。本节内容主要帮助学生了解什么是能力,什么是技能,技能在职业生涯规划中起到的重要作用,以及中医药类专业学生应当具备的职业技能。

一、能力与职业能力概述

(一)能力的概念

"能力"是什么?人们对于这个词的理解,通常宽泛而且模糊。在英文中,"能力"有 ability 和 competence 这两个词。通常认为,ability 侧重于生理和心理特征的描述,似乎与禀赋(talent)和素质(diathesis)相关联;而 competence 更多倾向于知识(knowledge)、技能(skill),以及经验(experience)和态度(attitude)的总和。由此可见,"能力"的概念可分为两个部分,一部分来自先天,另一部分来自环境的塑造和后天的学习。

从心理学角度看,能力是指顺利完成某种活动所具备的、稳定的个性心理特征,是顺利完成某一活动所必需的主观条件,直接影响活动完成的效果。通常,能力总是和人完成一定的活动联系在一起,人的能力是在活动中形成、发展和表现出来的。离开了具体的活动,既不能表现人的能力,也不能发展人的能力,二者互相作用。

(二)职业能力的定义

目前,已有许多研究者从不同的角度对职业能力进行了定义,常见的有以下四种。这四种定义各有特点,也各有局限。综合来看,职业能力是个体将所学的知识、技能和态度在特定的职业活动或情境中,进行类化迁移与整合所形成的能完成一定职业任务的能力。

1. 心理学角度的定义

从心理学角度来看,职业能力指直接影响职业活动效率和使职业活动顺利进行的个体心理特征。心理学视角的这个定义严格科学,但较为抽象,对于职业生涯中的职业能力而言,不便于确定和实现职业能力的培养目标。

2. 能力本位教育理论视角的定义

这一理论认为能力是完成一定职业任务所需的知识、技能和态度(有的定义还在此基础上增加了"经验"一词)。该定义是进行职业分析的基础,侧重于"能胜任""能完成",主要强调的是能力形成过程中所需要具备的若干能力,但与职业生涯中所说的职业能力有一定的距离。

3. 构成要素视角的定义

有学者认为职业能力是由多种元素复合而成的,强调职业能力构成要素的综合性,因而也将职业能力称为"综合职业能力"。人们对职业能力的这种综合性的认识是较为统一的,认为综合职业能力包括身心素质、思想品质、职业道德、创业精神和知识、经验、技能等完成职业活动任务所需的一切内容。在工作中,作为职业能力基本构成要素的知识、技能、经验和态度,会体现在执行规范、解决问题和完成任务的全过程中。

4. 形成过程视角的定义

有学者从职业能力的形成过程来解释职业能力的定义。持这种观点的人们认为,职业能力是与一般能力相对应的特殊能力,是由一般能力经过发展和整合而形成的。

(三)职业能力的特点

职业能力总是与一定的职业实践和工作活动相联系的。职业能力在整个工作过程中均可表现,形式为按照工作要求执行规范、解决问题、完成任务。执行规范实际上是指专业技能和知识在特定条件下的应用,这对于劳动者职业能力的养成具有重要意义。解决问题实际上是指专业技能和知识在不同条件下的运用,这是经验积累的过程,是能力发展的必由之路。解决问题的能力是职业能力的核心。完成任务就是指通过业绩表现来检验能力的过程,这是职业能力物化的最终表现形式,通常被作为衡量职业能力程度的主要标尺。职业能力具有以下五个方面的普遍特点。

1. 社会性

职业能力是以满足社会需求和市场需求为目标的。

2. 复合性

复合型人才的多元化的能力要求是现代职业发展的方向。

3. 专门性

职业能力既包括适合职业社会的通用能力,又包括适合某具体职业的专门能力。

4. 差异性

不同的个体在职业能力倾向上和能力水平高低上都存在差异。

5. 发展性

一方面,社会发展对同一职业的职业能力要求会不断发展;另一方面,一个人所经历的同一职业的不同岗位对职业能力的要求也是变化发展的。

(四)职业能力的分类

能力的种类繁多,目前人们发现的能力就有上百种。为了更加清晰地了解一个人所具有的职业能力,许多学者从不同角度对其进行了归类。

20世纪70年代初,德国劳动和社会学家梅尔腾斯(D. Mertens)在对劳动市场与劳动者的职业适应性进行研究时,提出了"关键能力"概念,并将其看成"进入日益复杂的和不可预测的世界的工具""促进社会变革的一种策略",这在西方社会和教育界引起高度关注。他的研究表明了职业能力有结构层次上的差异,他从未来劳动领域需求的角度,强调培养人的能力,而能力的培养不能仅局限于一项专门的技术内容上,还应适应多种职业。关键能力区别于与工作岗位相关的知识和技能,它既不会过时,又可以应用于各种工作。

自20世纪90年代以后,几乎所有的英联邦国家的职业教育领域都接受了核心技能(core skills)或关键技能(key skills)这一重要概念,将其视为职业能力的重要组成部分。德国专家雷斯诺认为在关键能力之外,能力还包括由简单知识和初等技能构成的基础能力,由专门开发的高层次知识和技能构成的"特殊能力"。而一个人要想更好地、更有效地运用上述能力,关键能力是至关重要的。

通常意义上,关键能力包括以下三个方面的内容:一是专业能力,即系统、综合地学习和掌握专业知识与技能。二是方法能力,即掌握并具有自我学习、处理和解决问题的方法和能力,适应未来不断变化的需求。三是社会能力,即具有与人交往合作的能力,具有责任意识和组织纪律性等。

我国在20世纪90年代中期,劳动部职业技能鉴定中心开始引入核心技能(能力)的概念。核心技能是一个人职业发展的基础,它能增强劳动者运用专门技能完成工作任务的能力,并增强其发展的"深度"和"广度"。一般来说,核心技能独立于具体的职业活动,并通过特定的职业活动内容得以呈现,因而,核心技能的养成和评价都应基于具体的职业活动和行为。

职业技能可划分为职业专门技能(能力)、行业通用技能(能力)和核心技能(能力)三个内容。

职业专门技能是职业能力的表层结构,通过具体的职业行为可以观察到。

核心技能是职业能力的深层结构,通过内在的经验模式支持外在的行为表现,很难通过行为表观直接观察到,却具有广泛的可迁移性,因而又被称为"可迁移技能"。核心技能包括社会技能和方法技能。社会技能主要是指劳动者对职业关系的适应和建构能力,包括在工作情境中与他人交往和协调的能力,调控和改变社会成员之间关系的能力,以及有效从事各种社会活动的能力,如交流技能、合作技能等。方法技能主要是指劳动者在职业生涯中对机遇、责任和限制等情景做出解释、思考、判断和设计的技能,通常指从事职业活动所需要的工作方法与学习方法,包括制订工作计划、解决实际问题、独立学习等。反映在思维技能上,还包括分析与综合、全局思维与系统思维、逻辑思维与抽象思维、决定与迁移等技能。

行业通用技能则介于职业专门技能和核心技能之间。

通过对我国工业化程度、技术应用水平和社会结构变化等因素的研究,我国学者认为现阶段职业核心技能包括以下八个方面的内容。

1. 语言文字技能

指应用语言和文字,通过交谈讨论、当众演讲、阅读等方式,获得、呈现、分析、评价和分享信息资源的技能。

2. 数字应用技能

指获取、解释、呈现、分析和运用数字材料,并以运算为基础对数字材料进行评价和得出结论的技能。

3. 解决问题技能

指确定问题存在,分析问题情境的关键要素,运用规范和经验等有效资源,提出解决问题的计划方案并付诸实施,以及检查解决效果的技能。

4. 创新优化技能

指在不同条件的工作情境中,分析需求差异、权衡优劣得失、吸取不同意见、合理承担风险,并提出改进革新方案,或从多种选项中择优判断的策略性技能。

5. 与人合作技能

指正确认识自己和他人,并根据工作活动的需要,与他人交往、协作,共同完成工作任务的技能。

6. 终身学习技能

指根据工作岗位和个人发展的需要,运用各种有效的方法和途径,通过独立学习和自我训练改善工作状况的技能。

7. 信息处理技能

指运用信息技术处理日常工作的技能。

8. 外语应用技能

在跨文化的工作情境中,运用非母语的语言和文字工具,获得、呈现、分析、评价和分享信息的技能。

(五)职业能力的发展过程

根据职业能力的定义,知识、技能、经验和态度是构成职业能力的基本要素,但只有这些基本要素在特定的职业活动或情境中进行类化迁移与整合,才能逐渐发展成职业能力。因此,职业能力有其特定的发展过程。

中国学者在观察职业活动过程中发现,劳动者职业能力发展通常经历以下五个基本阶段。

第一阶段:基本训练。就是劳动者在初步进入特定就业岗位时进行必要的训练,对自己的工作内容有了基本认识,初步具备上岗的基本要求。

第二阶段:掌握要点。在基本训练的基础上,能够按照预定的工作方法和步骤,掌握工作要点,完成特定职业领域中日常的、可预见的基本活动。

第三阶段:熟练运用。通过经验的积累,技能发展到可以处理不可预见性的专业活动,以持续地维持生产的效率和产品的品质,并能指导基层员工的规范性工作。

第四阶段:精益求精。长期的经验积累,使劳动者在特定工作领域内,针对特殊的工作活动,通过对规律的把握,能够不断改善工作品质,提高工作效率。如改进工具和工艺、指导团队进行技术革新、维护生产现场的日常生产并在一定范围内支配相应的资源等。

第五阶段:创新优化。这是职业能力发展的重要境界。能够通过比较和分析技能的发展,在不同条件和不同领域中广泛地从事专业性工作和处理工作中出现的特殊问题。这个阶段,更加强调劳动者的跨界协同能力和创新思辨能力。

具体来说,职业能力发展的五个阶段呈现出一个螺旋式向上的过程,如图 3-4-1 所示。工作者在工作过程中,在执行规范时会不断遇到各种问题,可通过运用所学知识和以往经验去解决问题,在解决问题的同时,工作者构建起解决问题的策略,也实现了经验的积累,从而能更好地完成工作任务。当一个任务完成后,工作者的个人能力就会得到进一步提升,从而促进生涯发展,同时也会

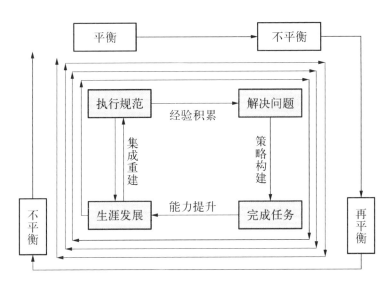

图 3-4-1　职业能力发展过程

获得新的工作任务。但新的工作任务(一般来说,更高级别将产生工作范围、工作责任的变化)又导致新的不胜任情况的出现,再一次打破能力和任务之间的平衡,从而形成新一轮的解决问题、继续学习、能力提升过程。先前的经验需要经过不断的重复实践才能进阶固化,从而不断提升职业能力。可见,职业能力发展是一个螺旋式上升的提升过程。

二、能力与职业的适应性

能力会影响一个人的职业选择以及未来的职业发展。大学生在职业选择时,应考虑自己的能力优势,扬长避短,选择最有利于发挥自己能力优势的职业,提高自身的职业适应性。职业适应性是指一个人从事某项工作时必须具备的生理、心理素质特征。它是在先天因素和后天环境相互作用的基础上形成和发展起来的。职业适应性可分为一般职业适应性和特殊职业适应性两大类。一般职业适应性,指从事一般职业所需的基本生理、心理素质特征。特殊职业适应性,指从事某一特定职业所需具备的特殊生理、心理品质特征。以下表3-4-1、表3-4-2分别为职业能力类型与职业适应性对照表、特殊能力与职业适应性对照表。

表 3-4-1　职业能力类型与职业适应性对照表

职业能力类型	特　点	适应的职业类型
操作型职业能力	以操作能力为主,运用专业知识或经验,掌握特定技术或工艺,并形成相应的职业技能与技巧的能力	打字、驾驶、种植、操纵机床、控制仪表等
艺术型职业能力	以想象能力为核心,运用艺术手段再现社会生活和塑造某种艺术形象的能力	写作、绘画、演艺、美工等
教育型职业能力	以教育、教学、引导能力为主	教育、宣传、思想政治教育工作等
科研型职业能力	以人的创造性思维为核心,通过实验研究、社会调查和资料检索等手段进行新的综合、发明与发现的能力	研究、技术革新与发明等
服务型职业能力	以敏锐的社会知觉能力和人际关系协调能力为主,借助人际交往或直接沟通使顾客获得心理满足的能力	商业、旅游业、服务业等
经营管理型职业能力	以决策能力为核心,能广泛获得信息,并以此独立地做出应变、决策或形成谋略的能力	经理、厂长等中高层管理人员
社交型职业能力	以人际关系协调能力为核心,深谙人情世故,能掌握人际吸引规律,善于周旋、协调,且能使对方通力合作的能力	联络、洽谈、调解、采购等

表 3-4-2　特殊能力与职业适应性对照表

特殊能力类型	特　点	适宜的职业类型
语言表达能力	指对词的理解和适应能力,对词、句子、段落、篇章的理解能力,以及善于清楚而准确地表达自己的观点	教师、营业员、服务员、护士等
算术能力	指迅速而准确运算的能力	会计、出纳、统计、建筑师、药剂师等
空间判断能力	指能看懂几何图形、识别物体在空间运动中的关系、解决几何问题的能力	医生、裁缝、电工、木匠、无线电修理工、机床工等
形态知觉能力	指对物体或图像的有关细节的知觉能力,如对于图形的阴暗、线的宽度和长度做出视觉的区别和比较,能看出细微的差异	生物学家、建筑师、测量员、制图员、农业技术员、动植物技术员、兽医、画家、药剂师等

续 表

特殊能力类型	特　　点	适宜的职业类型
事务能力	指对文字或表格式材料细节的知觉能力,发现错字或正确的校对数字的能力	设计人员、出纳、会计、文秘等
动作协调能力	指迅速准确和协调地做出精确的动作及运动反应能力	驾驶员、飞行员、运动员、舞蹈家等
手指灵巧度	指手指迅速准确和协调地操作小物体的能力	纺织工、打字员、裁缝、外科医生、五官科医生、护士、雕刻家、画家等
手腕灵活度	指手灵巧而迅速活动的能力	运动员、舞蹈家、画家等

需要说明的是,上述划分是相对的,具有某种典型职业能力的人是存在的,但是大部分人属于混合型。每个人要全面认识自己,了解自己的职业能力优势劣势,从而在职业发展中能够扬长避短。

三、识别职业技能优势

只有全面、充分、准确地识别出自我职业技能优势,才能找到自我职业定位与社会定位的恰当结合点,做出适合自己的职业选择。在技能识别领域,许多职业咨询师都相信对技能的识别和分析是职业生涯规划的核心。因此,识别职业技能优势是胜任职业的前提。

（一）成就经历法

了解一个人职业技能的方法很多,最好的技能识别来自生活实践,因此运用成就经历法可以很好地进行技能识别。

成就经历法是根据梵和鲍尔斯的技能分类产生的技能开发工具。技能的规范描述与提取是有效运用成就经历法的关键,通常需要遵循以下三个要点。

第一,使用描述技能的规范句式。标准格式为"(主语)+状语(副词)+谓语(动词)+宾语(名词)",如"我成功策划过一次全校的春节晚会"就是把三种技能结合起来的表达方法。

第二,准确提炼规范句式中的技能描述用语。管理技能与可迁移技能通常可以参考相关技能词汇表中所列的用语,知识/专业技能需要提炼出所涉及的某项具体知识或专业技能,这是技能提炼描述中的难点。如"全校性的晚会"其本质是一次人数众多、程序复杂、有特定意义的大型活动,用"大型活动"代替"全校晚会"更能反映出知识/专业技能描述的准确性,因而宜用"成功地策划大型活动"这样的技能描述,依此类推。

第三,提取技能描述句中的"技能"。一般来说状语(副词)概括的是"管理技能",谓语(动词)概括的是"可迁移技能",宾语(名词)概括的是"知识/专业技能",可参见表3-4-3中的具体示例。

表3-4-3 成就经历法中技能识别方式单例

管理技能 (副词)	可迁移技能 (动词)	知识/专业技能 (名词)	故事来源例子
成功地	策划	大型活动	成功地策划了一次全校晚会
系统地	掌握	药物分离技术	毕业前在药物分析室实习半年
独立地	操作	针灸	师从针灸名师临床两年
大量地	记忆	处方	参加方剂背诵比赛获二等奖
有韧性地	执行	枯燥任务	每天坚持跑2 000米

利用成就经历法来识别技能,通常可以按照以下三个步骤来进行。

第一步:成就经历表的准备。用一张A4白纸竖放在自己面前,在上面写上题目,如"张三的技能识别表"。将纸纵向折为左右两部分,左侧占三分之二,右侧占三分之一,并在左侧的上方写上"成就经历描述",在右侧上方写上"可识别出的技能"(如表3-4-4所示,具体操作中也可以借助WORD/EXCEL等办公软件来实现)。

第二步:撰写成长经历故事。回忆生活、学习、成长的经历,把认为自己做得好的经历逐一记录下来,越具体越好,而且最好给每个经历起一个名字。之后就会发现,记录得越详细,可识别的技能就会越多。

第三步:提炼描述技能的规范句式。将经历故事中的具体事件改写为前述技能描述规范句式,分别识别出该具体事件中使用的管理技能、可迁移技能和知识/专业技能(参见表3-4-4)。

表 3-4-4 某同学的技能识别表

成就经历描述	可识别出的技能
1. 在社区卫生中心当中医药文化科普志愿者 大二的时候,我参加了学校组织的中医药文化进社区志愿服务活动,报名参加了社区卫生中心的科普志愿服务,我放弃周末休息时间,坚持每个月参加 2 次活动,每次 3 个小时。服务地点是社区、学校、广场等地方,许多上了年纪的爷爷奶奶对中医养生内容有浓厚的兴趣,但容易被一些错误的养生谣言误导,我不但在科普讲解时耐心回答他们的疑问,纠正他们的错误养生方法,还跟小伙伴一起制作了养生知识"黑板报",解读和消除大家的养生误区,他们都感谢我,我很开心。一些爷爷奶奶并不信任我们,听完我们的讲解小声议论说我们年纪小,讲的不一定对,刚开始我觉得有些生气,当时真想追上去继续解释,但我忍住了,而且我想,毕竟是初次相识,不信任我们的解读也很正常。这样要求别人也太过分了,时间长了,也就习惯了。后来一次偶然的机会,我和小伙伴将学校老师、医院专家的养生知识辟谣、中药药食同源科普专栏节目在社区电视屏幕上循环播放,受到社区居民的好评和肯定,宣传科普的效果也达到了。	无私地服务他人 积极地安排生活 有规律地执行计划 主动地帮助弱者 宽容地理解不信任 有效地处理负面情绪 及时地发现问题 主动地扩展工作领域 积极地影响他人 创造性地探索解决方案 成功地达成满意的结果
2. 找到满意的男友 大三,我遇到了志趣相投的男孩子,他是中药学的……	……
3. 协助中药研究所完成标准品收集工作	……
4. 在淘宝网上开店	……

（二）职业能力测评法

由于职业能力具有心理倾向性,因此可以采用心理测评方式了解自己能力倾向。根据职业能力测评分数,可以了解自己的能力优势和不足,对于确定自己的职业发展方向,具有一定的参考价值。当前,职业能力倾向测验也被广泛用于人才选拔和员工考评。主要有两类:一类是通用能力倾向测评,以测量各职业都涉及的通用能力为目的,如一般能力倾向测验(简称 GATB)、差异能力倾向测验(简称 DAT)、雇员能力倾向测验(简称 EAS);另一类是特殊能力倾向测评,以测量特定职业所需能力为目的,如我国的行政职业能力测验。

四、中医药类大学生应具备的职业能力

不同职业对从业者的能力有不同的要求。对于个人而言,职业能力需要经过后天的锻炼和学习才能获得。医药行业是一个对综合素质和能力要求都很高的职业领域,医学类学生将从事的医疗职业具有其特有的职业特点。因此,中医药类大学生的职业能力也有着特定要求。

(一)中医药类专业大学生从事中医药专业典型职业所需职业技能

借鉴美国"全国大学生与雇主协会"关于美国雇主们最为重视的职业技能和个人品质的调查结论,本章对中医药专业典型职业所需职业技能进行分析。在表 3-4-5 中,以"强""较强""一般"等来表示各典型职业对某一项职业能力的要求强度。

表 3-4-5 中医药类专业大学生从事典型职业所需职业技能分析表

技能类型	所属能力	临床医生	护士	医药购销人员	医药研究人员	医药行政管理人员
可迁移技能	沟通能力	强	强	强	较强	强
	领导能力	一般	一般	一般	一般	强
	人际交往能力	较强	较强	强	一般	强
	适应能力	较强	较强	强	较强	强
	分析和解决问题的能力	强	较强	强	强	较强
自我管理技能	积极主动性	较强	较强	强	较强	强
	团队合作精神	较强	强	强	强	强
	诚实正直	强	强	较强	强	较强
	职业道德	强	强	较强	强	较强
知识/专业技能	学习能力	强	较强	一般	强	较强
	专业技术	强	强	一般	强	一般

(二)中医药类专业大学生从事典型职业所需核心职业技能

2001 年国际医学教育组织(HME)公布了《全球医学教育最基本要求》

(GMsR),对医学类学生提出 7 种核心能力、60 个标准,包括职业价值、态度、行为和伦理,医学科学基础毕业生必须具备坚实的医学科学基础知识、沟通技能、临床技能、群体健康和卫生系统知识、信息管理技能、批判性思维和研究能力等。根据这些要求并结合上面的分析,中医药类专业大学生要根据职业发展需要重点培养核心职业技能与能力,具体见表 3-4-6。

表 3-4-6 中医药类专业大学生从事典型职业所需核心职业技能表

典型职业	核心职业技能
临床医生	临床技能、应急能力、沟通表达能力、学习能力、批判思维能力
护士	临床护理技能、应急能力、沟通表达能力、操作技能、学习能力
医药购销人员	学习能力、沟通能力、说服能力、抗压能力
医药研究人员	专业能力、创新能力、求异思维能力、执行力、学习能力
医药行业行政管理人员	专业知识、组织协调能力、沟通能力、执行力、学习能力

随着现代医学模式转变,高新科技不断进入医学领域,在职业能力方面对未来从业人员提出了更高的要求。

1. 医护人员

临床技能:病史采集能力,体格和精神状态检查能力,病情分析、解决能力和实际操作能力等。护士临床护理技能是指应用护理程序解决各种健康问题的能力和对患者及药品的管理能力等。

应急能力:诊疗抢救患者的第一要素是时间观念。从某种意义上来说,争取了时间就意味着减轻病情,或缩短了病程,甚至挽救了生命。医护人员必须具有应急能力。

沟通表达能力:沟通表达能力是诊治疾病的需要,有效沟通可以准确、全面地采集病史,观察疗效及病情的变化。建立良好医患关系,有助于患者心理情感的满足,从而起到间接的治疗效果。医生的沟通不仅限于医患之间,还包括医护之间、医技之间、医医之间等方面。

学习能力:随着医学科学的发展,出现了许多新知识、新能力。此外,疾病谱和医疗模式的转变,需要我们不断更新自己的知识结构,提高学习能力。医护人员学习能力包括专业知识的学习能力和信息技术的学习能力等。

批判性思维能力：医护人员领悟医学的复杂性，批判性地评价已学的知识、技术和思维方式的局限性，提出合理的假设，分辨复杂的症状，有根据地质疑已有的结论，核查和排除疑点，明断疾病的性质，遴选不同的方案，进行正确的决策。批判性思维是医护人员创新能力的重要组成部分。

2. 医药研发人员

专业能力：无论是从事临床科研，还是药物研发，都需要扎实的专业知识，而且要不断进行知识和技能的更新，保持知识结构与时俱进。

创新能力：创新是医药事业不断发展的不竭动力。医学新理论、新技术的产生和新药物的发明，需要研发人员不断创新。

求异思维能力：在单位时间内能产生出大量的信息，能从不同的视角观察问题，对问题有超乎寻常的见解，从全新的角度解决问题。

执行能力：在研发工程中，执行力是将项目管理目标一步步落到实处的能力，它是决定研发项目能否成功的一个重要因素。从项目的开发、优化研发的流程到提高研发绩效都离不开执行力。

3. 医药、卫生行业管理人员

专业能力：卫生行业的业务管理人员需要掌握医学专业和卫生行业的特点及运行方式。行政管理人员需对卫生行业有一定的了解，但应具备系统全面的管理学基础理论及相关的工作能力，只有这样才能保证组织科学高效运转。

组织协调能力：正确、妥善、合理协调上下级间、部门间的关系和工作的能力。管理人员组织协调能力的强弱，直接影响群体成员之间为实现目标任务而实施团结协作的程度。

沟通能力：在医院和医药企业，管理人员的职能是管理和服务。所以，管理人员需要与领导沟通、下属沟通、部门同级沟通，借助沟通的技巧，在化解不同的见解与意见的基础上达成共识。善于与同事合作，协助领导解决许多工作中现存的和潜在的问题，做好服务，提高工作效率。

执行能力：正确领会、贯彻组织的战略规划、明确目标任务，快速、准确地加以实施，随时解决实施中遇到的困难和问题，保证目标任务完成的能力。

学习能力：随着新的管理理念和方法的不断出现，管理人员要具有终身学习的能力，有针对性地吸收新知识，并通过思维的创新，开辟新的工作方法。

4. 医药营销人员

学习能力：一名营销人员知识面要广，从专业知识、营销技能到财务管理都要学而时习之。在营销过程中，营销人员既是医药产品的宣传大使，又是医学发展前沿的追踪者。一名优秀的营销人员，必须具有很强的学习能力。

沟通能力：沟通是营销人员不可或缺的能力。了解对方的信息，将自己的信息准确传递给对方，同时根据不同的客户类型进行有效沟通，找到共同点达成一致。

说服能力：营销人员是客户与企业之间的沟通桥梁，营销人员说服顾客的能力很重要。了解客户的需求，制定说服计划，把自己的观点淋漓尽致表达出来，让客户信服，这是成功营销的关键。

抗压能力：抗压、承挫是从事营销工作人员的基本素质。在工作过程中，最大的压力来自绩效考核。绩效是衡量营销人员工作优劣的关键指标。此外，被客户拒绝更是常有的事。选择营销工作，其实是选择了一种生活方式。在承受压力、遭受拒绝中管理自我，加强自我控制和做事的计划性，在挑战自我、战胜自我的过程中成长、成熟。

资料

辛迪·梵(Sidney Fine)和理查德·鲍尔斯(Richard Bolles)将技能分为知识技能、自我管理技能和可迁移性技能三种类型。

美国"全国大学生与雇主协会"的调查显示，美国雇主们最为重视的技能和个人品质依次为：① 沟通能力；② 积极主动性；③ 团队合作精神；④ 领导能力；⑤ 学习成绩；⑥ 人际交往能力；⑦ 适应能力；⑧ 专业技术；⑨ 诚实正直；⑩ 工作道德；⑪ 分析和解决问题的能力。其中，①④⑥⑦⑪属于可迁移技能，②③⑨⑩属于自我管理技能，⑤⑧属于知识技能。

思考题

发掘你的能力——撰写成就故事

请写下生活中令你有成就感的具体事件，然后对其进行分析，看看你在其中使用了哪些能力。

这些成就事件不一定是工作或学习上的,也可以是课外活动或家庭生活中发生的,比如同学聚会、一次美好而难忘的旅游,等等。它们不必是惊天动地的大事,只要符合以下两个条件,就可以视为"成就"。

① 你喜欢做这件事时体验到的感受;② 你为完成它所带来的结果感到自豪。如果你同时还获得了他人的认可和表扬那就更好了,不过这并不重要。

在撰写成就故事时,每一个故事都应当包含以下要素。

• 当时的情境 S(Situation):你面临的障碍、限制或困难

• 面临的任务/目标 T(Task/Target):你想达到的目标,即需要完成的事情

• 采取的行动/态度 A(Action/Attitude):你的具体行动步骤,即你是如何一步步克服障碍、达成目标的

• 取得的结果 R(Results):对结果的描述,即你取得了什么成就,最好能够量化评价(用某种方法衡量或以数据说明)

至少写出七个故事(越多越好)。如果有条件的话,请和两三个同伴一起逐一进行分析讨论,在其中你都使用了一些什么样的技能。最后看看在这些故事中是否有重复出现的技能,它们就是你喜爱施展也擅长的能力。请将这些技能记录下来,并按照优先顺序加以排列。

• 我的成就故事

_____

_____

_____

• 我所喜爱使用且擅长的技能

_____

_____

_____

第五节 澄清职业价值观

职业价值观是个人价值体系的重要组成部分,是个人价值观在职业领域的具体表现。职业价值观对于个人的职业选择具有十分重要的导向作用。对于大学生来说,职业价值观不仅关系到个人职业生涯的发展方向,也对今后的生活质量、人生高度以及个人价值的实现产生十分重要的影响。本节重点介绍什么是职业价值观,职业价值观与职业发展之间的关系,职业价值观的识别与澄清及中医药类大学生应该具备的核心价值观等内容。

一、价值观与职业价值观

职业价值观对职业的选择有导向作用。职业选择直接决定了个人的收入、生活方式、社会声誉等,从某种意义上又影响着他人对自己的评价。近年来,随着我国高等教育大众化的规模扩大,高校毕业生人数逐年增多。在经济高速发展和文化多元化的社会背景下,高校毕业生在求职过程中面临的选择更加多样化,同时也容易产生目标的模糊化和迷茫感。因此,每个大学生都需要全面认识和明确自己的价值观和职业价值观,为顺利走上工作岗位,实现个人价值和社会价值打好基础。

(一)价值观

1. 价值观的定义

价值观是心理学的常用概念。心理学认为价值观是"人们对社会存在的反映,决定一个人对道德、科学、艺术等各方面的信念和原则,处于其思想意识的核心地位"。美国人类学家克拉克洪(Kluckhohn)则将价值观定义为:一种外显或内隐的、关于什么是"值得的"的看法,它是个人或群体的特征,影响人们对行为方式、手段和目标的选择。从马克思主义哲学的角度看,价值观是人对客观事物(包括人、物、事)属性或自身行为结果的意义、作用、效果和重要性的总体评价。

2. 价值观的特征

价值观是客观存在在人们头脑中的反映,价值观的概念属于意识形态范畴,主要有以下四个方面的特征。

(1) 主观性。我们区分得与失、荣与辱、成与败、福与祸、善与恶的标准是个人内心的尺度,这些标准均可以称为价值观。对于客观存在的事物,个人都是依据主体自身的需要对其进行评价的。评价标准的主观性特征决定了价值观的主观性特征。

(2) 选择性。价值观是在个体出生后随着社会生活实践的扩展而逐渐萌发和形成的。在个人自我意识逐渐成熟的过程中,个体有意识地选择符合自己的评价标准,从而形成个人特有的价值观,这显示了价值观的选择性特征。

(3) 稳定性。个人的价值观形成之后往往不易改变,具有相当的稳定性,并通过兴趣、愿望、目标、理想、信念和行为等多种方式表现出来。

(4) 社会历史性。在不同历史时代、不同社会生活环境中形成的价值观是不同的。

除此之外,价值观作为一种独特的心理现象和意识形态表现,还具有系统性、复杂性、多元性、导向性的特征。

3. 价值观的分类

从哲学的视角,按照价值观主体的不同可以将价值观分为个人价值观和社会价值观两类。个人价值观是指个体所持有的价值观,对个人的思维方式和生活方式具有指导作用。社会价值观是指社会成员所共同遵循的价值判断标准,即社会主流价值观念,能够对社会成员的行为发挥引导与规范的作用。

德国心理学家斯普兰格将人的社会生活分为六个方面。与之相应地,价值观分为理论型、经济型、审美型、社会型、政治型和宗教型六类。

(1) 理论型。对真理和其他抽象事物的探求感兴趣,习惯于用理论来理解事物,喜欢把事情纳入理论体系。十分重视道理,极端厌恶不合乎道理的事情。

(2) 经济型。重视实用价值,强调学以致用。具有严重的实用主义、现实主义倾向,习惯通过行为所带来的经济效益来判断行为的价值。

(3) 审美型。认为美的体验是最有价值的。十分重视自己的形象,洁身自好,厌恶世俗中争名夺利的丑恶行径,有时为了避免卷入世俗的纠纷中,对社会比较冷漠。

(4) 社会型。认为关爱他人、被人关爱、互相帮助是最有价值的。与政治型和经济型相反,人际关系不应该成为谋取利益的一种手段,而应该是超越利害关系的。

（5）政治型。认为支配他人、指导人与组织的行动是最有价值的。将社会简单地看成支配—被支配的关系，习惯把人生看成是斗争的舞台，有时为了自身的胜利不择手段。

（6）宗教型。认为神秘体验比做任何事都有价值。其中有的人尊重眼前的世界，有的人寻求超越的世界，有的人介于两者之间。

除此之外，价值观还有以下三种类型。

（1）名誉价值。人们倾向于追求的目标是为了获得社会或他人的褒奖与认可，得到好的名声。

（2）心理价值。人们希望达到某些目标仅仅是为了心理上的一种满足或内心的平衡。

（3）证明价值。人们坚持做某些努力，仅仅是为了证明自己是正确的或是为了证明自己比别人强。

4. 价值观的功能

价值观是个体对客观世界的评价和看法。它的功能主要包括导向功能、规范功能和认知反应功能三个方面。

（1）导向功能。指的是价值观在个人的生活和工作中所起到的指引性作用。具体来说包括行为导向功能和道德导向功能。行为导向功能是指价值观对个体的行为产生的导向作用。积极的价值观会对人的行为产生积极的导向作用，消极的价值观则会对人的行为产生消极的影响。道德导向功能是指价值观对个人评价人和事的标准产生的影响。例如，有人认为雷锋毫不利己、专门利人的行为是奉献社会的大爱精神，也有的人认为雷锋精神已经过时了。他们对于同一事物产生的不同评价都是价值观所产生的导向作用。

（2）规范功能。价值观影响着个人的思维和行为。共同的价值观可以形成强烈信念，趋同群体的行为，从而形成强大的凝聚力。从这个角度来说，价值观也是社会群体生活中形成的一个看不见的标准。这种标准对群体的生活、学习和其他行为都有着强烈的约束力，有意识或无意识地控制着个体的社会行为和活动。这种约束力就是价值观的规范功能。

（3）认知反应功能。指在现代社会多元化程度越来越高的情况下，不同的人在对外来文化的认知上是极为不同的。价值观反映个人对世界的认知和理解，不仅能够左右人的行为习惯，影响人的道德体系的建立，还能够影响人们对于客观世界的认知和看法。

(二)职业价值观

1. 职业价值观的定义

"职业价值观"(occupational values)又称"职业观""择业观"或"择业价值取向"等。这一概念起源于美国生涯发展理论的研究和应用。关于职业价值观的定义,国内外学者分别从不同角度进行了阐述,比较有代表性的有以下观点。

(1) Super D E(1970)。认为职业价值观是个人与工作相关的目标追求,是人的内在需求与从事活动时所追求的工作特质或属性的具体反映。

(2) Elizur D(1984)。认为职业价值观是对工作行为以及从工作环境中获得结果的价值判断,属于直接影响个体行为的内在思想体系。

(3) Ross M(1999)。认为职业价值观是人们对工作中所获得的终极状态(如收入高低等)或行为方式(如同事合作等)的信念。

(4) Schwartz S H(1999)。认为职业价值观是人们在工作过程中达到或获取的目标和报酬。

(5) 楼静波(1990)。认为职业价值观是关于职业选择、职业等级、职业生活的意义等问题的价值评判,具体表现在秉承原则、价值取向和报酬期望等方面。

(6) 黄希庭(1994)。强调职业价值观是人们对于某种社会职业的需求所做出的评价。之后的相关研究在继承前人对职业价值观内涵所做阐述的基础上,开始从人们思考职业问题时的信念、意愿、态度等角度来做进一步的解释。

(7) 凌文栓(1999)。强调职业价值观是人们对待职业的一种信念、态度或价值取向。

(8) 窦运来(2012)。认为职业价值观是内心尺度,是一种信念,反映了个体的内在需求及偏好,引导着个体对待工作的态度倾向、行为准则和目标追求。

综上所述,职业价值观是人们基于自身需求在职业选择方面表现出来的潜在的、持久性的信念和标准,既体现了人们对外在的报酬、工作目标的憧憬,也包含了对职业价值更深层的目标的追求。它会受到多方面的影响,具体表现在人们的工作态度与择业倾向上。

2. 职业价值观的特点

(1) 主观性。是指一个人按照自己的意愿和理解去选择和判断不同职业的观念。或者说,职业价值观是人对职业的总体化观念,反映的是自己内心的真实需求和个性倾向。需求是主观的,因此职业价值观也一定具有主观性。当人们的自身需求发生了改变,职业价值观也会发生改变。另外,职业价值观也对人的行为具有反作用,进而对其职业选择产生影响,这也是职业价值观具有主观能动性的体现。

(2)多样性。思想意识的多样性是客观存在的。每个人的需要不同,即便是相同的需求,在层次、稳定性和强度方面也会有所不同。随着时代的发展和变迁,职业种类更是五花八门、各具特色,这都源于社会需求。人们的需求具有多样性,体现出来的价值观也一定是多样的。

(3)阶段性。职业价值观的形成和发展是呈阶段性的,不是突变的。职业价值观的形成需要一定时间的积累,不是一朝一夕形成的,而且一旦形成,就具有一定的持久性,但不是不可改变的。随着时代的变迁、社会的发展以及人不断的成长、阅历不断的丰富,人的需求在改变,职业价值观也在随之改变。例如,个人或者集体发生重大事件或者转变时,人的价值观就会发生突变或扭转。

(4)可塑性。一切思想意识都是人的大脑对客观事物的反映。它的形成遵循着由感性认知,经过实践检验形成理性认知,之后由理性认知指导实践的过程。而且这个过程是被反复验证、循环推进的。青年人可以通过不断学习深造来塑造更高层次的价值观。正因为职业价值观具有可塑性,社会各界才有可能、有机会对青年人进行职业价值观教育。

3.职业价值观的影响因素

(1)社会因素。马克思主义哲学认为,社会存在决定社会意识,社会意识是社会存在的反映,社会存在的性质和变化决定着社会意识的性质和变化。当代大学生的职业价值观作为一种社会意识,是一种社会价值关系的体现,它由一定的社会存在所决定,产生于一定的社会经济基础之上,并随着社会经济基础的变化不断发展。人的生存和发展离不开所处的各种环境,经济体制、社会结构、思想文化、价值观念等作为社会环境的重要组成部分,都对职业价值观的形成产生影响。

(2)学校因素。高校是大学生形成科学职业价值观的重要场所。学校的培养模式、职业价值观教育情况和就业指导工作,都会在不同程度上影响大学生职业价值的形成。

(3)家庭因素。家庭是孩子的避风港,更是孩子最起始的和最长久的受教育场所,是人生中的第一所学校。孩子在人生的第一所学校中所接受的认知与教育会给他们的一生留下深刻的印记。因此,家庭环境对个人职业价值观的形成有着不可忽视的影响力。

(4) 个人因素。任何事物都是在内因和外因的共同作用下不断向前发展的。外部因素是事物成长发展的重要条件,但决定事物发展的本质还是事物本身的内在因素。职业价值观除了受社会、学校和家庭的影响之外,个人因素,如性别、学科背景、性格等方面也会对一个人职业价值观的形成产生影响。

4. 职业价值观的发展阶段

大学生对职业世界的认识及其职业价值观的形成是自身成长与社会化的必然结果,有其自身产生、发展、形成、调整以及确立的一般过程。可分为职业意识萌生期和职业价值观发展期两个阶段。

(1) 职业意识萌生期。职业意识萌生期从时间上主要包括高中和大学初期阶段。整个过程又分为职业意识萌芽阶段(高中低年级)、职业好奇阶段(高中高年级)及职业意识形成阶段(大学低年级)。在职业意识的萌芽阶段,个体开始对职业有了初步的认识和了解,对各种具体职业的社会声望、待遇报酬、发展空间等情况开始感兴趣,不再仅仅是儿时对遥远职业世界漫无边际的幻想,但大多还停留在对职业的表面现象的了解,还不够全面和深刻,尚属于感性认识。在职业好奇阶段,个体开始对各种职业的社会价值和意义越来越好奇,并在自己不断的思考和认知过程中,对职业有了进一步的认识。但这种由于好奇带来的初步的探索和认知,往往带有理想化色彩。在职业意识的形成阶段,个体已经意识到职业对自己的成长和人生幸福意义重大,需要进行认真考虑。这一阶段的大学生对职业世界的了解和认识已经成为个体的迫切需求,对于职业的探索动机明显增强,对职业认知的理想化色彩减退,现实性色彩增强。

(2) 职业价值观发展期。主要指大学时期和毕业后的就业初期,具体分为三个阶段:困惑阶段(大学低年级)、探索阶段(大学中年级)和适应阶段(大学毕业年级到走上工作岗位)。困惑阶段的大学生往往会伴有较多的职业困惑。例如,有些学生在高考报名时是由父母做主选报的专业,进了大学才发现其实自己以前对所学专业并不了解,甚至很不喜欢,对所学专业的社会需求和未来的就业前景也搞不清楚,担心毕业后能否顺利就业,等等。在探索阶段,大学生的职业价值观基本形成,并逐步敞开自己的心灵,尝试培养独立思考的能力,寻找合适的锻炼成长机会,积极为将来的职业人生发展做好能力、素质等各方面的准备。在适应阶段,个体已经能够对自己的学识、能力、素质、经验等做出比较合乎实际的判断,对社会环境、行业前景和不同的职业发展等有了更加深入的了解,对自己在职业方面的诉求也越来越清晰,并且能够主动据此调整自己的职业价值取向,使自己的职业价值观更好地适应社会实际需要以及有关政策导向,从而进一步促进自我完善,以求得更好地发展。

二、职业价值观与职业发展

在人们的职业生涯发展过程中,普遍会遇到工作绩效、职业倦怠、职业高原等在不同阶段与个人成长和发展相关的问题和现象。正确处理或解决好这些问题,对个人的职业人生发展具有重要而深远的影响。而这些问题从根本上讲无一不与个体的职业价值观有着千丝万缕的联系。

(一) 职业价值观对职业发展的影响

1. 职业价值观对职业发展的积极影响

青年人顺利走上工作岗位,就标志着已经进入职场成为一名职业人了。一个人在组织中如何通过自己的勤奋努力获得良好的职业发展,取决于多方面的机缘和因素。其中取得良好的工作绩效,是组织对个人的基本要求,也是个人谋求职业发展的前提和基础。

职业价值观是人们依据自身需要,对职业(或工作)属性的总体评价和看法,既包括评价方法与标准,也包括个性倾向。职业价值观影响着个人对工作目标、标准、机会和条件的认识和评价,并且其本身也是构成工作动机的重要内容。一个人只有认为有意义或值得去做的事情(工作任务、人际沟通等),才会以积极主动的心态和最佳的工作效率投入其中,并获得良好的工作绩效。如果从思想观念上对有关工作的内容、形式和意义等没有积极的响应,其结果必然与前者相悖。因此,职业价值观对于员工工作绩效有着显著的影响。作为组织来讲,使员工产生良好工作绩效的重要途径之一,就是通过管理制度和企业文化来影响员工的职业认同和价值认同,即合理引导员工的职业价值观。作为个人来讲,要想获得良好的工作绩效,就要不断提高思想认识,主动挖掘工作本身的价值和意义,自觉将自己的职业价值观同组织的价值追求协调一致。

2. 职业价值观对职业发展的消极影响

在人的职业生涯中,职业倦怠是很多人在长时间从事某一工作时都会遇到的一种个人职业心理体验。如果不能正确对待并处理好职业倦怠,就极有可能对个人的职业生涯发展带来负面影响。

人们对待职业的态度,与个人的职业价值观同工作任务特征的匹配程度有关。匹配程度越高,人们对职业的内容、行为和意义等的认同度就越高,就越不容易出现职业倦怠。个人的职业价值观与任务特征匹配度越低,人们对职业相关方面的认同度就越低,也就更容易产生职业倦怠。这种匹配是一种互动关系。一方面,个人的职业价值观主动适应工作需要;另一方面,工作任务特征能够在一定程度上满足和影响个人的职业价值观。如果一个人的这种内在的互动关系失去平衡,就容易导致职业倦怠。此外,个人对工作的依存性(或者说工作对个人的重要性),还有个人在工作中的自主性,对其是否有可能出现情绪衰竭和职业倦怠,以及职业倦怠的表现程度也有很大的影响。因此,在既定的工作环境中,可以通过提高个人在组织内部的民主权利和参与管理的程度,使其拥有更强的主人翁意识,获得更多的自主权,来真正调动其内在工作积极性,降低职业倦怠感。每个人都面临着来自社会、家庭、经济等方面的压力和挑战,在工作中也要处理很多问题和矛盾,难免会出现疲乏、焦虑、压抑、工作能力下降、厌倦当前工作等感受。但是,如果个人能够养成科学合理的职业价值观,并能够与职业本身相关任务特征良性互动,遇到问题和矛盾时能够客观地分析和对待,更加关注职业的内在价值、社会意义和自身的长远发展,就有可能在一定程度上延缓职业倦怠的发生,或降低职业倦怠的程度。

(二)职业发展对职业价值观的影响

职业发展过程是变化的,职业发展过程的变化会对职业价值观产生影响。与预期一致的职业发展变化会强化职业价值观,反之会削弱甚至改变价值观。职业发展过程对职业价值观主要有两个方面的影响。

1. 升华职业价值观

职业发展符合预期时,人们的需求要得到一定程度的满足,就会得到必要的正向激励,从而在职业发展中寻求新的价值需求。一方面会巩固和强化人们原有的职业价值观,另一方面会深化和升华原有的职业价值观,让职业价值观更好地发挥导向和驱动作用。职业发展对职业价值观的升华,主要体现在人们对职业的认同度和投入度上,最直接的作用就是极大地提高人们对工作的积极性。也就是说,理想的职业发展会推动人们由物质追求向精神追求、由个人诉求向团体价值方面发展,这体现了一种精神的升华和人生境界的完善。

2. 澄清职业价值观

职业发展遇阻时会冲击职业价值观。也就是说,在职业发展不如预期时,人们会反思职业价值观,并依据现实情况进一步调整职业价值观。职业价值观得到恰当的澄清和明确后,将能从根本上促进职业发展。对于大学生而言,由于个人阅历有限,对职业价值观的认识难免存在局限性。职业价值观的局限性,需要根据个人的实际情况不断进行修正。

三、中医药类大学生应具有的核心职业价值观

医学专业大学生职业价值观是指医学专业大学生通过专业技能学习、临床见习、社会实践、志愿服务等逐渐形成的对医疗相关职业的认知及评价,并在此基础上形成的自己的价值取向,也是个人的世界观、人生观、价值观在医疗相关职业方面的反映,包含以下几个方面内容。

(一)"大医精诚"的职业认知

《大医精诚》一文出自"药王"孙思邈所著《备急千金要方》第一卷,是中华传统医学的瑰宝,为习医者所必读。此文更是被称为东方的"希波克拉底誓言",被后世所推崇。文中明确说明了一个优秀的医生所应具备的基本素质及对所从事职业的认识,即每个医生都要秉承"大医精诚之心",全心全意地为患者服务,为人民服务。

首先,要有精湛的专业知识与技能,即医术。对于医学这种至精至微的学科,从医者应该多阅读医籍,勤奋刻苦。否则,无论治病救人的愿望多么迫切,也只能是爱莫能及。医学专业大学生毕业以后大多要从事医疗相关工作,因此,只有熟练掌握专业知识与治病救人的本领,才能准确地为患者诊治疾病,解除患者的痛苦。医学专业大学生在学习过程中要细心耐心地探求每一个细节、反复琢磨、不断求证。医生必须"用心精微"。如果对于最精微的医学理论,却用极其粗浅的想法去探求它,是很危险、很不负责任的。因此,医学专业大学生不仅要在专业知识方面有广度和深度,还要具备极强的实践动手能力,注重培养临床操作能力,结合自身特点,早临床、多临床、反复临床。

其次,执业要"诚"。诚实守信是医务人员必须遵守的一条非常重要的职业操守,它主要体现在医务人员对患者处境的真诚同情,对病患的真诚医治,对病患家属的真诚理解。《大医精诚》中,孙思邈用"诚"字来概括和诠释全心全意为

病患服务的医德。医学专业大学生,只有时刻怀揣一颗求医之心,怀有医学之梦,刻苦学习,求真务实,忠诚于自己的专业和职业,对病患"诚"、对医学事业"诚",重医德、做实事、讲信用,才能成为一名优秀的医务工作者。

(二)"救死扶伤"的职业理想

医学专业大学生的职业理想是指学生对未来将要从事的医疗行业、所工作的医疗环境、从事的具体医疗岗位以及事业成就的向往和追求。"救死扶伤"的职业理想,意即抢救生命垂危的人,照顾受伤不方便行动的人,是医务工作者全心全意为人民服务精神的体现。医务工作者应继续继承和发扬"救死扶伤,实行革命的人道主义"的精神,并以此作为自己的职业理想。

医学专业大学生树立科学的职业理想十分重要,它集中体现了医学专业大学生对医学相关职业的目标和向往。科学的职业理想要将个人理想与社会理想相交融,要求人们既要满足个人的价值存在感,又要能为社会创造价值。尽管医疗模式不断变革,"救死扶伤的人道主义精神"仍具有极其重要的指导意义。医务工作者应始终坚持将患者利益放在首位,在处理事情的时候要以患者需求为出发点做出衡量与判断,以病患为中心,关注患者身体、心理的双重健康,尊重病患及其家属,切实为人民健康谋福利;医学专业大学生应将个人的职业理想建立在社会的职业理想之上,并把两者较好地联系在一起,在学习过程中有明确的目的和想法,以获得良好的学习效果。

医务工作者必须承认医务工作的特殊性。在疾病面前,病患及家属将全部希望寄托在医务工作者身上,没有任何一个患者是按照课本生病的,每个人都有自己的身体特征与个体差异,医务工作者要将所学理论知识活学活用;同时也没有一个患者是按照医务工作者的上班时间生病的,要想做到精准医疗,达到良好医治效果,一定要给予病患足够的关怀和同情。即使医疗工作强度大、精准度要求高,也不能将个人疲倦及抱怨带到工作中。尽管在实际医疗工作过程中,仍然存在医务工作者虽尽了最大努力,病患仍不理解的现象,也仍要不厌其烦地为患者及其家属进行耐心细致的解释。因此,作为准医务工作者的医学专业大学生更要有崇高的职业理想,要始终牢记"救死扶伤"的天职。

(三)"乐为工匠"的职业兴趣

工匠精神的核心是一种追求卓越的创造精神、精益求精的品质精神、用户至上的服务精神，而不是仅把工作当作谋生的手段。"工"，是古代医者的一种称谓，《说文解字·酉部》中："医，治病工也。"《黄帝内经》和《难经》中，将"工"分为上工、中工、下工，提倡医者要努力成为上工，即鼓励医者成为医术上等名医。从某种层次上说，医学亦是一种手艺，凭借高超的医疗技术，为人民健康服务，实现个人价值与社会价值。工匠们通过不断的雕琢和钻研，将自己的作品不断地改良、创新、升华。医务工作者也是如此。医学专业大学生誓言即是工匠精神在医疗行业的具体体现。

随着生物医学模式向"生物—心理—社会"医学模式的转变，医生仅仅具备医学基础知识和临床技能已经不能完全适应社会的需要，还必须不断挖掘自身的职业兴趣。美国著名生涯辅导理论家约翰·霍兰德1959年提出了职业兴趣的"六类型"理论，针对医学专业大学生而言，他们需结合自身情况将医疗相关岗位与职业兴趣进行最大限度的匹配，比如：医生这个职业在兴趣类型上以研究型和社会型居多，喜欢探究和解决问题，通过观察、分析、概括、推理，进行系统的创造性研究活动，喜欢与人交往，愿意为别人服务，具有奉献精神；护士、康复治疗师具备社会型和现象型的特征，喜欢有基本技能、有规划、操作性强的技术工作；医疗科研和药物研发人员以研究型和现实型居多，喜欢运用智力，通过分析、概括推理的定向的科学研究与技术工作；公共卫生事业管理和医药代表以企业型和社会型居多，喜欢挑战、与人交往、自我表现欲强。

作为未来"准医务工作者"的医学专业大学生，要根据自身职业兴趣把自己培养成医学领域的"匠人"，并乐在其中，不断琢磨研讨驱除患者病痛的方式，不断追求改善自己的诊疗方法，增强对病患的耐心、对专业的专注、对医学事业的不断探索和追求，刻苦钻研、精雕细琢、发挥自身优势和特长，认识病患间的个体差异，做到精准医疗，对症下药，努力成为医学领域的"上工"，守护人民群众的健康。

（四）"博施济众"的职业道德

"博施济众"语出《论语·雍也》。博施济众的职业道德是指医务工作者在救死扶伤的过程中，要有一颗仁心，关爱他人。围绕这个中心，与病患平等交往，尊重理解病患疾苦，对病患一视同仁。平等交往、一视同仁是医务人员处理医患关系的重要准则，它要求医患双方在充分沟通的基础上平等相处、相互尊重。医生对病患要尊重、同情、关心，设身处地为病患及其背后的家庭等社会关系考虑，尊重病患的人格和尊严,同情病患的处境和心情。无论在什么情况下,都不可因病患身份差异、社会地位等差异而厚此薄彼。

医务人员的语言文明、举止端庄不仅是医务人员的个人素质、品质的外在体现,同时也是为患者疾病更快痊愈做贡献的方式方法。细致体贴的语言和对症的药物都是治愈疾病的良药。作为医务工作者,其自身的每一个神态、表情都会影响到病患的治疗成效。因此,医务工作者对待病患要具备"亲人般的问候、严谨踏实的举动、对待突发情况的冷静、和蔼的语言等"。这在一定程度上能缓解患者的病情,稳定患者的情绪,加快疾病治愈速度,提高治疗效果。

思考题

1. 根据价值观和职业价值观的定义,你认为二者之间的区别和联系有哪些?
2. 请简要概述你的职业价值观。你认为影响自己职业价值观形成的因素有哪些?

第四章　探索职业世界

从校园迈入职场，毕业生对于职场应有一定程度的了解，对于职业的内涵、职业资质的准入要做好提前的准备，以便在求职过程中尽早完成职业的匹配。中医药院校的毕业生，还应关注中医药毕业生职业要求、职业资格与鉴定、互联网医疗与大健康发展以及国家对卫生健康行业的政策与未来发展等。

第一节　职　业　概　述

本节从管理学的角度讨论了职业的内涵、特点和功能，主要介绍了职业分工、职业声望和职业流动等常识性知识，帮助大学生通过有效途径获取职业信息。结合中医药院校的行业背景，为大学生介绍专业相关的职业标准来指导学习。

一、职业的内涵、特点与功能

（一）职业的内涵

在我国，"职业"一词始见于《国语·鲁语》："昔武王克商，通道于九夷百蛮，使各以其方贿来贡，使无忘职业。"在我国古代，"职"通常指官事，"业"是指士、农、工、商所从事的工作。在《中华人民共和国职业分类大典（2015年版）》中，职业被定义为"从业人员为获取主要生活来源而从事的社会工作类别"。对于个人来说，职业是参与社会分工，利用专门的知识和技能，为社会创造物质财富和精神财富，获取合理报酬，作为物质生活来源，并满足精神需求的工作；对于国家社会而言，经济体制、产业结构和科技水平决定着社会的职业构成，而职业的兴衰变迁，亦是时代发展与进步最具人格化特征的注脚。职业的内涵包含以下四个方面。

（1）有稳定的收入。职业是有报酬的劳动，有稳定的收入是职业区别于其他劳动的主要特征。稳定的收入是指从事的工作有一定的连续性，其报酬构成从业者生存的主要手段。但是，收入必须是合法的。

（2）承担相应责任。医生护士的责任是救死扶伤、为患者提供医疗服务，公交车司机的责任是安全把乘客送到目的地。所有的职业都是在获得稳定收入的同时，承担相应的责任。

（3）实现人生价值。人通过职业活动完善和发展自己，获得精神上的愉快和满足个体的内在需求。

（4）联结个人与社会。现代社会的职业如同一张网，把不同的人联结起来，社会通过人的职业活动得以发展，人则通过职业活动在社会中共存。

（二）职业的特点

职业作为一种社会现象，是社会分工的产物。人类要生存，社会要发展，首先要解决衣食住行的问题，需要有人从事各种社会劳动，有的做工、有的务农、有的经商、有的从医、有的执教……于是形成了不同的职业。随着社会发展和时代进步，职业种类也在发生变化，比如在科技革新中，纺织工人、集装箱搬运工的职业需求减少，而随着人们对健康的重视，互联网医疗人才、康复治疗师、专科性护士等职业的需求增多。从职业产生和发展的过程看，职业有以下八个方面的核心特点。

（1）经济性，即职业是有合法报酬的劳动，工作者通过职业活动获得经济收入，是个人和社会存在和发展的基础。

（2）社会性，即职业是从业人员在特定社会生活环境中所从事的与其他社会成员相互关联、相互服务的社会活动。

（3）稳定性，即职业活动内容、岗位职责、工作条件等职业的主要因素在一定时期相对不会变化。

（4）规范性，即职业的行为准则必须符合国家法律和社会道德规范。

（5）群体性，即某一具体职业必须具有一定规模的从业人数。

（6）差异性，即不同的职业之间存在巨大差异，这些差异包括职业活动的内容、岗位的职责、行业行为准则、收入水平、社会声望等。

（7）同一性，即某一类别的职业内部，其劳动条件、工作对象、劳动工具、工作内容、工作者的行为模式等具有相似性。

(8) 时代性,即职业随着时代的发展而变化,不同时期会有不同的热门职业,也会有新兴职业产生从而替代与社会不相适应的职业。

(三) 职业的功能

1. 促进社会和谐发展

(1) 推动社会分工。从社会发展角度看,职业是社会分工的体现,人们分工劳动、相互合作,促进经济和社会的发展,同时推动社会分工细化。

(2) 创造社会财富。人们通过职业活动得到报酬,同时也为社会创造财富。国家富强,人民生活也会越来越好。

(3) 维护社会稳定。职业是生活的基本保障,人们通过职业活动获得生活所需的物质基础。家庭稳定,社会也就稳定。

2. 保障个人生存与发展

大多数人在一生中都要经历几十年的职业生涯,职业对人们来说非常重要。

(1) 提供人们维持生存的经济基础。人们通过职业活动获得应有的报酬,以保证自己和家人的生活。虽然从业的目的是为了获得经济收入,但对毕业生来说,择业初期切不可把报酬高低作为唯一条件,而应从是否适合自己的职业发展、实现人生价值等多方面予以考虑。

(2) 帮助人们实现人生价值。职业不仅提供人们生存的经济基础,而且可以促进个人的全面发展。毕业生可以在职场中不断锻炼、完善、提升自己,取得职业成就,实现职业目标,体现人生价值。

(3) 维护个人基本社会权利。我国法律规定公民有劳动的权利,每位即将走上社会的毕业生都要珍视这种权利,应积极就业,尽快独立,承担起对自己、家庭、单位、社会的责任,自觉成为真正能够独立生活的合格公民。

二、职业分工、职业声望与职业流动

为了更深入地认识职业,大学生必须学习、了解现代职业的分工状况、职业声望以及职业流动的情况,为将来的职业定位及职业选择做充分准备。

(一) 职业分工

亚当·斯密在《国富论》的开篇讨论劳动分工的时候说:人的天赋差别并不

大,造成人们才能上重大差别的是分工的后果。他指出哲学家和挑夫之间的差别,就是职业分工的结果。他说分工的发展,把工人的一生消磨在少数单纯的操作上,他们的智力不能发挥,因而变成最愚钝最无知的人。他认为,工人单调的无变化的工作,消毁了他们精神上的勇气,毁坏了他们肉体上的活动力。这一分工论在当时具有重要作用,成为统治企业管理的主要模式。

职业分工具体表现为职业的独立化、专门化。职业分工按照职业的形成过程及内在属性可分为自然分工和社会分工。

1. 自然分工

在人类社会初期以自身的生理条件差异为基础而形成自然分工。在自然分工中,不同的生产者个体分别担负不同的劳动或生产职能。例如,远古时期,男人身体健壮、擅长奔跑,所以负责外出狩猎等劳作;女人柔弱心细、不善运动,所以负责采摘野果、照顾孩子等。

2. 社会分工

随着生产力的发展,人们将社会经济活动划分为不同的生产功能和劳动方式。例如,人类历史上的三次社会大分工。第一次社会大分工是畜牧业和农业的分离,社会分工促进了生产力的发展,带来了更多的劳动产品,奴隶制社会随之产生。第二次社会大分工是农业和手工业的分离,出现了专门以交换为目的的商品生产。第三次社会大分工是脑力劳动和体力劳动的分工。

(二) 职业声望

职业声望是人们对职业社会地位的主观评价。职业地位是由不同职业所拥有的社会地位资源所决定的,往往通过职业声望的形式表现出来。没有职业地位,声望就无从谈起;而如果没有职业声望,职业地位高低也无法确定和显现,人们正是通过职业声望调查来确定职业地位的高低。

1. 影响职业声望的主要因素

(1) 职业功能,即该职业对于提升国家的政治、经济、科学、文化水平的积极意义以及在社会生活中对人民的共同福利担负责任的程度。

(2) 职业环境,即任职者所能获得的工作条件的便利与社会经济权利的总和,包括职业的自然环境与社会环境,如工作的劳动强度、技术水平、生存环境、收入报酬、福利待遇、晋升机会等。

(3) 人员素质,包括文化程度、能力、政治态度、道德品质等内容。一般情况下,职业环境越好,职业功能越大,从业者素质越强,职业声望就越高。人们对职业声望的评价具有相当大的一致性。

(4) 社会报酬,即职业提供给从业者的工资收入、福利待遇、晋升机会、发展前景等。一般来说,工作收入高、福利待遇好、晋升机会多、发展前景大的职业,其声望评价也越好。

2. 职业声望的评价方法

1925年,G. 康茨第一次使用自己编制的职业声望量表,对美国的职业声望进行调查。第二次世界大战后,对职业声望的经常性调查,在许多国家已成惯例。自此以后,社会学界关于职业声望的研究逐渐多起来,并发展出许多职业声望测量技术。这里主要介绍三种职业声望的评价方法。

(1) 自我评价法,即让从业者自己评价所从事的职业在职业社会地位层级序列中的位置。

(2) 群体评价法,即让一群从业者共同评价一系列职业。

(3) 因素评价法,即在"职业环境""职业功能""人员素质"和"社会报酬"这四项决定职业声望高低的主要因素中,分别选取有代表性的指标,根据这些因素的指标来评价某项职业的声望。

(三) 职业流动

职业流动是指从业者在不同职业之间的选择变化,是劳动者放弃又获得劳动角色的过程。职业流动是社会流动的形式之一。职业流动不同于劳动者的区域流动和职务变动,但与劳动者的区域流动和职务变动有着密切的联系,它们互为关联,往往相伴而生。弄清它们之间的区别和联系,有助于人们正确认识职业流动的性质,把握职业流动的行为。

1. 职业流动的原因

在市场经济条件下,职业流动是一种正常的社会现象,有着深刻的社会背景和个人因素的影响。

(1) 社会进步和科技发展。大工业的本质决定了劳动的变换、职业的变化和工人的全面性流动。因此,社会进步、科学技术水平的提高是形成职业流动的根本原因。在科学技术迅速发展的今天,面对信息时代的挑战,为了保证社会再生产的正常进行,"从一而终"的传统就业观念已经逐渐被职业流动所取代。

(2) 完善的就业制度。劳动力是市场经济的基本要素。在市场经济条件下,市场机制不仅配置和调节着社会的物质资源,而且也配置和调节着人力资源。就业的双向选择意味着契约性的交换方式和交换过程。对于劳动者而言,可以自由地寻找能够发挥自己的能力、专长、志趣的有发展前途的用人单位或工作岗位。对用人单位而言,则可以自由地按职业岗位需要来选择合适的劳动者。完善的就业制度是促成职业流动的保障条件。

（3）社会心理因素。就业的社会心理因素对职业流动具有指导和约束的作用。劳动者受其主观认识、情感愿望、价值取向、伦理规范以及社会习俗沿袭和继承下来的就业观念的影响,会对职业流动做出不同的评价。

（4）经济报酬驱动。在当前,职业依旧是人们谋生的主要手段。人们通过职业活动,谋取个人生存、发展以及提高家庭物质文化生活水平所需要的经济条件。由于职业在不同地区和不同用人单位给劳动者所支付的劳动报酬有所差别,从而促使劳动者从收入低、待遇低的职业,流向收入高、待遇优厚的职业。

（5）职业能力水平。个人对职业有个适应的过程,个人的职业能力发展也需要一定的过程。由于个人不适应或职业能力不符合职业需要,也会导致职业流动。特别是当今社会,随着科技水平的发展,职业能力的要求越来越高,容易引起由于不适应或不称职导致的职业流动。

（6）人际关系冲突。在职业活动中,人际关系的好坏直接影响着人们劳动的积极性、创造性以及工作效率。人际关系不好,有可能直接导致职业流动的发生。据调查,在日本,因为别的公司薪俸丰厚而调动工作的极为罕见,大约仅占调转工作的5%,大多数职业流动是因为人际关系不好,情绪受影响而辞职或被辞退。根据哈佛大学就业指导小组调查的结果,数千名被解雇的人员中,人际关系不好的人比不称职的人高出两倍。

2. 职业流动的形式

一般来说,职业流动有以下几种表现形式。

（1）以一定的职业地位和职业声望为标准,职业流动可分为水平流动和上下流动。劳动者在同一职业地位和同一职业声望的职业系列中的流动就是水平流动,劳动者在不同地位等级和不同职业声望的职业系列中的流动就是上下流动或者垂直流动。从一种职业地位等级较低的职业流动到社会地位较高的职业就是向上流动,反之则为向下流动。以劳动者个人在整个职业生涯过程中的职业地位的水平流动和上下流动的总和来看,表现的是一生的流动。有人认为,在现代社会中,人的职业生涯要经历大致6次左右的职业流动,才能达到职业成熟和稳定。

(2) 两代人之间从事的不同职业的变化,这种职业流动被称为代际流动。比如父亲是农民,女儿是医生;母亲是大学教师,儿子是工程师。代际流动的状况和频率表征着一个社会的封闭和开放程度,并且受一定社会主流价值观及人事管理制度、教育水平、人们观念等多方面的影响。在现代社会,代际流动显著,而且向上流动的频率明显加快,尤其是农民子女,子承父业的比例降低的速度加快,这一点在发达地区尤为突出。

(3) 从职业流动是否引起社会结构性变化看,职业流动可分为结构性流动和个别流动。凡是引起和影响社会职业结构发生大规模变动的职业流动,就是结构性流动。例如,农民被征地后,进城打工,使农民和工人两大职业发生结构性变化。再如,生产力发展水平以及人民生活水平的提高,第三产业职业的需求量增大,伴随而来的必然是职业的结构性流动。由劳动者个人自身因素引起,且对职业结构的变化基本没有影响的职业流动,就是个别流动。

3. 职业流动的特点

(1) 存在性别差异。一般而言,男性职业流动多于女性。

(2) 与年龄成反比。年轻群体中职业流动的数量和频率远超过中年和老年群体。

(3) 与教育投入成反比。教育投入大、受教育和职业训练时间长的劳动者,一般从业于职业地位高、声望高、收入高的职业,流动的频率相对低;而以体力劳动为主的劳动者,因为教育投入低、适应能力低,流动的频率相对高。

(4) 存在区域差异。一方面,从不发达地区流向发达地区;另一方面,不发达地区内职业流动较缓慢,发达地区内的职业流动的频率远远高于不发达地区。

(5) 与能力优势保持一致。通常情况下,职业流动基本与个体能力优势保持一致性,是以促进劳动者全面发展、发挥专长、使最大潜能得到施展为导向的。

(6) 存在自由和约束的两面性。在市场经济条件下,劳动就业契约关系的形成,有利于职业流动,但需双方信守合约,解除劳动的契约关系也需符合规范。另外,政府和社会在职业流动方面仍有宏观调控的约束机制,以防止非正常的结构性流动所带来的社会问题。

三、职业分类与职业信息

(一) 职业分类

根据《中华人民共和国职业分类大典(2015年版)》,职业分类就是以工作性质的同一性或相似性为基本原则对社会职业进行的系统划分与归类。世界上经济发达国家都非常重视职业分类的研究,这不仅是形成产业结构概念和进行产业结构、产业组织及产业政策研究的前提,同时也是对劳动者及其劳动进行分类管理、分级管理及系统管理的需要。作为制定职业标准的重要原则,职业分类是促进人力资源科学化、规范化管理的重要基础性工作。

1. 职业分类的方法

职业分类的基本方法是工作分析法。工作分析法是将职业活动依据其工作的基本属性进行分析,按照工作特征的相异与相同程度进行职业的划分和归类。工作分析即职务分析,是全面了解一项职务的管理活动,是对该项职务的工作内容和职务规范(岗位职责和任职资格)的描述和研究过程。在通常意义上说,某一职位的有关信息,包括被称为"5W1H"的六个方面(工作内容——what、责任者——who、工作岗位——where、工作时间——when、怎么操作——how、为何要这么做——why,综合形成工作规范与安全规范)。

进行工作分析时,主要是对职业因子进行分析。一般而言,职业的因子可以分为人和工作两个维度,前者称为"任职者导向",是对什么人可以从事某项工作的描述与分析,后者称为"职业导向",是对某类职业人群所从事工作特性的概括总结,二者相互对应,构成了完整的职业要素。同时,考虑到特定职业与大行业的不同,职业的因子还可以分为特殊性和通用性两个维度,前者称为"职业特有",后者称为"跨职业特征"。综合以上分析维度,构成职业因子模型如图 4-1-1 所示。

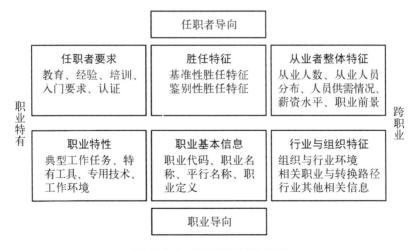

图 4-1-1　职业因子结构模型

2. 国内外职业分类

(1) 我国职业分类。参照国际标准和方法，1986年，国家统计局和国家标准局首次颁布了中华人民共和国国家标准《职业分类与代码》(GB6565—86)，并启动了编制国家统一职业分类标准的宏大工程。根据社会经济发展的需要，1995年2月，劳动和社会保障部、国家统计局和国家质量技术监督局联合中央各部委共同成立了国家职业分类大典和职业资格工作委员会，组织社会各界上千名专家，经过四年的艰苦努力，于1998年12月编制完成了《中华人民共和国职业分类大典》，并于1999年5月正式颁布实施。2010年，我国逐步启动了各个行业的修订工作，2015年7月29日国家职业分类大典修订工作委员会召开全体会议，表决通过并颁布了新修订的2015版《中华人民共和国职业分类大典》，将职业分为8个大类、75个中类、434个小类、1 481个细类（职业）。

第一大类：党的机关、国家机关、群众团体和社会组织、企事业单位负责人，其中包括6个中类、15个小类和23个细类；

第二大类：专业技术人员，其中包括11个中类、120个小类和451个细类；

第三大类：办事人员和有关人员，其中包括3个中类、9个小类和25个细类；

第四大类：社会生产服务和生活服务人员，其中包括15个中类、93个小类和278个细类；

第五大类：农、林、牧、渔业生产及辅助人员，其中包括6个中类、24个小类和52个细类；

第六大类：生产制造及有关人员，其中包括32个中类、171个小类和650个细类；

第七大类：军人，其中包括1个中类、1个小类和1个细类；

第八大类：不方便分类的其他人员，其中包括1个中类、1个小类和1个细类。

(2) 国外职业分类。根据国外理论，一般按照三种类型划分职业。

其一，按脑力劳动和体力劳动进行分类。这种分类方法把工作人员划分为白领工作人员和蓝领工作人员两大类，表现出了职业的等级性。白领包括：专业性和技术性的工作，例如农场以外的经理、行政管理人员、销售人员、办公室人员。蓝领包括：手工艺及类似的工人、非运输性的技工、运输装置机工人、农场以外的工人、服务性行业工人。

其二,按心理学的人格差异进行分类。这种分类方法是根据美国著名的职业指导专家霍兰德创立的"人格—职业"类型匹配理论,把人格类型划分为六种。与其相对应的是六种职业类型,即现实型、研究型、艺术型、社会型、企业型和常规型。

其三,按各个职业的主要职责或所从事的工作进行分类。第一种是国际标准职业分类。国际标准职业分类把职业由粗至细分为四个层次,即 8 个大类、83 个小类、284 个细类、1 506 个职业项目,总共列出职业 1 881 个。其中 8 个大类分别是:专家、技术人员及有关工作者;政府官员和企业经理;事务工作者和有关工作者;销售工作者;服务工作者;农业、牧业、林业工作者及渔民、猎人;生产和有关工作者、运输设备操作者和劳动者;不能按职业分类的劳动者。这种分类方法便于提高国际间职业统计资料的可比性和国际交流。第二种是加拿大《职业岗位分类词典》的分类。把分属于国民经济中主要行业的职业划分为 23 个主类,主类下分 81 个子类,489 个细类,7 200 多个职业。此种分类对每种职业都有定义,逐一说明了各种职业的内容及从业人员在普通教育程度、职业培训、能力倾向、兴趣、性格以及体质等方面的要求,有较大的参考价值。

(二)职业信息

职业信息是指有关职业分类、各类职业劳动特点及报酬待遇、现实职业需求等方面的知识与消息。职业信息是个人形成职业意向、定向地进行职业或专业学习和选择职业的重要条件。职业信息的搜集途径有很多种,不同途径所获取的职业信息侧重点有所不同,信息的"含金量"也不同。

1. 职业信息的获取途径

(1)国家政府部门。国家政府部门及各地区推出的有关就业方面的法律、法规、决议、决定、规划、举措等信息有较强的宏观指导作用。它们能帮助毕业生认清就业形势,把握就业时机,调整就业心态,理顺就业思路。只顾低头"拉车",不顾抬头"看路"的就业方式很有可能因为缺乏对宏观就业形势与政策的了解而丧失就业良机。近年来国家提倡的"西部计划""三支一扶""选调生""应届入伍"等政策都对高校毕业生整体就业起到了重要的引导性作用。

(2)学校、学院就业指导中心。学校或学院的职业指导部门,会对每年毕业生就业相关信息进行统计、整理、分析,建立完善的信息库。一方面,能够方便以后的毕业生查询相关就业信息;另一方面,通过信息库中相关信息的统计分析,可以清晰地了解各专业、各层级、各地区毕业生的就业流向,以此作为指导毕业生就业的经验和依据。同时,职业指导部门也会建立用人单位信息库,记录所有接触过的用人单位的详细信息,尤其是人力资源部门以及公司相关负责人的联系方式,并按地区和行业进行分类汇总,建立成册,以供毕业生查询。此外,学校或学院的就业指导中心,有专业的就业指导老师,他们不仅会通过各种途径和方式与用人单位取得联系,获取就业信息,也具备大量的专业指导知识,对毕业生而言有巨大的帮助作用。

(3) 人才市场。为加强就业指导与服务,各地区、各行业、各高校每年都会举办各种企业招聘会,吸引来自全国各地的单位进行人才招聘。类似这样的就业市场,信息量大且集中,毕业生能在较短的时间内获取各种职业信息,并与单位进行直接洽谈。但目前来看,大型人才交流会的成功率并不是很高。一方面,毕业生在短时间内面对如此多的职业信息,增加了自己选择的难度;另一方面,用人单位往往只是现场收取简历,并不当场与学生签订就业协议。

(4) 各种媒体。通过报刊、广播、电视等新闻媒体了解劳动市场动态,获得用人的信息资料。例如,一家企业的重组、搬迁,都意味着有招聘的可能。信息时代,网上招聘已经越来越普遍、快捷。在互联网上,建有许多职业网站,还有专门针对毕业生的"应届生求职网",为我们提供了一种效率高、成本低、内容多、时间快的现代信息收集渠道。在上面,可以查阅到大量国家、地区及各行业的就业政策及人才需求信息。此外,毕业生也可通过浏览与自己所学专业相近院校的就业指导网站搜集就业信息。学校的就业指导中心网站上会定期发布各种用人单位招聘信息,这样的信息一般经过学校认真核实,且都是用人单位主动向学校提供的人才需求信息,信息及时可靠,针对性较强。

(5) 人际关系网络。人际关系网络,包括自己的亲戚、朋友、老师、同学以及校友资源等。如果具备并利用这种关系资源,在同等条件下,大学生的就业成功率会更高。同时,向自己的专业老师获取就业支持也是很有意义的,尤其是一些工科院校的老师,往往与某些企业存在技术、科研合作关系,对企业和企业的人才需求十分了解。如果得到这些老师的推荐和帮助,就业成功率也会相当高。此外,也可发掘和利用校友资源,通过校友间接了解企业的真实状况和职业信息。

(6)社会实践、实习。毕业生在校期间所从事的社会实践和就业实习等活动,是毕业生了解用人单位的最好途径。在实习过程中,毕业生能全面、深入了解用人单位的真实情况,并且能有机会和单位相关负责人有较长时间的接触,有更多的机会表现和"推销"自己。所以,应该充分利用社会实践、就业实习、兼职等机会,广泛获取信息。为了提高以实习促进就业的概率,毕业生在参加社会实践和就业实习时,应力求做到与拟选择的就业单位和确立的就业意向挂钩,注意了解所去单位各方面的情况,并且争取在社会实践和实习过程中有突出的表现。

2. 有效应用职业信息的原则

(1)系统性原则。职业信息包含了求职者信息、用人单位信息、媒介信息和外部环境信息几个部分,所以在应用职业信息时应该把它当作一个系统的整体,注意把握重点,统筹兼顾,掌握全面情况,才能达到有效应用的目的,让求职者成功就业。系统性原则要求一方面要保证信息搜集全面完整,另一方面要坚持重点信息的系统搜集,以便把握方向,达到预期目的。

(2)时效性原则。任何信息都是在一定的时间段具有它最大的使用价值,它会受到各种各样因素的影响,例如市场的供需情况变化,经济大环境的变化,国家对毕业生政策的变化以及用人单位对岗位的调整,高校就业部门发布信息的时间限制,等等。所以在应用信息时,各方面都应该注意信息的时效性,敏锐把握信息最大使用价值的时机,尽快对信息及时搜集、获取,提高信息的利用率,避免降低或失去信息的使用价值,错失良机。

(3)准确性原则。社会上充满大量的职业信息,其中包括许多虚假和欺诈的信息。在搜集信息时,各方面都应该力求做到选择真实可靠的职业信息,尤其是高校就业部门对待大量的信息必须认真筛选、甄别,注意保护自己与毕业生(求职者)的信息安全,谨防上当受骗,以免造成就业工作的重大失误和不必要的经济与精神损失。

3. 职业信息的应用技巧

职业信息的搜集只是找到了通往就业的大门,真正跨过就业的门槛,还需要对职业信息进行正确的分析和应用,掌握处理和应用职业信息的方法与技巧,提高就业的成功率,达到事半功倍的效果。

(1)统观外情,衡量自己。在选择职业时,需考虑客观的就业形势和宏观经济环境。大学生的择业期望要符合自己所处时期的就业形势,这是处理职业信息的基础,也是大学生进行职业选择和职业发展定位的客观前提。同时,处理职业信息,进行职业选择,也要符合自身的实际情况。毕业生要根据自己的学习成绩、专业特点、兴趣、优缺点和性格特点等选择职业信息,认真考虑自己是否符合工作岗位的要求,是否适合并愿意从事这个职业。单纯以主观理想选择职业往往会造成就业过程中四处碰壁。如果只以待遇、地点作为职业选择的标准,即使在求职中侥幸取得成功,在未来职业发展的道路上也会困难重重。因此,面对大量的就业信息,大学生要在正确把握就业形势和分析自我的条件下,调整自己的职业定位和择业期望。在此基础上,选择最适合自己的职业和岗位进行重点攻关,这样会增加就业成功的概率。

(2)多方打探,了解详情。职业信息的有效应用是建立在全面收集信息的基础上的。职业信息主要包括:单位的准确名称、性质及隶属关系;单位的联系方式,如人事部门联系人、电话、通信地址等;单位的经营业务范围、类别及服务内容;单位的地点、总部及分支机构的业务范围与地理分布;单位的组织结构、规模与行政结构;单位需要的专业背景、具体工作岗位及对所需人才的具体要求;单位的文化背景、工作环境、单位领导的有关信息、用人单位员工的办事方式和思维方式;单位的财务状况、绩效考核体系、培训体系及薪酬体系(福利、住房、奖金),以及为员工的培训和发展所提供的空间等;单位的发展目标、发展实力(包括规模、效益)、远景规划,以及在整个行业中的排名或在整个社会经济结构中的地位;单位的发展历史与最新动态、客户类型与规模、竞争对手的类型和规模等。全面详实的信息可通过咨询在单位工作的校友、请教专业老师、询问学校或学院就业指导部门、向当地的亲戚和朋友打听、上网搜索其他媒体或其他人/组织对单位的评价、自己亲自到用人单位参观等途径获得。

(3)把握时机,果断出手。职业信息具有明显的时效性,一旦错过,就意味着失去一次就业良机。大学毕业生就业的最佳时机一般在10月份至次年5月份之间。毕业生在收集到就业信息后,应及时了解用人单位信息,分析自己的主观愿望和实际情况,尽快做出抉择。有些毕业生,总是怕眼前的不是最好的,担心后面还有更好的单位,而持观望等待的心态,结果到最后都未找到满意的工作。因此,毕业生在就业时既要谨慎又要果断,一旦做出了选择就坚信是最好的,否则会陷入频繁违约、失去诚信、影响自身就业的恶性循环中。

(4)投其所好,做足准备。不同用人单位选择人才的标准是不同的,有的看重学习成绩,有的看重地域,有的看重对单位的忠诚度,有的看重道德品质,等等。总之,不同单位在招聘大学毕业生时,选择标准是有所侧重的。此外,即使是同一单位对不同岗位人员的招聘要求也是不一样的。因此,毕业生在每次应聘时都应仔细分析单位用人标准和招聘岗位的具体要求,根据不同的单位和岗位制作相应的简历,准备和练习应聘技能技巧。根据用人单位要求量身定做的简历和应聘准备是最有效的,求职的成功概率也最大。

(5) 及时跟进,加强联系。当今就业形势日趋严峻,无论是网络招聘还是现场招聘,会出现成百上千的人应聘一个岗位或几个岗位的现象,用人单位很难短期内做出选择,甚至有可能遗漏某些求职者的信息。同时,用人单位发布信息后,用人需求随时都会发生变化,毕业生应及时与用人单位电话沟通,甚至亲自拜访。一方面,经常性的沟通可体现毕业生对单位的浓厚兴趣和求职的积极态度,从而增加用人单位对毕业生的印象和关注度,提高求职成功率。另一方面,毕业生可询问岗位报名情况和单位招聘的进展情况,做到知己知彼,提高求职效率。

(6) 小心陷阱,谨防上当。安全就业是大学毕业生就业的基本底线。大学生在获取和处理就业信息的过程中,要对信息的真实性、可信度进行判断,警惕虚假信息和"就业骗局"。现在市场以试用期、收费、传销、非法中介等为"陷阱"的现象经常出现,稍不注意就会上当受骗,轻者可能错过就业的黄金时段,重者可能造成难以弥补的损失。为了安全就业,需要广大毕业生做好防范,应对各种"陷阱"。首先,毕业生要确定一个合理明确的择业目标和实施方略,使整个就业活动显得有的放矢,避免虚假信息乘虚而入;其次,在求职过程中要通过正规渠道求职,尽可能实地参观考察单位,坚决"不付钱";再次,要熟悉就业相关法律法规,运用法律武器保护自身权益;最后,要多向相关人士进行咨询,征求意见。

> 思考题 1
>
> 以小组为单位,分析讨论以下问题:
>
> 1. 随着国家经济和科技的快速发展,近年来中医药行业产生不少新兴职业,你能举出几个例子吗?
>
> 2. 作为一名中医药院校的学生,谈谈你对基层就业的看法。

> **思考题 2**
>
> 2015年发布的第九次中国公民科学素质调查结果显示,科学技术类职业在我国公民心目中的声望较高,排名前四的职业分别是:教师(55.7%)、医生(53.0%)、科学家(40.6%)、工程师(23.4%)。然而,一项对467名医务工作者进行的"医生职业满意度"调查显示,仅38.4%的受访医生满意目前的工作,26.1%的受访医生表示不好说,39.6%的受访医生对自己的工作明确表示不满意。你认为造成这种矛盾现象的原因是什么?

第二节　中医药职业要求

高校毕业生初入职场,除需具备一定的职业技能以外,还要有与之相匹配的职业道德,了解行业政策,取得职业准入资质。本节从中医药院校毕业生的角度,对于医疗行业的主要政策进行分析,对于医药专业技术人员的职业准入进行介绍。

一、职业道德

职业道德是指从事一定职业的人们在职业活动中应该遵守的职业行为规范的总和。职业道德概念伴随着社会分工的发展、相对固定职业的出现而产生。当社会发展的进程出现了手工业、畜牧业等职业分工,职业道德开始萌芽。进入阶级社会以后,又出现了商业、政治、军事、教育、医疗等职业。在一定社会的经济关系基础上,这些特定的职业不但要求人们具备特定的知识和技能,而且要求人们具备特定的道德观念、情感和品质。在职业发展的过程中,为了维护职业利益和信誉,适应社会的需要,在职业实践中,根据一般社会道德的基本要求,逐渐形成了职业道德规范。

古代文献早有关于职业道德规范的记载。在《论语·学而》中孔子提出"道千乘之国,敬事而信",认为对自己负责的事情要敬业。《孙子兵法·计》有"将者,智、信、仁、勇、严也"的记载,智、信、仁、勇、严这五德被中国古代兵家称为将之德。宋代周敦颐在《通书》中认为"诚者,圣人之本,百行之源也",将诚信作为做人之本,也是各个行业发展的根本。清代蒲松龄在《聊斋志异·阿宝》中写到

"书痴者文必工,艺痴者技必良",认为只有喜爱自己的岗位才能做好工作。古人提出的恪尽职守、爱岗敬业、精益求精的职业精神,对职业道德的形成起到了积极的引领作用。

在封建社会,自给自足的自然经济和封建等级制不仅限制了职业之间的交往,而且阻碍了职业道德的发展。在某些工业、商业的行会条规以及从事医疗、教育、政治、军事等职业的著名人物的言行和著作中,也包含职业道德的内容,尤其是在医疗行业中,对于医生职业道德的讨论和描述从未间断。

公元前5世纪古希腊的《希波克拉底誓言》,被认为是西方最早的医务人员的职业道德文献,历经数千年仍被视作医生的职业道德规范准则,几经更新,始终是医生职业准入中信奉的职业道德守则,并形成了普遍共识。

中医药历史源远流长,从《黄帝内经》开始,一些文献对于医生的职业道德行为也提出过许多观点。《素问》的《疏五过论》《徵四失论》列举了医生的数种医疗行为过失,并对医生的职业态度、行医规范进行深入评析。东汉张仲景《伤寒杂病论》中认为医学具有"上以疗君亲之疾,下以救贫贱之厄,中以保身长全,以养其生"的社会实践价值,其所蕴含的医德思想为后世树立了医学职业道德典范。唐代孙思邈提出"人命至重,有贵千金,一方济之,德逾于此"的行医价值观,他所著的《大医精诚》《大医习业》要求医生以"苍生大医"作为立业的目标,从"大医之心、大医之体、大医之法"等角度论述了医德规范,集思想文明道德之大成,奠定了中医医德的理论体系。其后,陈言《大医习业》、李梴《习医规格》、陈实功《医家五戒十要》、龚廷贤《医家与病家之要》、张璐《医门十戒》、吴鞠通《医医病书》等篇章专门对医德医风进行了发挥与阐述。

除了医德文献与言论,我国历史上还出现了许多医德物化形象。"杏林春暖""橘井泉香""悬壶济世""妙手回春"等医药掌故,融汇了医林轶事、名家德艺,集中反映了古代名医的优秀医风医德,成为中医界理想人格、精湛技艺的代表,千古流传。它们已经演变为具有高尚医德、高超医术的良医别称,成为世人仰慕的对象。

2019年10月,中共中央、国务院印发了《新时代公民道德建设实施纲要》,提出以习近平新时代中国特色社会主义思想为指导,紧紧围绕进行伟大斗争、建设伟大工程、推进伟大事业、实现伟大梦想,着眼构筑中国精神、中国价值、中国力量,促进全体人民在理想信念、价值理念、道德观念上紧密团结在一起,在全民族牢固树立中国特色社会主义共同理想,在全社会大力弘扬社会主义核心价值观,积极倡导富强民主文明和谐、自由平等公正法治、爱国敬业诚信友善,全面推进社会公德、职业道德、家庭美德、个人品德建设,持续强化教育引导、实践养成、制度保障,不断提升公民道德素质,促进人的全面发展,培养和造就担当民族复兴大任的时代新人。

二、职业资格与鉴定

职业资格是对从事某一职业所必备的专业知识、专业技术和工作能力的基本要求。2019年1月17日,人社部公布国家职业资格目录,并定期更新。截至2021年2月,国家职业资格目录共计139项职业资格,包括58项专业技术人员职业资格和81项技能人员职业资格。这些职业资格基本涵盖了经济、教育、卫生、司法、环保、建设、交通等国家重要的行业领域,符合国家职业资格设置的条件和要求。医学类毕业生的职业资格认定以专业技术人员职业资格为主,多以准入类职业资格考试进行认定。

(一)国家职业资格的分类

人社部公布的国家职业资格目录,包括专业技术人员职业资格和技能人员职业资格。

职业资格认定包括准入类职业资格和水平评价类职业资格。准入类职业资格关系公共利益或涉及国家安全、公共安全、人身健康、生命财产安全,均有法律法规或国务院决定作为依据;水平评价类职业资格具有较强的专业性和社会通用性,技术技能要求较高,行业管理和人才队伍建设确实需要。职业资格分别由国务院劳动、人事行政部门通过学历认定、资格考试、专家评定、职业技能鉴定等方式进行评价,对合格者颁发国家职业资格证书。

国家职业资格一般分初级、中级、高级(见表4-2-1),根据各个行业特点,会有更细致的区分。

表 4-2-1 国家职业资格

系列	专业技术职称				
	高级		中级		初级
卫生技术人员	主任医师	副主任医师	主治医师	医师	医士
	主任护师	副主任护师	主管护师	护师	护士

续 表

系 列	专业技术职称				
	高 级		中 级		初 级
卫生技术人员	主任药师	副主任药师	主管药师	药师	药士
	主任技师	副主任技师	主管技师	技师	技士
高等学校教师	教授	副教授	讲师	助教	
中小学教师	正高级教师	高级教师	一级教师	二级教师	三级教师

（二）专业技术人员职业资格的认定

根据2021年1月12日人社部《国家职业资格目录（专业技术人员职业资格）》的公示，列入专业技术人员职业资格58项。其中，准入类31项，水平评价类27项。与中医药院校类毕业生就业有关的部分职业资格主要有以下几类。

1. 执业医师资格

依照《中华人民共和国医师法》，国家实行医师资格考试制度。医师资格考试分为执业医师资格考试和执业助理医师资格考试。医师资格考试由省级以上人民政府卫生健康主管部门组织实施。医师资格考试的类别和具体办法，由国务院卫生健康主管部门制定。

具有下列条件之一的，可以参加执业医师资格考试：

● 具有高等学校相关医学专业本科以上学历，在执业医师指导下，在医疗卫生机构中参加医学专业工作实践满一年；

● 具有高等学校相关医学专业专科学历，取得执业助理医师执业证书后，在医疗卫生机构中执业满二年。

具有高等学校相关医学专业专科以上学历，在执业医师指导下，在医疗卫生机构中参加医学专业工作实践满一年的，可以参加执业助理医师资格考试。

以师承方式学习中医满三年，或者经多年实践医术确有专长的，经县级以上人民政府卫生健康主管部门委托的中医药专业组织或者医疗卫生机构考核合格并推荐，可以参加中医医师资格考试。以师承方式学习中医或者经多年实践，医术确有专长的，由至少二名中医医师推荐，经省级人民政府中医药主管部门组织实践技能和效果考核合格后,即可取得中医医师资格及相应的资格证书。

2. 护士执业资格

根据《护士条例》(国务院令第 517 号)、《护士执业资格考试办法》(卫生部、人力资源社会保障部令 2010 年第 74 号),国家护士执业资格考试是评价申请护士执业资格者是否具备执业所必需的护理专业知识与工作能力的考试。护士执业资格考试是行业准入资格考试,实行国家统一考试制度,由国家卫生健康委和人力社会资源保障部指定考核办法和组织实施。护士执业资格考试包括专业实务和实践能力两个科目。一次考试两个科目均通过为考试成绩合格。

具有下列条件的,可以申请参加护士执业资格考试:

在中等职业学校、高等学校完成国务院教育主管部门和国务院卫生主管部门规定的普通全日制 3 年以上的护理、助产专业课程学习,包括在教学、综合医院完成 8 个月以上护理临床实习,并取得相应学历证书的,可以申请参加护士执业资格考试。

3. 执业药师资格

依照《中华人民共和国药品管理法》、《中华人民共和国药品管理法实施条例》(国务院令第 360 号)、《药品经营质量管理规范》(国家食品药品监督管理总局)、《执业药师职业资格制度规定》(国药监人〔2019〕12 号)的相关规定,国家实行执业药师考试制度。执业药师考试是行业准入资格考试,国家药监局与人力资源社会保障部共同负责全国执业药师资格制度的政策制定,并按照职责分工对该制度的实施进行指导、监督和检查。

凡具备以下条件之一者,均可申请参加执业药师职业资格考试:

● 取得药学类、中药学类专业大专学历,在药学或中药学岗位工作满 5 年;

● 取得药学类、中药学类专业大学本科学历或学士学位,在药学或中药学岗位工作满 3 年;

● 取得药学类、中药学类专业第二学士学位、研究生班毕业或硕士学位,在药学或中药学岗位工作满 1 年;

● 取得药学类、中药学类专业博士学位;

● 取得药学类、中药学类相关专业相应学历或学位的人员,在药学或中药学岗位工作的年限相应增加 1 年。

三、政策与法律规定

中共中央、国务院对医药行业的发展给予高度关注和重视,成立国家卫生健康委员会,贯彻落实党中央关于卫生健康工作的方针政策和决策部署,在履行职责过程中坚持和加强党对卫生健康工作的集中统一领导。党中央和国务院出台了一系列相关政策和法律法规,统筹规划卫生健康资源配置,推进卫生健康基本公共服务均等化、普惠化、便捷化和公共资源向基层延伸,协调推进深化医药卫生体制改革等。这些政策,保障了医药卫生行业的良性发展,也给医学生就业提供了有力保障。

（一）国家对医药行业发展的相关政策

2020年11月,中共中央发布《中共中央关于制定国民经济和社会发展第十四个五年规划和二〇三五年远景目标的建议》,明确指出要全面推进健康中国建设,把保障人民健康放在优先发展的战略位置,坚持预防为主的方针,深入实施健康中国行动,完善国民健康促进政策,织牢国家公共卫生防护网,为人民提供全方位全周期健康服务。改革疾病预防控制体系,强化监测预警、风险评估、流行病学调查、检验检测、应急处置等职能。建立稳定的公共卫生事业投入机制,加强人才队伍建设,改善疾控基础条件,完善公共卫生服务项目,强化基层公共卫生体系。落实医疗机构公共卫生责任,创新医防协同机制。完善突发公共卫生事件监测预警处置机制,健全医疗救治、科技支撑、物资保障体系,提高应对突发公共卫生事件能力。坚持基本医疗卫生事业公益属性,深化医药卫生体制改革,加快优质医疗资源扩容和区域均衡布局,加快建设分级诊疗体系,加强公立医院建设和管理考核,推进国家组织药品和耗材集中采购使用改革,发展高端医疗设备。支持社会办医,推广远程医疗。坚持中西医并重,大力发展中医药事业。提升健康教育、慢病管理和残疾康复服务质量,重视精神卫生和心理健康。深入开展爱国卫生运动,促进全民养成文明健康生活方式。完善全民健身公共服务体系,加快发展健康产业。

2020年2月25日,中共中央、国务院发布《关于深化医疗保障制度改革的意见》,明确指出到2030年,全面建成以基本医疗保险为主体,医疗救助为托底,补充医疗保险、商业健康保险、慈善捐赠、医疗互助共同发展的医疗保障制度体系,待遇保障公平适度,基金运行稳健持续,管理服务优化便捷,医保治理现代化水平显著提升,实现更好保障病有所医的目标。健全全科和专科医疗服务合作分工的现代医疗服务体系,强化基层全科医疗服务,补齐护理、儿科、老年科、精神科等紧缺医疗服务短板。

2016年《"健康中国2030"规划纲要》正式发布后,国务院印发《国务院关于实施健康中国行动的意见》,国家层面出台《健康中国行动(2019—2030年)》,提出了健康中国建设的目标和任务。坚持正确的卫生与健康工作方针,以提高人民健康水平为核心,以体制机制改革创新为动力,以普及健康生活、优化健康服务、完善健康保障、建设健康环境、发展健康产业为重点,把健康融入所有政策,加快转变健康领域发展方式,全方位、全周期维护和保障人民健康,大幅提高健康水平,显著改善健康公平,为实现"两个一百年"奋斗目标和中华民族伟大复兴的中国梦提供坚实健康基础。加强公共卫生体系建设和人才培养,提高疾病防治和应急处置能力。加强财政支持,强化资金统筹,优化资源配置,提高基本公共卫生服务项目、重大公共卫生服务项目资金使用的针对性和有效性。加强科技支撑,开展一批影响健康因素和疑难重症诊疗攻关重大课题研究,国家科技重大专项、重点研发计划要给予支持。完善相关法律法规体系,开展健康政策审查,保障各项任务落实和目标实现。强化信息支撑,推动部门和区域间共享健康相关信息。

2017年7月1日,《中华人民共和国中医药法》正式实施,明确中医药事业是我国医药卫生事业的重要组成部分。国家大力发展中医药事业,实行中西医并重的方针,建立符合中医药特点的管理制度,充分发挥中医药在我国医药卫生事业中的作用。发展中医药事业应当遵循中医药发展规律,坚持继承和创新相结合,保持和发挥中医药特色和优势,运用现代科学技术,促进中医药理论和实践的发展。国家鼓励中医西医相互学习,相互补充,协调发展,发挥各自优势,促进中西医结合。中医药法的实施,从立法的角度明确了中医药事业的重要地位和发展方针、建立符合中医药特点的管理制度、加大对中医药事业的扶持力度、加强对中医医疗服务和中药生产经营的监管等。

国家医药行业相关主要政策汇总如表4-2-2所示。

国家近年来对于医药卫生行业发展具有重大意义和影响的政策法规,将全方位推动医药卫生行业的发展,为实现"两个一百年"奋斗目标和中华民族伟大复兴的中国梦提供坚实行业基础。这为医药卫生行业发展提供了新契机,医药类专业毕业生的就业前景更加广阔。

表 4-2-2　近 5 年国家医药行业相关主要政策汇总(截至 2021 年 12 月)

政策名称	发布机构	时间	主要内容
《医疗保障基金使用监督管理条例》	国务院	2021 年	明确医疗保障基金使用监督管理工作应当坚持以人民健康为中心,坚持合法、安全、公开、便民原则,进一步优化医疗保障公共管理服务,协同推进医药服务供给侧改革,为人民群众提供更加便捷高效的医疗保障服务和医药服务
《关于推动公立医院高质量发展的意见》	国务院办公厅	2021 年	加强公立医院主体地位,坚持政府主导、公益性主导、公立医院主导,坚持医防融合、平急结合、中西医并重,以建立健全现代医院管理制度为目标,强化体系创新、技术创新、模式创新、管理创新,加快优质医疗资源扩容和区域均衡布局,力争通过 5 年努力,公立医院发展方式从规模扩张转向提质增效,运行模式从粗放管理转向精细化管理,资源配置从注重物质要素转向更加注重人才技术要素,为更好提供优质高效医疗卫生服务、防范化解重大疫情和突发公共卫生风险、建设健康中国提供有力支撑
《关于深化公立医院薪酬制度改革的指导意见》	人社部	2021 年	强化公立医院公益属性,合理确定公立医院薪酬水平,完善公立医院薪酬水平决定机制;注重医务人员的稳定收入和有效激励,进一步发挥薪酬制度的保障功能,拓宽深化薪酬制度改革经费渠道,深入推进"三医"联动改革,逐步提高诊疗、中医、护理、手术等医疗服务在医疗收入中的比例
《中共中央关于制定国民经济和社会发展第十四个五年规划和二○三五年远景目标的建议》	中共中央	2020 年	全面推进健康中国建设。把保障人民健康放在优先发展的战略位置,坚持预防为主的方针,深入实施健康中国行动,完善国民健康促进政策,织牢国家公共卫生防护网,为人民提供全方位全周期健康服务
《关于深化医疗保障制度改革的意见》	中共中央、国务院	2020 年	全面部署医疗保障制度改革工作,提出"1+4+2"的总体改革框架;到 2030 年底,全面建成以基本医疗保险为主体,医疗救助为托底,补充医疗保险、商业健康保险、慈善捐赠、医疗互助共同发展的医疗保障制度体系;健全待遇保障、筹资运行、医保支付、基金监管四个体制;完善医药服务供给和医疗保障服务两个支撑

续 表

政策名称	发布机构	时间	主 要 内 容
《关于推进新冠肺炎疫情防控期间开展"互联网＋"医保服务的指导意见》	国家医保局、国家卫健委	2020 年	将符合条件的"互联网＋"医疗服务费用纳入医保支付范围;鼓励定点医药机构提供"不见面"购药服务
《国家组织药品集中采购和使用试点方案》	国务院办公厅	2019 年	选择北京、上海等 11 个城市,国家组织药品集中采购和使用试点,实现药价明显降低,减轻患者药费负担;降低企业交易成本,净化流通环境,改善行业生态;引导医疗机构规范用药,支持公立医院改革;探索完善药品集中采购机制和以市场为主导的药品价格形成机制
《国务院关于实施健康中国行动的意见》	国务院	2019 年	到 2030 年,全民健康素养水平大幅提升,健康生活方式基本普及,居民主要健康影响因素得到有效控制,因重大慢性病导致的过早死亡率明显降低,人均健康预期寿命得到较大提高,居民主要健康指标水平进入高收入国家行列,健康公平基本实现
《关于促进"互联网＋医疗健康"发展的意见》	国务院办公厅	2018 年	健全"互联网＋医疗健康"服务体系,将互联网与医疗服务、公共卫生服务、药品供应保障服务、医疗保障结算服务、医学教育和科普服务、人工智能应用服务等领域相融合;完善"互联网＋医疗健康"支撑体系
《中华人民共和国中医药法》	全国人民代表大会常务委员会	2017 年	大力发展中医药事业,实行中西医并重的方针,建立符合中医药特点的管理制度,充分发挥中医药在我国医药卫生事业中的作用。发展中医药事业应当遵循中医药发展规律,坚持继承和创新相结合,保持和发挥中医药特色和优势,运用现代科学技术,促进中医药理论和实践的发展。鼓励中医西医相互学习,相互补充,协调发展,发挥各自优势,促进中西医结合
《关于全面推开公立医院综合改革工作的通知》	国家卫计委、财政部等	2017 年	明确提出 2019 年 9 月 30 日前,全国所有公立医院全部取消药品加成(中药饮片除外)
《"健康中国 2030"规划纲要》	中共中央、国务院	2016 年	坚持正确的卫生与健康工作方针,以提高人民健康水平为核心,以体制机制改革创新为动力,以普及健康生活、优化健康服务、完善健康保障、建设健康环境、发展健康产业为重点,把健康融入所有政策,加快转变健康领域发展

(二)国家及地方促进高校毕业生就业的政策

为了进一步促进大学生就业,国家近年来出台各类鼓励政策,平稳保障高校毕业生就业工作。

对于医学院校的毕业生,六部委在2009年就联合发布《关于加强卫生人才队伍建设的意见》(卫人发〔2009〕131号),进一步加强卫生人才队伍建设,加快卫生人才队伍协调发展,对于医学类高校毕业生就业提出了六项明确的支持政策。

(1) 鼓励医学类高校毕业生,投身农村卫生人才队伍,继续组织实施高校毕业生"三支一扶"计划中支医项目,加大医学类高校毕业生选拔力度,采取有效措施鼓励服务期满后扎根基层。对志愿去中西部地区乡镇卫生院工作3年以上的高校医学毕业生,其学费(助学贷款)由国家实行补偿(代偿)。

(2) 吸引和鼓励高等医学院校毕业生到社区卫生服务机构就业。凡到城市社区卫生服务机构工作的医师和护师,可提前一年参加全国卫生专业技术中级资格考试。各地可根据实际情况对在社区工作的卫生技术人员在职称晋升等方面制订优惠鼓励政策。

(3) 高等医学院校应加强公共卫生学科建设,扩大公共卫生人才培养。进一步完善相关政策措施,吸引、鼓励高等医学院校公共卫生专业毕业生到基层公共卫生机构工作。在城市社区卫生服务机构和乡镇卫生院配备公共卫生执业医师或执业助理医师。

(4) 贯彻落实《护士条例》,建立健全护士准入制度,提高护士队伍整体素质,合理配备护理人员编制,切实保障护士待遇。对卫生行业工勤技能岗位的人员,实行职业资格证书制度,加快卫生行业技能人才培养。

(5) 完善医学教育协调工作机制,根据我国卫生事业发展的客观需求,科学合理制定医学教育的发展规划,加大投入,改善管理,深化改革,提高质量,促进医学教育的全面健康发展。要根据卫生事业发展需要,统筹规划,调控医学教育规模和结构;合理设置医学教育本科专业,推进医学教育学制、学位体系改革,创新医学人才培养模式;加强医德和职业素质教育,促进学生全面发展;强化临床实践教学和临床技能培养,加强临床教学实践基地建设,提高医学实践教学质量。

(6) 建立符合中国国情的住院医师规范化培训制度,医学专业本科生在完成院校教育毕业后,在符合要求的医院中接受规定年限的住院医师培训,医学专业研究生毕业后,由培养单位按其临床能力安排参加相应阶段的住院医师培训,提高医生临床医疗水平和基层医疗机构的服务能力。研究制定与住院医师培训相关的人事管理、资金筹措等配套政策,充分发挥高等院校、医院及行业协会的作用,为住院医师培训创造良好环境。

2015年,国务院发布《关于进一步做好新形势下就业创业工作的意见》(国发〔2015〕23号),把高校毕业生就业摆在就业工作首位。鼓励高校毕业生多渠道就业。完善工资待遇进一步向基层倾斜的办法,健全高校毕业生到基层工作的服务保障机制,鼓励毕业生到乡镇特别是困难乡镇机关事业单位工作。对高校毕业生到中西部地区、艰苦边远地区和老工业基地县以下基层单位就业、履行一定服务期限的,按规定给予学费补偿和国家助学贷款代偿。结合政府购买服务工作的推进,在基层特别是街道(乡镇)、社区(村)购买一批公共管理和社会服务岗位,优先用于吸纳高校毕业生就业。对小微企业新招用毕业年度高校毕业生,签订1年以上劳动合同并缴纳社会保险费的,给予1年社会保险补贴。落实完善见习补贴政策,对见习期满留用率达到50%以上的见习单位,适当提高见习补贴标准。将求职补贴调整为求职创业补贴,对象范围扩展到已获得国家助学贷款的毕业年度高校毕业生。深入实施大学生创业引领计划、离校未就业高校毕业生就业促进计划,整合发展高校毕业生就业创业基金,完善管理体制和市场化运行机制,实现基金滚动使用,为高校毕业生就业创业提供支持。积极支持和鼓励高校毕业生投身现代农业建设。对高校毕业生申报从事灵活就业的,按规定纳入各项社会保险,各级公共就业人才服务机构要提供人事、劳动保障代理服务。

各地为了促进就业,也纷纷出台落户、用人政策,吸引优秀高校毕业生。例如,2020年9月23日上海市公布《2020年非上海生源应届普通高校毕业生进沪就业申请本市户籍评分办法》,明确提出:博士研究生符合基本申报条件即可落户,"世界一流大学建设高校"应届硕士毕业生、"世界一流学科建设高校"建设学科应届硕士毕业生,符合基本申报条件即可落户。以清华、北大为试点,本科高校应届毕业生,符合基本条件,就能直接落户,并且范围扩大到了上海的"世界一流大学建设高校",包括复旦大学、上海交通大学、同济大学和华东师范大学。

思考题

请结合专业特点,谈谈对职业道德的理解。

第三节　职　业　发　展

21世纪以来,我国医药卫生事业发展迅速,不仅建立健全了各级各类医药卫生机构,使得硬件设施得到了明显改善,更由于医学教育的巨大进展使卫生行业人员配置得到了显著加强,医药卫生人才总量和结构发生了根本性变化。住院医师规范化培训和临床药师规范化培训都属于毕业后教育,是实现从医学毕业生向合格的执业医师/临床药师转变的重要过程,是造就高水平临床医师/药师的必由之路。

一、中医住院医师规范化培训

（一）培训目标

住院医师规范化培训旨在通过全面、系统、严格的住院医师规范化培养,使受培训医师在完成培训计划以后,能够系统掌握相关的专业基础理论、专业基础知识和专业基本技能,掌握本学科常见疾病的诊疗常规（包括诊疗技术）,能在上级医师的指导下,承担疑难疾病的诊治以及危重患者的抢救工作,了解相关科室常见病的诊断和处理,了解国内外新进展,并具有一定的临床科研和教学能力。

中医住院医师规范化培训是为各级各类医疗机构培养合格的中医住院医师。通过培训,使其具有良好的职业道德,掌握扎实的中医基础理论、专业知识、临床技能和必要的西医知识与技术,能独立承担常见病、多发病及某些疑难危重病的中医诊疗工作。主要包括以下五个核心能力。

1. 具有良好的职业道德和遵守伦理原则的能力

热爱祖国,遵守国家有关法律法规;热爱医学事业,弘扬人道主义的职业精神,恪守为人民健康服务的宗旨和救死扶伤的社会责任;树立"以患者为中心"的人性化职业理念;遵守医学伦理基本原则,尊重生命、平等仁爱、患者至上、真诚守信、精进审慎、廉洁公正。

2. 具有诊疗病患的临床专业能力

具有疾病预防的观念、严谨的临床思维能力、解决临床实际问题的能力和医学科普传播能力,树立终身学习的理念。

3. 掌握临床医学专业知识

掌握本学科及相关学科的临床医学基础理论、基本知识和基本技能；了解本学科的进展；具备较强的自我学习的能力和自我完善的意识。

4. 具有临床教学与科研的能力

能够参与见习/实习医生医师的临床指导带教工作；具有创新思维和进取精神；学习和初步掌握临床研究和临床应用性论文撰写能力，具备本学科及相关学科的外文文献资料阅读能力。

5. 具备良好的人际沟通能力与医疗团队协作能力

具备较高的医学人文素养和沟通技巧。

（二）培训对象

拟从事中医临床医疗工作的中医学类、中西医结合类专业本科及以上学历毕业生；2015年后，所有新招收的在读中医硕士专业学位研究生；已从事中医临床医疗工作并获得执业医师资格，需要接受培训的人员。

（三）培训年限

培训年限一般为3年。已具有中医学类、中西医结合类相应专业学位研究生学历的人员，由培训基地根据临床经历和诊疗能力，确定接受培训的具体时间和内容。

（四）培训方式

中医住院医师规范化培训，采用理论学习、临床轮训与跟师学习相结合的方式，以临床轮训为主。

1. 理论学习

结合临床实际应用开展理论学习，内容包括中医小讲课、中医临床进展、紧密结合临床的中医药基础理论、经典医籍，以及开设若干职业道德、医学伦理、法律法规、人际沟通、中医辩证思维以及相应的公共卫生等专题讲座。

理论学习以自学为主，结合必要的集中辅导。

2. 临床轮训

培训分为两个阶段：第一阶段为2年，第二阶段为1年。

第一阶段为通科培训，在中医各个学科轮转培训，提高中医临床工作能力，掌握西医基本技能,为从事中医临床工作奠定基础。第一阶段培训主要分7个学科,包括中医内科、中医外科、中医妇科、中医儿科、针灸推拿(含中医康复)、中医骨伤科、中医五官科。其辅助科室主要以接受基本训练为主,中药房以辨识各类中药饮片训练为主。

第二阶段通过以轮转为主的强化培训,进一步提高中医专科疾病的诊疗能力,掌握相关学科西医的基本技能,熟悉相关辅助科室的检查检验内容和诊断方法。第二阶段以各个相关专科为主进行培训。

中医全科类别住院医师培养,前二年为中医各个学科轮转培训,最后一年进入基层医疗机构,包括社区卫生中心、农村医疗机构,进行以全科服务为特点的基本医疗卫生服务的培训。

3. 跟师学习

根据中医知识传授和人才培养特点,将师承培养方式融入培训之中,由学员选择相关学科指导老师,在三年培训期间跟随指导老师临诊学习,并及时整理跟师心得、临床医案,掌握某类疾病具有特色的诊断和治疗方法。跟师学习每周不少于半天。

(五)教学、科研要求

1. 各培训学科结合本学科特点对学员提出要求,主要包括以下内容

(1)阅读本专业相关书籍,结合本学科临床工作实践,三年内撰写与临床相关的论文(临床总结、文献综述、临床研究等)。

(2)参加医学生的见习、实习等教学工作,包括参与临床带教、教学查房和小讲课等。

(3)参加院内专题讲座及病例讨论会。

2. 公共科目

按照医疗机构以及临床医生执业的有关要求,学员均应参加住院医师规范化培训公共科目的学习,并结合中医住院医师特点适当增加必要的课程。公共科目包括医学伦理、卫生法规、循证医学、传染病防治、流行病学、精神卫生、职业病防治、食源性疾病防治、临床思维与沟通技巧、传统文化与中医经典导读。

(六)培训考核

培训考核是住院医师规范化培训严格管理、规范实施、确保质量的关键环

节,主要目的是评价培训对象是否达到本标准的要求,包括过程考核、师承考核、中医经典等级考核和结业综合考核,其中以过程考核为重点。

1. 过程考核

培训过程考核包括日常考核、出科考核和年度考核。

(1) 日常考核。日常考核由轮转科室教学主任、教学秘书、带教老师共同参加,于培训对象出科前组织,主要考核出勤情况、医德医风、工作数量与质量、完成病例病种数、医疗文书书写、培训及学习态度等内容。

(2) 出科考核。出科考核在每个培训轮转科室出科前进行,由教学主任、教学秘书和教学骨干组成的考核小组共同组织。考核内容包括理论考核和技能考核,理论考核以各专业培训标准为依据,技能考核结合临床技能操作要求,以本专业常见技能为重点,优先选择合适的患者进行,也可在临床技能实训中心进行。

(3) 年度考核。年度考核由培训医院毕业后医学教育委员会统一组织实施。考核内容包括理论考核、医德医风、出勤情况、临床实践培训指标(病种病例数、手术操作例数等)完成情况、教学和科研指标的完成情况、临床综合能力测定等方面。理论考核由培训基地组织专家统一命题,主要考核培训对象中医临床思维、诊疗能力。第二年度培训对象参加协会组织的中医住培年度能力水平测试,成绩可作为理论考核成绩。

2. 师承考核

师承考核由培训基地职能管理部门统一组织,在培训对象参加结业考核前完成。考核内容包括跟师考勤情况、跟师笔记、典型医案总结、师承指导老师临床经验总结论文。

3. 中医经典等级考核

中医经典等级考核由培训基地职能管理部门按照要求统一组织,在培训对象参加结业考核前完成。考核内容包括四大中医经典和专业相关典籍。考核标准为通过国家统一命题的中医经典等级考试。

4. 结业综合考核

住院医师根据各学科培训细则的要求完成全部培训内容(包括培训时间、培训病种及病例数、临床诊疗操作例数)并通过培训的过程考核是参加结业综合考核的必备条件。

结业综合考核包括理论考核和技能考核。由培训基地职能管理部门按照要求统一组织实施,省级中医药管理部门负责对考核结果进行复核。理论考核由国家统一命题,主要考核中医基本理论、基本知识、中医临床思维、诊疗能力;技能考核由省级中医药管理部门指定培训基地按照各省的标准进行,主要考核中医基本技能、急救技能、专业技能。合格标准为理论考核通过全国统一划定的合格线,技能考核通过省级考核标准。

完成全部培训内容并通过各项考核者,颁发由国家卫生和健康委员会统一印制的《住院医师规范化培训合格证书》。

二、中医临床药师规范化培训

中医临床药学是指在中医药理论指导下,以患者为对象,研究中药及其制剂与人体相互作用和合理、有效、安全用药及应用规律的一门综合性学科。不同于临床中药学,中医临床药学的工作核心就是确保中药在临床安全、合理的使用。开展中医临床药学,对于促进中药的合理使用,避免中药药害事件、减少中药不良反应的发生,保障患者用药安全具有重要作用。中医临床药师是指具备临床药师的知识结构与技能,同时具备中医药相关基础知识与技能,按照现代临床药学模式和方法,以中药合理用药为核心,直接参与临床用药,促进药物合理应用和保护患者用药安全的中医药学专业技术人员。

(一)培训目标

中医临床药师规范化培训的目标,是为各级各类医疗机构培训合格的中医临床药师。通过培训,使中医临床药师在具有良好的职业道德的同时,还具有扎实的中医药基础理论、专业知识和临床技能,能独立承担常见病的用药监护。

(二)培训对象

高等医药院校中药学专业全日制本科学历、在药学部门从事药剂工作满2年,或中药学硕士研究生及以上学历、在药学部门从事药剂工作1年以上,年龄不超过40周岁。入学前学员应先自学临床药学理论知识。

(三)培训原则

立足于突出中医"三基"(基础理论、基本知识、基本技能)培训,以临床技能培训为主，重在培训中医药临床思维能力，辅以若干与临床相结合的理论学习。

（四）培训方式

中医临床药师规范化培训，采用临床实践与理论学习相结合的方式，以临床实践培训为主。首先，理论学习以结合临床实际应用的中医基础理论、四大经典、相关专科中医古典医籍、中医临床适宜技术、中药和方剂等为主要内容。其次，开设若干与临床有关的法律法规、人际沟通、中医辩证思维、中药应知应会的内容。理论学习以自学为主，结合必要的集中辅导。

1. 培训阶段

第一阶段：临床药师通科培训

学习临床医学知识，掌握临床药师技能，达到临床药师通科水平。参照卫健委临床药师通科培训要求，参与临床药物治疗工作；知晓作为临床药师应学习掌握的基础理论、基本技能以及临床实践路径；在审核处方、用药医嘱以及抗感染药物临床应用和慢病药物治疗管理方面具备基本药学服务能力。

第二阶段：中医药知识、技能培训

学习中医临床医学知识，掌握中药基本技能，达到医院中药主管药师水平，临床药师通科水平。其中，中医临床知识包括中医基础理论、中医诊断学、中医内科、外科、妇科、儿科学等知识的学习；中药技能学习包括中药鉴定、炮制、制剂、调剂和煎药技能等。

第三阶段：中药临床药师综合技能培训

利用计算机网络，检索、阅读和分析国内外药学文献；掌握常用中药的特点、功效主治、用法用量、使用注意、不良反应、禁忌证、药物相互作用、临床评价等知识；深入中医临床，了解中药应用情况，参与中医临床治疗工作；在某中医优势临床学科或重点专科范畴内，能对常见病的常用药物进行优选，具有发现、解决、预防潜在的或实际存在的用药问题的能力；掌握与患者、医务人员沟通的技能，对临床用药提出建议或改进意见。

培训后，技能考核需达到中药专业中级职称标准，并通过通科临床药师培训考核以及中药临床药师培训基地考核。考核形式包括卷面考核、PPT汇报和床边问诊等。

2. 教学内容

（1）门诊跟师抄方。在学习期间，学员有四周时间参与门诊抄方，其间须完成抄方记录和抄方心得。通过抄方过程，学员可以深入了解到中医药治疗疾病从整体观念出发，重视中医辨证论治，并根据患者全身及局部情况、不同阶段情况，选用合适的中药的相关知识。

（2）医嘱点评。学员有6—8周时间参与医嘱审核，其间须完成门诊处方点评、住院医嘱点评、静脉配制中心医嘱点评、中药饮片住院医嘱点评、中西药联合应用处方点评、中药饮片专项点评、中成药专项点评和西药专项点评。

通过做医嘱点评，学员可以发现存在的问题、提高处方质量，促进合理用药，最终目的是提高医疗质量，保障医疗安全。点评的内容包括：患者年龄性别分布情况、点评药物的科室分布情况、药物溶媒不适宜问题、药物超剂量情况、药物重复用药情况、药物相互作用情况、药物不良反应情况等。

（3）文献阅读及汇报交流。要求学员通过网上数据库资源的检索、图书馆资料的借阅、购买图书等方式搜寻与用药相关的文献，并对文献进行分析、归纳、总结，了解到本研究领域的发展现状，学习临床实验研究的方法等，并通过做文献阅读汇报，增强文献阅读的能力和水平。同时带教老师给予及时点评，帮助学员不断提高文献阅读水平。

（4）用药咨询和用药教育。学员每周需用药咨询窗口坐诊1—2个半天，回答患者咨询的问题，并对咨询的问题进行记录。学习期间，学员须完成规定数量的一般问题记录表和特殊问题记录。

（5）参与临床查房、书写教学药历与病例分析。学员需参与查房，对临床工作中涉及的疾病诊断、鉴别、治疗等方面的知识进行学习，了解一些临床医学的理论知识，特别是最新的治疗指南，积极与医护人员交流，提升专业知识水平。学员学习期间需要撰写药历、病例讨论、典型病例分析等，带教老师及时进行批改，并进行点评。

（6）用药教育。对患者进行出院带药的用药教育，填写用药教育记录表，掌握实习的临床科室常用药物的用药教育内容，学习如何与患者沟通。

（7）参加各类学术讲座。每周由药剂科或临床科室老师授课，或组织讲课，或点评学员的文献报告，或分析学员医嘱点评，指导学员学习常用疾病和药物，帮助学员完成作业。鼓励学员参加各类学术讲座、学习班，让学员在感受学术气氛的同时，开阔视野和思路，接触新的理念，丰富专业知识。

(8) 收集药品不良反应信息。指导学员如何鉴别和处理药物的不良反应事件，了解药物常见的不良反应的表现及干预措施，并填写药品不良反应报告。

(9) 饮片鉴定。在中药房或饮片厂学习饮片鉴定知识。

(10) 参与课题研究。鼓励学员参与临床药学的研究项目，着力引导用科研的思路和方法去从事临床药学的工作，培训从更高角度看问题的能力，提高临床药学的水平。例如，参与药物不良反应研究、药物经济学研究以及中西药相互作用的研究等。

资料 1

临床轮训安排

一、第一阶段

中医内科：培训时间为 12 个月。学员主要在呼吸(肺病)、心血管、消化(脾胃病)、急诊、内分泌、肿瘤、血液、肾病、神经(脑病)、风湿等专科的门诊和病房及辅助科室轮转学习。其中内科急诊为必须轮转的科室，其余科室至少选择 3 个科室轮转学习。

中医外科：培训时间为 2 个月。学员主要在门诊、病房轮转学习。可以在中医外科(疮疡、乳腺或其他专病专科)、中医肛肠科、中医皮肤科中选择科室轮转学习。

中医妇科：培训时间为 2 个月。学员主要在门诊、病房轮转学习。

中医儿科：培训时间为 1 个月，学员主要在儿科门诊和病房轮转学习。

针灸科、推拿科、中医康复科：培训时间为 3 个月，学员主要在针灸科、推拿科、中医康复科门诊选择轮转学习。

中医骨伤科：培训时间为 2 个月。学员主要在急诊、门诊、病房轮转学习。

中医耳鼻喉科、中医眼科：培训时间为 1 个月，学员主要在中医耳鼻喉科、中医眼科门诊、检查室、治疗室选择轮转学习。

辅助科室：培训时间为 1 个月，学员主要在心电图、放射科、中药房轮转学习。

二、第二阶段

学员根据预期从事的专业选择在相应的二级学科病房、门诊以及密切相关科室轮训学习。

表 4-3-1　学科轮转时间

学科名称	轮转时间	备注
中医内科	12 个月	心、肝、脾、肺、肾五脏相关疾病(肺、心血管、脾胃、肾病、肿瘤、内分泌、血液、神经、风湿等)、急诊
中医外科	2 个月	肛肠、皮肤、疮疡等
中医妇科	2 个月	
中医儿科	1 个月	
针灸科 推拿科 中医康复科	3 个月	
中医骨伤科	2 个月	
中医耳鼻喉科 中医眼科	1 个月	
辅助科室	1 个月	可选心电图、影像、中药房等科室
跟师学习	半天/周	选择相关学科指导老师,在门诊、病房跟师学习
相关专科	9—12 个月	

资料 2

表 4-3-2　全国中药临床药师规范化培训带教计划

学时	教学方式	教学内容及目标摘要
4 周 (160 学时)	参加病房临床实践	1. 参加指定病区住院患者的初诊查房、日常监护查房和出院教育查房 2. 熟悉及学会与患者、医师及护士的交流技巧
	跟随门诊医师抄方	通过跟师抄方,增强"四诊"与"辨证"关系的认识;初步熟悉中医师诊病遣方的经验及原则,并完成心得小结
	阶段考核	交流抄方心得,分析临床药师提供药学服务的切入点,指导老师点评

续 表

学 时	教学方式	教学内容及目标摘要
8周 （320学时）	参加门急诊药房日常审方和处方点评	熟悉门诊处方药物构成特点及处方审核要素，熟悉门诊药学服务的药学交代，重点关注中成药、中草药与西药的联用特点及中西药物的相互作用点评
	参加住院和静脉输液中心日常医嘱审查和点评	熟悉住院患者医嘱的药物构成特点及处方审核要素，重点关注中成药、中草药与西药的联用特点及中西药物的相互作用点评，并完成医嘱审核或点评总结报告1份；撰写中药注射剂使用分析总结报告1份；撰写住院医嘱专项点评报告
	阶段考核	交流处方点评总结报告，指导老师点评
40周 （1 600学时）	参加病房临床实践	1. 参加指定病区住院患者的初诊查房、日常监护查房和出院教育查房 2. 撰写查房记录、教学药历、典型病例分析、会诊或病例讨论记录、用药咨询记录、ADR监测报告、文献阅读报告、用药教育记录等文书 3. 学会住院患者的药学评估和医嘱重整要点
	阶段考核	病例讨论，文献报告交流，指导老师点评
	结业考试	培训阶段总结交流，指导老师点评

表4-3-3　上海市中药临床药师规范化培训带教计划

学 时	教学方式	教学内容及目标摘要
4周 （160学时）	跟随肺病科门诊医师抄方	通过跟师抄方，增强"四诊"与"辨证"关系的认识；初步熟悉中医师诊病遣方的经验及原则，并完成2—3篇心得小结
	跟随心病科门诊医师抄方	
	跟随老年科门诊医师抄方	
	跟随肿瘤科门诊医师抄方	
	阶段考核	交流抄方心得，分析临床药师提供药学服务的切入点，指导老师点评

续 表

学 时	教学方式	教学内容及目标摘要
4周 （160学时）	参加门急诊药房日常审方和处方点评	熟悉门诊处方药物构成特点及处方审核要素，熟悉门诊药学服务的药学交代，重点关注中成药、中草药与西药的联用特点及中西药物的相互作用点评
	理论授课	中西药联用及处方点评
	参加门急诊药房日常审方和处方点评	熟悉门诊处方药物构成特点及处方审核要素，熟悉门诊药学服务的药学交代，重点关注中成药、中草药与西药的联用特点及中西药物的相互作用点评
	理论授课	中药临床药学与辨证论治
2周 （80学时）	参加住院和静脉输液日常医嘱审查和点评	熟悉住院患者医嘱的药物构成特点及处方审核要素，重点关注中成药、中草药与西药的联用特点及中西药物的相互作用点评，并完成医嘱审核或点评总结报告1份；撰写中药注射剂使用分析总结报告1份；撰写住院医嘱专项点评报告1份
	理论授课	中药注射剂的合理应用
9周 （360学时）	参加病房轮转	1. 参加指定病区住院患者的初诊查房、日常监护查房和出院教育查房 2. 撰写查房记录、教学药历、典型病例分析、会诊或病例讨论记录、用药咨询记录、ADR监测报告、文献阅读报告、用药教育记录等文书 3. 学会住院患者的药学评估和医嘱重整要点
	阶段考核	交流处方点评总结报告，指导老师点评
9周 （360学时）	参加病房轮转	1. 参加指定病区住院患者的初诊查房、日常监护查房和出院教育查房 2. 撰写查房记录、教学药历、典型病例分析、会诊或病例讨论记录、用药咨询记录、ADR监测报告、文献阅读报告、用药教育记录等文书 3. 学会住院患者的药学评估和医嘱重整要点
	理论授课	中医临床思维（筹）
	参加病房轮转	1. 参加指定病区住院患者的初诊查房、日常监护查房和出院教育查房 2. 撰写查房记录、教学药历、典型病例分析、会诊或病例讨论记录、用药咨询记录、ADR监测报告、文献阅读报告、

续　表

学　时	教学方式	教学内容及目标摘要
9周 (360学时)	参加病房轮转 阶段考核	用药教育记录等文书 3. 学会住院患者的药学评估和医嘱重整要点 病例讨论,文献报告交流,指导老师点评
	复习(机动周) 结业考试	培训阶段总结交流,指导老师点评

第四节　互联网医疗职业拓展

互联网医疗,是指以互联网为载体和技术手段的健康医疗服务,包括医疗信息化及AI辅助诊疗等。在全球数字化的大背景下,"十四五"规划明确提出要将"互联网＋医药"上升到国家发展战略层面。我国的互联网医疗从最初萌芽阶段只作为实地医疗的微弱补充,经历十余年的磨砺前行,发展到当今对医疗服务的提供方式和服务流程有了显著的改造与提升。尤其在应对新冠肺炎疫情、满足人民群众线上就医配药需求等方面发挥了重要作用,展示出互联网赋能卫生健康事业的广阔前景。

一、互联网医疗赋能医疗服务体系

2020年3月,《关于深化医疗保障制度改革的意见》提出,支持"互联网＋医疗"等服务模式的创新发展,支持互联网医疗机构开具电子处方、诊疗费和药费医保在线直接结算。国家政策是行业发展的核心催化剂,也带来了前所未有的大机遇。根据测算,互联网医疗支付端市场规模在2025年可达5 970亿元,并且预计将保持持续增长。

互联网医疗的核心是提供高效便捷的医疗服务(见图4-4-1),虽然医疗服务有其特殊性和专业性,在互联网技术飞快发展的产业背景下,充分发挥信息化数字化的优势,使得很多服务内容都可以在线上实现。互联网医疗在整个医疗

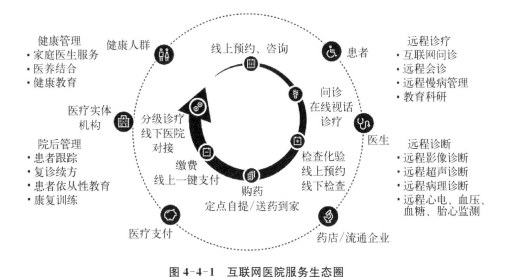

图 4-4-1　互联网医院服务生态圈
来源：德勤分析

服务体系变革中发挥作用主要体现在以下几个方面。

（一）促进医疗资源高效使用

我国医生资源在总量短缺的同时还具有一定的特殊性，即医院和地区间的医生水平差别很大，优质医生往往都集中在一线城市的大医院中，医生资源在不同层级的医疗机构和不同地区之间的分布显著不均。而互联网医疗可以在一定程度上将优质医生资源在时间和地域的分布上进行调节，更好地加以利用。

（二）实现连续性医疗服务管理

目前我国的高血压、糖尿病等慢病治疗和管理多以复诊开药为主，"互联网＋医疗"的服务帮助医疗机构实现院内院外、线上线下的患者健康服务连续性、一体化管理，改变了传统医疗服务的应急性、被动性的服务模式，更加积极主动地服务患者，提供更有价值的服务，从而更好地控制慢病发展，改善患者健康。

例如，糖尿病的血糖管理目前已经有了无创血糖仪，可以将血糖指标做连续测量，同时通过互联网来集中搜集和分析数据。人工智能也可以实现对这些数据的自动监控和报警，然后医疗人员进行干预和指导。对于控制糖尿病发展进程，降低糖尿病带来的并发症具有重要意义。

（三）推动患者数据一体化建设

在现有的医疗服务体系中,患者的健康和诊疗数据分散在不同的医疗机构、体检机构内,缺乏连续性的信息。互联网医疗平台可以围绕患者把不同医疗机构信息数据,以及其在院外的身体信息,如可穿戴设备上的数据进行统一的收集整理,分析追踪和干预。互联网医疗平台由于服务的患者数量巨大,不断迭代提升医疗数据的质量和规模,可以充分发挥信息化的优势。

近年的实践已经证明,互联网医疗能够提升医疗卫生现代化管理水平,优化资源配置,创新服务模式,提高服务效率,降低服务成本,更好地满足人民群众日益增长的医疗卫生健康需求。同时,互联网医疗也为推动互联网与医疗健康服务融合,促进健康产业发展提供了新机遇。

二、互联网医疗人才需求分类

互联网医疗作为新兴的跨界领域,眼下存在巨大的人才缺口,它区别于传统医疗的跨界职业发展方向,需要懂医药、又有互联网思维和技术的新生力量。互联网医疗的迅猛发展也带来了人才的巨大需求,在教育系统还未能开设相关专业进行人才培养的情况下,多数的空缺岗位基本是由传统医疗医药医械的人员横向转换角色去补充岗位,转岗初期也是摸索着开展工作,用人单位极少能够开展高质量的培训,在岗人员只能根据工作需要自行搜索寻求提高相关技能的渠道和机会,比如互联网知识的更新,数字营销的研讨,等等。显而易见,随着互联网医疗持续的发展,人才缺口巨大,给医疗和互联网专业的人才开辟了新的就业方向。

美世薪资调研公布的 2020 生命科学行业薪酬趋势显示,热门岗位列表中,赫然呈现的 Digital Marketing,即数字营销岗位,不但需求量大,薪资水平也基本和既有的研发生产岗位持平,若短期内这类人才市场的岗位仍然保持求大于供,其薪资水平甚至有可能赶超传统医药岗位。

除了大型医药公司的数字营销岗位之外,互联网医疗需求巨大的主要岗位类别包括以下几个。

（一）线上咨询医生、护士

根据卫生统计年鉴,2019 年的问诊量约 87 亿人次（包括公立、私立医院及基层医疗机构）,其中 45 亿人次是在基层医疗卫生机构（假设平均单价 10 元）,

42亿人次在医院(假设平均单价40元)。据此测算,2019年问诊的市场空间约2 210亿元,预计2025年问诊市场规模将达到4 102亿元。预计问诊人次将保持(每年)4%左右市场增速;线上服务场景以慢病复查+轻症+首诊为主;(线上问诊)市场渗透率从6.2%提升至20%。

(二) 健康管理师及康复师

这两类岗位并不需要高等临床医学学位,只要有初级的医学培训即可上岗,护士、护师、药师及康复专业毕业生可以应对职位需求。健康管理师和康复师针对的是两部分人群:一是慢病患者的院外康复期长期服药管理以及患者根据远程指导和跟踪可居家的康复治疗。随着中国人口老龄化的进程加剧,慢病患者的院外康复和居家用药体征跟踪将极大地分流频繁复诊人群,改善院内挂号和排队的拥挤状态。二是亚健康人群的健康管理,一、二线城市近年快节奏的工作生活,使得青壮年的亚健康比例大幅上升,失眠、脱发、腰突症和视力损害等普遍存在。这类症状没严重到影响实质工作时经常不被重视,且忙碌工作的中青年人群没有时间和耐心去医院排队挂号,使得亚健康状态长期得不到改善。健康管理师的角色可以帮助到这些人群,在互联网医疗平台上,以医学专业的角度检查分析亚健康的原因,线上咨询给出修复亚健康的饮食起居调理康复建议,结合线下医疗服务,逆转亚健康进入到疾病的进程,从而达成"治未病"的目标。

(三) 药物/保健品和器械网购平台营销管理团队

中国药品线上市场,处方院外流转联动OTC规模将达2 090亿元。根据米内网数据,2019年中国药品终端销售额为17 955亿元,医保采购8 327亿元,粗略估计非医保端的药品支付规模达9 628亿元,若假设非医保端65%由个人支付,则2019年个人端药品市场规模为6 258亿元。其中线上销售额估计250亿元,渗透率仅为1%—2%。预计2025年所有终端药品市场规模达到25 229亿元。为测算药品市场的线上份额,我们将药品终端分为零售端和医院端进行预测,零售端的线上渗透率将逐步提高,而医院端外流的处方将有一部分流至线上。

器械及保健品市场,2019年中国医疗器械零售市场规模1 178亿元,保健品市场约3 163亿元,整体市场4 341亿元。目前线上渗透率约16%,线上市场规模约700亿元。

如此巨大的市场需要成千上万的线上营销及管理和售后人员,这些人才需要熟悉线上营销,同时也要有药品和医疗器械的基本知识。

(四)互联网医疗政策制定部门的人员

新兴产业的发展需要政策的扶植和助力,近年来互联网医疗的相关政策不断出台,不乏非常有前瞻性的指向性引领指导意见,也有具体实施的规范法规。伴随着产业规模的扩大和上下游产业链的厘清完善,需要更多有格局和眼光的政策研究和制定部门的人员。

(五)互联网医疗发展研究及教学部门的人员

互联网医疗现有从业者多数是医药专业与互联网人才等在横向跨界实践中边做边学成长起来的。产业的迅速发展必然需要一批具有专业知识和培训的人员充实其中。上海中医药大学也在 2021 年开设中医人工智能产业学院,包括人工智能和互联网医疗等教学研究部门,吸收产业优秀的实践者将最前沿的产业信息融合在教学分享中。在逐步搭建两个方向的学科建设的同时,将产业情境引入实践课堂,实现大学和产业交叉共建的教学新模式。

三、互联网医疗助力中医药转型发展

我国传统中医药是人类医疗体系的重要组成部分,"互联网＋中医药"是新时代理念和技术的融合,它推动了中医药供给侧的结构性改革,激发了传承与创新的活力。中医药和互联网医疗的结合是传统中医药在新时期转型发展的关键步骤,加之国家多项利好政策的推动、技术的研究突破、疫情的影响等都为传统中医药与数字融合发展提供了先决条件。构建区域中医药数字生态闭环,实现流通环节透明化、诊疗环节多样化、中医科普大众化及人才培养专业化,有助于改善、解决中医药当前面临的发展问题,使中医药行业发展全面提速。

由中国医药新闻信息协会中医药产业信息分会主编、阿里健康研究院联合编写的《互联网＋中医医疗数据报告 2021》指出,在一系列利好政策的支持下,中医药行业实现了"十四五"良好开局。据统计,2021 年初级职称中医师比 2020 年度增加 109.8%,他们将成为互联网中医医疗服务的主要供给资源。互联网中医医疗凭借其突出优势,将给患者带来新的认知和就医习惯,正步入规范化长足发展新阶段。

对于中医医疗互联网行业的下一步发展,技术赋能对于中医现代化有巨大价值和作用。据悉,多个大学及科研单位研制的四诊(望闻问切)仪器已初步成功。随着新技术的推动,未来有望呈现在居家使用场景中,从而实现中医的线上诊断和治疗。患者良好的就医体验,一定是线上线下的有效结合。通过数字化赋能的线下中医诊所与线上服务相结合,提供优于目前平均水平的服务体验。可穿戴设备,包括 AR、VR 等场景化的技术服务,将进一步远程触达优质医疗资源。

> **思考题**
>
> 根据我国互联网医疗产业现状,设想一下未来与人工智能有哪些可以交叉融合的应用。

第五章　规划职业生涯

个体职业生涯的实现就像有明确目的地的旅行,旅行途中要进行补给和休整,有时还会因为各种原因而调整路径和方向,最终到达预设的目的地。为实现最终的职业目标,我们需要对长远的整体目标进行一定分解和组合,做好职业生涯的科学规划,综合运用各种行动策略,取得职业生涯的成功。

第一节　职业生涯发展策略与实施

米歇尔罗兹(Michelozzi,1998)指出:生涯规划有突破障碍、开发潜能和自我实现三个积极目的。职业生涯规划是一个过程,规划的功能在于给生涯设定目标。在这个过程中,需要不断经历觉知、探索、决策、评估和修正。为了达到最终目标,对目标进行分解和组合,运用各项行动策略,是实现职业生涯目标的必然路径。

一、职业生涯发展目标的分解与组合

马雅可夫斯基指出:在工作中,你要把每件小事和远大的固定的目标结合起来。职业生涯发展目标的确立以具体性、可衡量、可完成、有价值、时限性为原则。职业生涯发展目标的实现可以用一系列的阶段来表示,对职业生涯不同阶段的目标进行分解与组合是实现职业生涯发展总体目标的必要途径。

（一）职业生涯发展目标的分解

职业生涯目标的分解是根据个体不同阶段在观念、知识、能力和心理素质等方面的差距,将职业生涯中的远大目标分解为有一定时间节点的阶段性分目标,

目标分解是将目标清晰化、具体化的过程,是将目标转化成可操作的实施方案的有效手段。目标分解一般有按时间分解和按目标性质分解两种途径。

1. 按时间分解

按大学阶段来分,一般大学的学制通常为3—5年,每一年大学生的学习任务与心理特征都各有不同。大学生可以按学年为阶段设置阶段目标,进行自己的职业生涯规划,并按照每个阶段的不同目标和自身成长特点,制订有针对性的实施方案。

大学一年级通常称为探索期。主要以开展职业生涯认知和规划为阶段目标。适应由高中生到大学生的角色转变,重新确定自己的学习目标和要求。熟悉环境,建立新的人际关系,提高交际沟通能力。了解职业生涯规划相关概念,进行初步的职业生涯设计。

大学二年级通常称为定向期。主要以初步明确毕业方向以及培养相应能力与素质为阶段目标。认识自己的需要和兴趣,确定自己的价值观、动机和抱负。考虑未来的毕业方向,了解相关信息并积极参与相关活动。参加各类学校组织或活动,提高自身的基本素质,比如培养和锻炼自己的组织能力、领导能力、沟通能力和团队协作精神等。

大学三年级通常称为准备期。以掌握求职技能、做好择业准备为阶段目标。加强专业知识学习的同时,考取与目标职业有关的职业资格证书或相应地通过职业技能鉴定。了解搜集就业信息的渠道,把握机会参加见习或实习活动。准备升学或出国,做好复习准备,准备相关语言考试,留意相关信息和资讯。

大学四年级通常称为冲刺期。以成功就业或升学为阶段目标。积极利用各方资源,了解用人单位资料信息,强化求职技巧、开展模拟面试训练。积极参加招聘活动,在实践中检验自己的积累和准备。撰写毕业论文,完成毕业论文答辩。重视实习机会,了解用人单位的运转模式和工作流程,明确岗位职责及工作要求,为双向选择提供可能。

除此之外,也可按人的一生来分,可以分为短期目标、中期目标、长期目标和人生目标。短期目标通常是指1—2年内目标,短期目标要求明确、现实、可行,同时服务于中长期目标的实现。中期目标通常指3—5年内目标,是许多短期目标完成的结果,同时应为实现长期目标打下基础。长期目标通常指5—10年内目标,是经过自己认真思考、慎重选择,体现个人价值观和未来发展的愿望。长期目标具有可实现性和挑战性。人生目标是指整个人生的发展目标。人生目标是自身情况、社会环境、组织条件等各类因素综合作用的结果,所有的短期目标、中期目标和长期目标都是为了实现人生目标。

2. 按目标性质分解

美国著名职业指导专家施恩教授将人的职业生涯分为"内职业生涯"和"外职业生涯"两种。内职业生涯是指个体从事职业时所具备的综合能力、成果荣誉、价值观念和心理素质等综合因素的组合及变化过程。外职业生涯是指个体从事职业时工作单位、内容、职务、环境、待遇等综合因素的组合及变化过程。因此,职业生涯发展目标分为"内职业生涯目标"和"外职业生涯目标"。

内职业生涯目标指个体在职业生涯过程中知识与经验的积累、观念与能力的提升,主要包括各种能力目标、成果目标、心理素质目标。能力目标是指个体在工作中提升处理各种问题的能力的目标,包括组织领导能力、研究创新能力、人际沟通能力、团队协作能力等。成果目标是指取得工作成果的过程中个体所获得的知识、经验和能力提升。心理素质目标是指个体在工作过程中承受挫折、经历成功时能保持平和坚韧,荣辱不惊的心理素质。内职业生涯各项目标的取得是靠自己努力追求而得以实现,一旦取得,别人便不能收回或剥夺。

外职业生涯目标指个体在职业生涯过程中的外在标记,包括职务提升目标、工作内容目标、工作环境目标、薪资待遇目标等。职务提升目标指明确个体在某一阶段想要达到的职位或职务。工作内容目标指在某一阶段计划完成的工作内容,具体可行的工作内容目标对于医学生来说是职业生涯规划的重点。工作环境目标是指个体对工作环境的要求,包括工作单位人际关系、薪资水平、绩效制度等。薪资待遇目标是指个体从工作中获得经济收入的目标因素。外职业生涯目标的构成因素通常是由别人认可和给予的,也容易被别人否认和收回;可能与自己付出不符,尤其是在职业生涯初期。

内、外职业生涯相互关联、相互影响。内职业生涯发展是外职业生涯发展的前提。外职业生涯发展促进内职业生涯的发展。因此,内、外职业生涯目标相互促进、相互折射。外职业生涯目标是具体的、实际的,其实现可以成为激发人继续努力的动力,有利于内职业生涯目标的实现。内职业生涯目标主要是通过自身主观努力追求、不断探索而获得,人的内职业生涯目标往往随着外职业生涯目标的实现而实现。

（二）职业生涯发展目标的组合

职业生涯发展目标组合是按照内在的相互关系将若干阶段性目标组合起来，成为更有利的可操作目标的过程，是处理不同目标相互关系的有效措施。职业生涯发展目标组合主要有三种方法：时间组合、功能组合和全方位组合。

1. 时间组合：并进和连续

并进组合是指同时着手实施两个平行的工作目标，或者建立、开展与目前工作内容不相关的另一个职业规划目标。连续组合是指以时间坐标为节点，将多个目标前后连接起来，实现一个目标再去实现下个目标。目标之间应具有因果关系，只有完成每一个近期目标和短期目标，才能实现最终目标。

2. 功能组合：因果和互补

很多职业生涯目标在功能上存在因果关系或互补作用。因此，可以将职业生涯目标进行因果关系组合和互补关系组合。因果关系组合是指根据目标之间存在的因果关系进行组合。通常情况下，内职业生涯目标是原因，外职业生涯目标是结果。互补关系组合是指根据目标之间所存在的互补关系进行组合。

3. 全方位组合

全方位组合不仅是指职业的范畴，也包括职业生涯、家庭和个人事务的均衡发展，它涵盖了人生全部的活动。完整的职业生涯规划除了工作外，应考虑自己个人发展、家庭生活和职业生涯中的各种愿望。

二、建立职业生涯发展的"目标—行动"策略

一旦制定了针对发展目标的发展措施，就能在很大程度上规范我们的行为。落实发展措施，约束自己，发展自己，并依据具体的评价标准，对自己每个阶段实现的目标进行正确的判断，不断校正自己的行动，逐步实现职业生涯发展目标。职业生涯"目标—行动"策略是指个体为实现职业生涯发展目标，所采取的各种行动和对个人资源进行配置的各项措施，包括职业生涯路线选择和采取各种生涯发展策略。

（一）职业生涯路线选择

职业生涯路线是依据"现在的我"和"明天的我"之间的差距制定的，包含实现目标的具体任务和时间、完成任务的标准，所采取的措施一定是具体的、可行

的、针对性强的。选择职业生涯路线时,首先要对职业生涯要素进行系统分析,要从以下方面出发进行职业生涯路线规划。

(1) 我想往哪个方向(路线)发展? 这是通过对自己的职业价值、职业理想、职业动机等的分析,确定自己的职业目标取向。

(2) 我适合往哪个方向(路线)发展? 这是通过对自己的性格、特长、经历、学历的分析,确定自己的职业能力取向。

(3) 我可以往哪个方向(路线)发展? 这是通过对自己身处的社会环境、经济环境、政治环境、组织环境的分析,确定自己的机会取向。

通常,想要达到自己的目的,有多种路线可以选择。要正确选择自己的生涯路线,需要把这些路线都列出来,逐条分析,选择最佳路线。这里主要介绍医生的生涯发展路线。

医生一般分为住院医师、主治医师、副主任医师、主任医师,通过考试后每5年晋升一级。医生的职称不与其所在医院级别相挂钩,不同级别医院的相同级别医师,资格相同。本科生在医院实习一年,具备资格申报执业医师。通过全国临床执业医师考试后,第二年获得执业医师证书,即住院医生。本科生获得执业医师证书5年后可晋升主治医师,硕士研究生2年后可晋升主治医师。本科生在主治医师5年后可晋升副主任医师,硕士研究生在主治医师3年后可晋升副主任医师。本科生在副主任医师5年后可晋升主任医师,硕士研究生在副主任医师5年后可晋升主任医师。博士研究生毕业1年后可晋升为主治医师,工作2年后可晋升副主任医师,副主任医师3年后可晋升主任医师。

一般情况下,组织内部的生涯发展轨道越多,个人的发展机会就越多,对个人的发展就越有利。生涯路线的选择不是固定不变的,可能在一定时期出现交叉与转换,生涯路线的转换可以根据自身的情况与处境来决定。

(二) 职业生涯策略

职业生涯策略是指个体为保证实现职业生涯目标而采取的各项措施,包括学习与培训策略、人际关系策略、工作策略和工作家庭平衡策略,既要决定"应该做什么",也要决定"不能做什么",还要包括个人资源配置计划。

1. 学习与培训策略

学习与培训策略是指计划采取相应的学习和培训措施,用来提高自身的专业技能、综合素质和个人潜能。大学生应当合理规划大学阶段的学习任务和目标,以期提升专业知识技能的储备,为将来的职业发展需要夯实业务基础。同时紧密对接社会形势发展和用人单位人才培养需要,在大学期间不断充电、提升自身的各种技能,包括外语能力、计算机运用水平等,为将来的职业发展作前瞻性准备。根据职业生涯目标和阶段性的目标的要求,超前进行知识学习和能力培养是十分必要的。在信息化社会,知识的迭代更新不断加快,要保持个体在职场中的竞争优势,必须养成终身学习的习惯。

2. 人际关系策略

人际关系策略是指个体在职业领域构建良好的人际关系网络,为将来职业发展寻求更广泛的支持与合作空间的策略。人际关系网的建立能否取得成功,关键在于能否和适当的人建立相对稳固的关系。无论是大学求学阶段还是工作时期,都要通过一定的交流沟通技巧和保持适当的联络,构建相对稳固的内部人际交流圈,作为自己职业发展的有力支撑。建造关系网络必须遵守规则,不是"别人能为我做什么"而是"我能为别人做什么"。

3. 工作策略

工作策略指为了实现工作目标,计划采取相应措施,以期提高工作效率,实现个体在工作中的良好绩效表现。工作策略成功的关键在于做好时间管理,学会高效率利用时间。一天中效率最高的时间段通常是上午9—11点和下午1—4点;一周效率最高的时间通常是周一到周四;而一生中工作、创业的最佳年龄段是25—45岁。合理配置时间,遵守80/20定律,用你80%的时间做20%最重要的事情。要切实合理地安排时间、有序推进,克服拖延等心理和逃避压力的潜意识。

做好时间管理,不仅可以把繁琐的事情简单化,还能按照我们的计划进度完成事情、提高效率。这就要用到时间管理法中的四象限法则,如图5-1-1所示。第一象限,重要且紧急的事情。需要第一时间处理,不能逃避也不能拖延,所以这类事情应该马上做。第二象限,重要但不紧急的事情。虽然时间上没有紧迫性,但是对于目前或者今后的发展有重大意义。这类事情可以带给我们回报,值得我们花时间去投资,所以我们可以有计划、有安排地去做。第三象限,不重要不紧急的事情。既没有时间上的紧迫,也没有任何的重要意义。这类事情我们应该减少做或者尽量不做。第四象限,不重要但紧急的事情。虽然事情不重要,但时间节点很强。这类事情可以授权别人去做,让自己腾出时间来做更重要的事情。

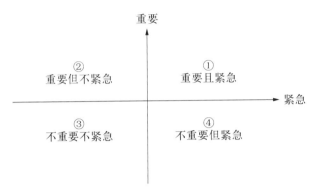

图 5-1-1　时间管理法——"四象限法则"

4.工作与家庭平衡策略

工作与家庭平衡策略指为取得职业目标与生活目标、家庭目标之间的平衡而做出的努力。职业发展与家庭发展遵循并行发展的逻辑关系。对于职场人,尤其是职业女性,如何保持事业和家庭之间的平衡显得尤其重要。要明确工作与家庭两者先后顺序,厘清家庭与工作之间的重点。要和家庭成员达成一致,对家庭生活持有共同的看法和打算,在最要紧的事情和最重要的角色上达成思想共识。要发展社会支持系统,努力扩展家庭成员、朋友、邻居和同事等社会网络中的人际关系,形成相互支持的资源系统。

三、保障职业生涯规划发展有效实施的措施

(一)行动计划与措施的主要内容

保障职业生涯目标实现的各项行动策略,需要有具体的行动计划与明确的措施,同时要明确每项计划的起止时间和考核目标。

1.具体行动计划

首先要明确人生发展的总目标;其次是分别制订长期、中期和短期目标;最后要着眼当下,要问自己"现在应该去做点什么",这是所有步骤中最重要的一步,因为它要求开始切实的行动。要避免实际行动中的两个陷阱:懒惰和错误。因此要列出详细的工作、学习计划。每年学什么,要列出具体科目;每年干什么,要列出具体项目。只有计划具体,职业生涯目标才有可能实现。

2.具体措施

具体措施是指针对每项计划列出切实可行的具体措施。

3.起止时间

起止时间是指明确每项计划的期限,约束自己按照计划实施,这是非常重要的一个方法。

4.考核指标

考核指标是指用来衡量计划是否完成的指标,设立考核指标是为了避免降低标准执行计划或拖延时间完成计划。

(二)行动计划与措施的实施对策

做到以上四点,需要采取必要的措施如下。

(1)把计划、措施、时间进度、考核指标存入电脑,或贴在常见的地方,时刻提醒自己。

(2)与生活中的重要他人一起检查计划,吸纳他们有用的建议来改善计划。

(3)向家人、同学和朋友公开自己的具体计划、措施、时间进度和考核指标,促使自己行动。将计划以叙述的形式写下来,并把它解释清楚,用图表或曲线来展示。

(4)经常评估计划、措施、时间进度和考核指标,必要时做出适时调整。

(三)大学生个人行动计划的制定

将个人的计划分解成具体的步骤可以使实现生涯目标的过程更加可控,参考简的个人行动计划(表5-1-1),以此模板做一个短期目标的行动计划。可以按下面步骤进行。

第一步,在个人行动计划表格的上端填写姓名和日期。

第二步,在空格处写下行动目标。如"选择一个学校专业或找一个与我的专业对口的工作"。

第三步,在第一列写出任何能想到帮你达到目标的行动。如"了解某医院某科室临床大夫的入职要求""与我所关心的领域的专业从业者交谈"等。

第四步,在第二列列出所有完成某个活动所需要的人或信息资源,如"关于某专业临床大夫的职位描述",或"能帮我找到潜在工作机会的人"等。

第五步,回顾你写下的活动,在第三列中写出最先打算做哪件事,其次做什么,然后做什么,以此类推。注意,你在一个活动中所获得的信息会在下一个活动中用到。比如在"了解某医院某科室临床大夫的入职要求"之前,可能需要"与我所关心的领域的专业从业者交谈"。

第六步,在第四列写下打算完成这一活动的期限。这一步可以让你的计划更具体。

第七步,当完成计划中的某一活动时,在第五列打上"√"。这样可以给你的进步提供反馈。

表 5-1-1　个人行动计划(IAP)模板

姓名:　简　　　日期:　2016 年 12 月 22 日
目标:　选择一个可以让我获得好成绩并找到好工作的专业

有助于我达到目标的行动	可以求助的人或信息资源	活动次序	日　期	活动完成情况(打"√")
与咨询师交谈	玛丽琳·阿比	1	6月、7月	
学习如何更好地做决策	了解某医院某科室临床大夫的入职要求	2	7月2日	
完成决策制订	生涯课教材	9	7月	
找出可能的专业	计算机辅助系统和教育机会搜索	3	7月8日	
了解可能的专业	专业系统指南	4	7月8日	
了解职业	生涯辅导系统和生涯图书馆资料	5	7月10日	
与从业者交谈	生涯辅导中心在线网络	6	7月15日—7月19日	
与特定专业的辅导教师交流	奥尔特兹博士,楚博士	7—8	7月22日、7月29日	
完成转专业表格	本科生办公室	10	8月26日之前	

思考题 1

结合职业生涯目标的分解与组合原理,联系自身实际,思考以下问题。

1. 你的人生目标是什么?
2. 你计划分几个阶段去实现你的人生目标?
3. 你未来 3 年的生涯发展目标是什么?
4. 以半年为阶段定出 3 年内每半年的阶段性目标。
5. 这些目标是否有冲突或具备内在逻辑联系?你如何处理这些目标?

> **思考题 2**
>
> 1. 你是否已经确定了未来从事的职业?
> 2. 你是否了解未来所从事的职业生涯发展模式?
> 3. 结合自己的实际,能否画一份未来生涯发展路线图?
> 4. 准备采取哪些策略来实现你的职业生涯目标?
> 5. 大学期间,将采取哪些策略来实现阶段性职业生涯目标?
> 6. 能否根据本学期的学习、生活和工作安排,结合个人的阶段性目标,运用时间管理和绩效管理的方法整理一份本学期的个人发展计划?

第二节 职业生涯评估

职业生涯评估是指导大学生进行生涯规划的重要环节,包含对影响个人职业生涯发展的各项主客观因素的分析与评估。有效的职业生涯评估,能帮助个体对自我建立全面构架,对客观环境等形成具体认识,对关键问题产生思考和分析,从而更好地构建个体职业生涯规划的意识和思维,明确职业生涯分阶段目标和难点。

一、职业生涯评估的内涵

职业生涯评估包括自我分析、客观环境分析、关键成就因素分析和关键问题分析。全面的职业生涯评估能够帮助大学生真正了解自己和职业环境,明确职业生涯目标,增强自主学习,培养职业生涯规划意识,从而更好地设计出合理且可行的生涯发展方向。

(一) 自我分析

自我分析不仅包括大学生对自身内部和职业生涯相关联的各种因素的分析和评价,以及传统职业规划教育主要关注的个人兴趣、个性、能力、特长、学识等,还关注与个人相关的家庭及事业因素,包括个体、家庭、事业三大方面九种情形。学会认识自我,能培养健康的自我意识,树立稳定的自信心。正确的自我评估是大学生探索其职业倾向的基础。

自我分析可以参考职业人自我分析涉及的40个具体问题(表5-2-1)来进行。大学生的社会阅历、经济状况和家庭情况较为简单,有些问题不必强行作答。

表5-2-1 职业人自我分析涉及的40个具体问题

个人部分	健康情形	身体是否有病痛?是否有不良的生活习惯?是否有影响健康的活动?
	自我充实	是否有专长?经常阅读和收集资料吗?是否正在学习一些新技能?
	休闲管理	是否有一些固定的休闲活动?该活动有助于身心和工作吗?是否有休闲计划?
事业部分	财富所得	薪资多少?储蓄多少?动产和有价证券价值多少?不动产价值多少?有兼职收入吗?
	社会阶层	现在的职位是什么?还有升迁的机会吗?是否有升迁的准备呢?当前工作单位内外人际关系如何?
	自我实现	喜欢现在的工作吗?理由是什么?有完成人生理想的准备吗?
家庭部分	生活品质	居家环境如何?有没有计划换房子?家庭的布置和设备如何?有心灵或精神文化的生活吗?小孩、夫妻、父母有学习计划吗?
	家庭关系	夫妻和谐吗?是否拥有共同的发展目标?是否有家庭创业计划?与自己父母和其他亲属关系如何?是否常与家人相处、沟通、活动、旅游?
	家人健康	家里有小孩吗?小孩多大?健康吗?需要托人照顾吗?配偶的健康如何?家里有老人吗?有需要你照顾的家人吗?

个人部分问题注重大学生培养专业能力、体力及兴趣爱好,并进行有效的时间管理。事业部分问题引导大学生形成健康的职业价值观,与社会发展建立正向联系,通过职业生涯规划的实现保证个人和社会的同向进步。家庭部分问题则需要大学生保持良好的生活品质、和谐的家庭关系及对家人健康的持续关注。

(二)客观环境分析

客观环境分析是大学生对自我之外各种客观环境因素的评估和分析。客观环境分析能帮助大学生认清所选职业在社会大环境中的发展状况、技术含量、社会地位、未来趋势等,应重点关注以下五个方面。

1. 社会条件

包括政治、经济、文化、教育、政策法规等社会条件,如社会政策、社会变迁、社会价值观和科学技术的发展等均会对大学生个体职业生涯规划和人生规划产生极大的影响。

2. 行业条件

观察目标职业所在的行业的发展情况和职业前景。健康产业目前正处于快速发展期,社会服务的需求逐渐扩大,行业细分愈加明显,对其他行业的渗透日益广泛。中医药类专业大学生不能仅从专业角度考虑职业发展,而应更多关注整体医药行业的发展与扩容趋势。

3. 组织条件

分析自己所从事职业的组织分布、隶属关系,了解该职业从业人员的社会地位、待遇和发展前景,初步认知岗位职责和岗位回报等。

4. 友伴条件

是指对职业发展中良好的类似于朋友和伙伴关系发展环境的分析。需要厘清职业伙伴的质量,明确友伴需求以及现有友伴及潜在友伴的影响等。

5. 地区条件

是对工作地区的全面认识,包括经济水平、人文环境,乃至气候、交通、住宿、饮食等地域条件。

科技的发展会带来理论的更新、观念的转变、思维的变革、技能的补充,而这些也是职业生涯规划中不可或缺的要素。大学生只有对自己所学专业及以后所属行业有清醒的认识,才能更好地顺应时代变迁。

(三) 关键成就因素分析

关键成就因素分析是对影响个体职业生涯成功的积极因素中的关键点进行分析和评价。职业成功的因素很多,最为关键的有知识储备、经济条件、人际关系三个影响因素。

1. 知识储备

知识与能力是知识力、技术力、资讯力、企划力、预测力、敏锐力等一系列智力能力的总和,需要进行大量的理论学习和实践练习。知识储备是职业成功的基础。

2. 经济条件

指所有现实财富及财商的总和,但它仅是一种对财富的把控能力。对于学生而言,客观地认识财富、通过劳动获取合理的薪酬、合理地支配财富、有计划地理财、为自己的项目争取资助等均能改善经济条件。良好的经济条件有助于职业更好地发展。

3. 人际关系

人脉是各种人际关系与个人情商的总和。要正确看待、合理利用家族人际资源,广泛拓展社会人际资源,提高人际交往、沟通能力和自我推销能力,扩展人脉资源,提升竞争力。

（四）关键问题分析

如果说关键成就因素的着眼点在于职业成功的优势部分,那么关键问题分析的目标则是针对自身的不足而设的。表5-2-2列出关键问题分析的三个着眼点,并举出具体例子便于大家理解。

表5-2-2　关键问题分析的三个着眼点

问题着眼点	具体分析问题举例
发生的领域	自我领域：个人问题？家庭问题？工作问题？ 环境领域：什么条件不足或变化了？
改变的难度	低度：是否要学习新技能？是否要适应新人际关系？ 中度：是否要压抑升迁需求？是否变换工作地点？ 高度：是否要改变职业环境？是否改变个人价值观？
组织的配合	个人目标是否与组织发展一致？组织是否支持自己的规划？组织是否承认自己的工作贡献？与同事的合作如何？是否为实现职业规划提供系统的培训和发展空间？

大学生通过自我分析,了解客观自身职业能力方面的优势和劣势；通过系统全面的环境分析,了解职业生涯面临的机会和挑战。这两方面,又可以通过职业生涯关键成功因素的综合作用,增强职业竞争力。

职业生涯评估是职业规划的基础性环节,目的是全面地认识自我,并找出成功的关键要素,明白制约职业发展的主要因素。在此基础上,通过设定明晰的职业发展目标,制定切实可行的实施方案,定期对实施效果进行考核,对职业发展方向进行校正和纠偏,进而取得职业生涯成功。

二、职业生涯评估的方法

职业生涯评估是指基于个体在性格、意志、知识水平、技术能力、工作经历与经验等方面的优势与劣势做出的评估。常见的自我评估方法有三种:橱窗分析法、量表测试法和自我询问法。

(一)橱窗分析法

认识自我、了解自我并非易事,所以有做事难、做人难、了解自己就更难的说法。心理学家曾把对个人的了解比作橱窗,可大可小。为便于理解,我们把橱窗放在直角坐标中加以分析。坐标的横轴正向表示别人知道,负向表示别人不知道;纵轴正向表示自己知道,负向表示自己不知道。

橱窗1:为自己知道、别人也知道的部分,称为"公开我",属于个人展现在外,无所隐藏的部分。

橱窗2:为自己知道、别人不知道的部分,称为"隐私我",属于个人内在的私有秘密部分。

橱窗3:为自己不知道、别人也不知道的部分,称为"潜在我",是有待开发的部分。

橱窗4:为自己不知道、别人知道的部分,称为"背脊我",犹如一个人的背部,自己看不到,别人却看得很清楚。

对橱窗4的"背脊我"要加强了解。如果自己诚恳地征询他人的意见和看法,就不难了解"背脊我"。要做到这一点,需要开阔的胸怀,确实能够正确对待,有则改之,无则加勉。否则,别人是不会说实话的。可以利用这一方法对自己的性格特征、知识与能力等方面进行分析。

(二)量表测试法

对于医学生的职业生涯评估,可应用霍兰德职业生涯规划倾向测验量表对自身职业倾向进行分析。霍兰德认为人格可分为现实型、研究型、艺术型、社会型、企业型和常规型六种类型,见图5-2-1。

对于医学类学生来讲,霍兰德六角形职业性向选择图对职业生涯的指导有重要意义。现实型的医学类学生

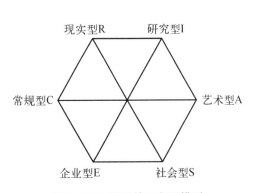

图 5-2-1 霍兰德六角形模型

更适合牙医、牙科技术人员等操作性强的职业;研究型的医学类学生更适合从事临床科研、医学技术及研发工作;艺术型的医学类学生可以向医学美容、整形发展;社会型的医学类学生适合从事一线的医护工作、医学教育、医学咨询等;企业型的医学类学生可在医学事业管理方面大展身手;而常规型的医学类学生可以在医学管理中从事具体的事务工作,发挥自己的优势。

(三) 自我询问法

认真、深刻地思考以下六个问题,想清楚,想透彻,然后写下来。

(1) 我究竟有什么才干和天赋?什么东西我能做得最出色?与我所认识的人相比,我的长处、高人一筹的是什么?方方面面的优势都要想到。

(2) 我的激情在哪一方面?有什么东西特别使我内心激动向往,使我分外有冲劲去完成,而且干起来不仅不觉得累,反而感到其乐无穷?一定有,请仔细想。

(3) 我的经历,有什么与众不同之处?能给我什么特别的洞察力、经验和能力?利用它我能做出什么与众不同的事?

(4) 我最明显的缺陷和劣势是什么?

(5) 我与什么杰出人物有往来?他们有哪些杰出的才干、天赋与激情?与之合作(或跟随他们),能找到什么样的机遇?

(6) 我有哪些具体的需求要得到满足?

请注意:

(1) 如果要获得职业生涯的成功,一定要面对这些问题、思考这些问题、回答这些问题。

(2) 思考不成熟,一时不好回答的问题,可放一放,想好了再回答。

(3) 这些问题肯定是有明确答案的,而且是与别人截然不同的答案。个人的阅历、兴趣、理想不可能与其他人一模一样。因此,答案一定要与众不同。找出差异才是分析的目的所在。

(4) 这些问题的答案,相当于成功的能源库,应定期或不定期地重新思考检讨所有的资源是否用够,还有没有可开发的资源,是否原来的思考有遗漏。久而久之,随着社会关系的发展,个人能力就能得到锻炼和长足发展。

三、职业生涯评估的工具

在职业生涯评估中,通过规范的评估工具可以较客观地对自己产生全面的概括,补充个体评价中的不足,更充分地了解自己的优点。下面,简单介绍 5 种常用的职业生涯评估工具。

(一)自我访谈记录

采访部分对自己熟悉的人,请他们提供有关自己的生活故事,并结合自己的生活经历,形成一份自传体记录。这份自传摘要体裁的文件即自我分析所依据的主要材料。

(二)重要他人访谈记录

对自己的父母、老师、朋友或其他对于自己有较重要意义的人进行访谈,在采访中采访者通过记录采访的详细环节,询问对采访者的看法,如何看待采访者将从事的职业,对采访者有何建议和希望等。

(三)斯特朗-坎贝尔个人兴趣调查问卷

该问卷有 325 道选择题,组成 2 个量表,类型是以霍兰德职业理论为基础而设计的。通过问卷能得到 106 种职业上的分数与剖析图,了解自己在工作领域、职业行为、休闲活动、教育专业等方面感兴趣的程度,明确自己的兴趣是什么以及可能在哪个领域取得成功。

(四)24 小时活动日记

自我观察者把一个工作日及一个非工作日全天的活动如实而无遗漏地记下来,这样便于了解自己在工作和休闲时是如何安排时间,如何安排工作和生活的内容,过程中会遇到什么样的阻力及解决方式。

(五)生活方式描述

用文字、照片、图片或者其他手段,将自己的衣、食、住、行、劳动工作、休息娱乐、社会交往、待人接物等生活方式进行描述。描述生活方式可以使观察者更多地了解自己的生活现状、未来目标及精神追求。

四、个人对职业生涯评估的评价

(一) 职业生涯评估评价的内容

对职业生涯评估进行评价,可从自我评价、家庭评价、组织评价和社会评价四个方面考虑。评价个人的职业生涯评估要全面、客观、准确,不能只从个人的价值观和经验出发,要兼顾外部环境的反馈。表 5-2-3 列举了我们在进行职业生涯评估评价时应考虑的四个方面。

表 5-2-3 职业生涯诊断评价表

方式	评价者	评价内容	评价标准
自我评价	本人	自己的才能是否充分施展 对自己在企业发展、社会进步中所做的贡献是否满意 对自己的职称、职务、工资待遇等方面的变化是否满意 对处理职业生涯发展与其他人生活动关系的结果是否满意	根据个人的价值观念及个人的知识、水平、能力
家庭评价	父母、配偶、子女等家庭成员	是否能够理解和肯定 是否能够给予支持和帮助	根据家庭文化
组织评价	上级、平级、下级	是否有下级、平级同事的赞赏 是否有上级的肯定和表彰 是否有职称、职务的晋升或相同职务责权利范围的扩大 是否有工资待遇的提高	根据组织文化及其总体经营结果
社会评价	社会舆论、社会组织	是否有社会舆论的支持和好评 是否有社会组织的承认和奖励	根据社会文化

(二) 职业生涯评估评价需注意的问题

1. 正确运用"计划型"决策模式

"计划型"决策可以帮助大学生准确、快速地做出决定。"计划型"决策模式通常包括四个步骤:首先,确认自己的决定,包括决定的性质、具体目标、决策的标准等;其次,明确自己的选择,不要在没做探索前就匆忙决定,这样会限制自己的选择；再次，尽可能收集相关信息，进行评估，按评估结果对所有选择进行排列；最后，做出选择，付诸行动，在行动的过程中对决定及其后果进行评估和调整。

需要提醒的是，职业决策具有不确定性，任何决定都伴随着相应的风险，决策者都需要承担其所带来的结果与责任。

2. 摒弃个人"非理性观念"

"非理性观念"是指用绝对化和过度概括化的表达方式限制和束缚个体的观念。面对复杂现象和个人过往经历，很多人往往因第一印象先入为主，以偏概全，导致产生一些"非理性观念"的偏见。表5-2-4中列举了常见的与生涯发展相关的非理性观念，在进行生涯论断评价中可作为参照，以减少非理性观念对自身生涯发展的不利影响。大学生要对职业生涯评估进行理性评价，对一些常见的非理性生涯观念进行辨析，通过心理测验、生涯人物访谈、信息调查、工作跟随，以及角色扮演、行为演练等方法，打破原先被曲解的信念。

表5-2-4 常见的与生涯相关的非理性观念

评价角度	评价内容	非 理 性 观 念
自我方面	有关个人价值	我必须得到他人的认可 作为一个人的价值，与我所从事的职业有密切的关系 我不知道自己该干什么，我真没用
	有关工作能力的信心	我无法从事任何与我本身能力、专长不合的工作 只要我愿意去做，我就能做任何事 虽然我很喜欢/很希望当一个……但如果我真去做的话，我很可能会一事无成
职业方面	有关工作的性质	就像谈恋爱一样，我想只有某一种职业才是真正适合我的 这个行业不适合男生/女生
	有关工作的条件	我所做的工作应该满足我所有的要求 专业工作所要求的条件是非常苛刻的
决策方面	方法	我会凭直觉找到最适合我的职业 也许有某项测试可以明确指出我最适合从事什么工作 在我采取行动之前，我必须有绝对的把握
	结果	一旦我做出了职业选择，就很难改变了 如果我改变了决定，那我就失败了 在我的生涯发展中，我只能做一次决定

续 表

评价角度	评价内容	非 理 性 观 念
满意的生涯所需条件方面	他人的期待	我所选择的职业也应该让我的家人、亲友感到满意
	自己的标准	除非我能找到最佳的职业,否则我不会感到满意 只有做到我想做的,我才会感到快乐 在选择要从事的工作领域中,我必须成为专家或领导者,那才算是成功

五、职业生涯的选择和决策

罗素说:"选择职业是人生大事,因为职业决定了一个人的未来。"职业决策是为未来的职业生涯设计蓝图,并将影响人们未来的生活方式、人际交往、所从事的主要活动,由此在一定程度上决定了个人的生活质量。因此,职业决策是人生中最重要的决策之一。

(一)职业决策的核心是职业选择

职业选择是职业生涯决策的核心。目前,已有许多学者进行了关于职业选择的大量研究,总结提出了很多关于职业选择的理论。这里主要介绍职业匹配理论、职业发展理论和职业决策理论三类最具代表性的理论观点。

1. 职业匹配理论

职业匹配理论认为,人们在选择职业时,无论是否有意识,都会或更倾向于选择那些与自己独特的需要、动机、才能、价值观、人格和自我意识等特征相"匹配"的职业,职业选择的过程就是一个寻求匹配的过程。其中,最有代表性的是帕森斯(Frank Parsons)、霍兰德(John Holland)和舒伯(Donald E. Super)的观点。

帕森斯认为,个人在进行职业选择时会有意识地按以下步骤进行:分析自己的职业长处和短处,收集职业方面的信息,然后再做出决定。霍兰德认为,职业兴趣是人格的一种表现,人们所寻找的工作环境应当能够使得人尽其才,人们是否能在一个职业领域中稳定地工作取决于其个性类型与职业环境是否适应或匹配。舒伯认为,由于职业可以选择,人们就有可能扮演与自我意识相适应的角色。在选择职业时,人们往往会遵循这样一个过程:首先会提出自我的概念,然后会对一系列职业形成印象和信念,最后会步入与自我意识最匹配的职业领域。

2. 职业发展理论

虽然职业选择的过程就是一个人寻求同自己相匹配的职业的过程,但是职业选择却不是一个简单的人职匹配问题,也不是在人生某一个时间点上发生的一个瞬间事件。职业发展理论认为职业选择应该是一个随着时间而演变的、开放的、逐步发展的过程。

这一理论的代表性学者舒伯认为,人的一生都有选择职业的需要,收集相关职业的信息,获得对某些职业的真知灼见等活动也会贯穿个人职业生涯的不同阶段。他认为,人们在职业生涯发展中,会经历成长、探索、建立、维持与衰退五个阶段。个人只有经过多个发展阶段并有所收获,才能形成自我意识,进而转化为有关职业的内容,最后才能决定自己应当选择哪种职业。

3. 职业决策理论

如果一个人面对一系列可以选择的职业,他会怎么做呢?为此,研究者们提出了很多职业决策理论,其中使用较广泛的是维克托·弗鲁姆(Victor Vroom)的期望理论(expectancy theory)。

期望理论本质上是一种理性的、需要计算的、目标导向的决策模型。该理论假设,人们在进行职业选择时,首先要弄清楚众多工作结果的价值(效价)所在,这种价值通常表现为晋升机会、薪水、感兴趣的工作等众多方面。其次,人们会结合自己的实际情况充分评估获得各种价值的可能性大小(期望值)。最后,各个工作结果的效价乘以其期望值,就得出了这个工作的吸引力分数。职业吸引力分数越高,对人们的吸引力越大,也就意味着更容易被人们所选择。

期望理论也指出,人们在真正进行职业选择时并不总是会选择自己最感兴趣的职业。比如,电影明星、职业运动员、政治家等很多有较大吸引力的职业,普通大众一般并不会轻易将其作为自己的职业选择。因为人们在职业选择时还会进一步对自己在某一具体职业中获得成功的可能性进行估计。最终人们倾向于选择吸引力分数高,同时进入机会或获得成功的可能性较大的职业。

(二)职业决策的思路和方法

很多大学生都有过类似经历:对自己的职业目标和职业定位非常清楚,对各种职业机会也了解得非常清楚,但在做出最后决定时,却总是犹豫不决。其实,进行职业决策的思路讲起来非常简单,共三个步骤:第一步,"明确职业定位"这一步实际上可以通过在校期间进行职业生涯规划,得以提前完成。第二步,"分析职业机会"即参照自己的职业生涯规划,对眼前现实的就业形势、就业机会、单位条件进行充分了解和评估。第三步,"做出选择决定"即在前两步的基础上做出选择,确定结果。而确定的标准也很简单,那就是在众多的机会中,选择那个同自己的职业定位最匹配的。如何真正将理论与实践联系起来,下面介绍几种简单实用的职业决策方法。

1. 平衡单法

平衡单法是通过计算选择目标各个特点的分值来帮助决策,不仅重视各个特点的重要性,还考虑到各个因素的得失利弊。平衡单法的具体实施程序如下。

（1）列出选项。个体要在平衡单中列出3—5个有待深入评估的职业（岗位）选项。

（2）判断利弊得失。各个选项的利弊得失主要集中在四个方面,分别是自我物质方面得失、自我精神方面得失、他人物质方面得失和他人精神方面得失。每个方面都要列出自己最看重的一些具体内容,并逐一检查各选项,依据重要性程度,以"＋5"—"－5"的十一点量表（＋5、＋4、＋3、＋2、＋1、0、－1、－2、－3、－4、－5）来衡量各选项。

（3）加权计分。各方面的得失利弊之间,会因身处于不同情境而有不同的考量。因此,在详细列出各选项后,须再进行加权计分。即根据对当事人的重要程度不同,可乘以1—5倍分数,越重要的所乘分数越大,依次递减。

（4）计算总分。逐一计算各职业选项"得"（正分）与"失"（负分）的加权计分与累加结果,并计算各个职业选项的总分。

（5）排定顺序。依据各职业（岗位）选项在总分上的高低,从高到低排定优先顺序。这个优先顺序即可成为职业选择的依据。

2. SWOT分析法

SWOT是英文单词Strengths（优势）、Weaknesses（劣势）、Opportunities（机会）、Threats（威胁）的缩写。顾名思义,SWOT分析法就是通过分析内部环境中的优势和劣势,以及外部环境中的机会和威胁来进行决策。这种分析方法由美国旧金山大学的管理学专家于20世纪80年代提出,最早被用于企业战略决策,后来被其他领域广泛使用,也被用于职业决策。被用于职业决策时,各项目的具体含义为:

优势(S)——针对某个职业或岗位,你的道德、知识、潜力、技能或者经历等自身条件所具备的优势。

劣势(W)——针对某个职业或岗位,你自身存在的限制、不良习惯、缺点以及在思想、经验、经历、技能等方面的不足。

机会(O)——针对某个职业或岗位,在政策、地域、经济、专业、人际关系、家庭背景等方面,对你而言有哪些有利条件或可能的机会。

威胁(T)——针对某个职业或岗位,有哪些你基本不可控的不利条件或外在威胁,如人才市场的激烈竞争、所学技术和有关行业正在衰退、不利的政策等。

个体通过充分考察自己周围的职业环境,认清自身的优势和劣势,把SWOT分析中的四个维度综合起来考虑,即可做出既符合环境要求又切合自己特点的职业决策。具体而言,有四种可能的决策模式(表5-2-5)。

表 5-2-5 SWOT 矩阵

		内部环境	
		Strengths 优势	Weaknesses 劣势
外部环境	Opportunities 机会	S-O 策略	W-O 策略
	Threats 威胁	S-T 策略	W-T 策略

S-O策略——将优势转化成机会。个体可寻找与自己优势相匹配的机会,使自己的优势得到充分发挥。这是一种理想的策略模式。

S-T策略——利用优势化解威胁。即通过发挥自身优势,将外界的不利影响和威胁降到最低。

W-O策略——克服劣势寻找机会。即利用外在的有利条件来弥补自己的不足。

W-T策略——克服劣势化解威胁。这是一种应付危机的策略,是一种非常被动的策略模式。

须特别说明的是,以上四种策略并没有优劣之分,而是应由不同的个体根据自己的具体情况灵活采用。只要是符合自己情况的策略,就是好的策略。

3. 期望效用分析法

这是期望理论在职业决策中的具体运用。这种方法主要通过对个体、对职业目标各方面特点的期望度进行量化,从而帮助人们做出决策——即选择得分最高的目标。其原理可以概括为以下公式:

$$EU = E \times V$$

其中,V 代表效用值,表示该因素对于主体的价值,即选择主体对该因素的重视程度;E 代表期望值,表示实现该选择的概率;EU 为期望效用值,为 E 和 V 的乘积。

4. 职业家族树

职业家族树(Occupational family tree)是采用画图的方式,了解家族成员的职业特点,结合自身特质,从而确定自己职业发展目标的方法。这一方法认为,家族对个人职业选择和职业发展有深远影响,在职业决策时需重视对家庭成员职业的分析。职业家族树的分析方法一般分为两步:第一步,画好职业家族树,把家族成员和相应的职业填写在树上,如图 5-2-2 所示;第二步,讨论职业家族树,讨论时有一些引导问题,如:"我家族中大多数成员从事的职业是什么?""父母如何形容他们的职业,他们的想法对我的影响是什么?""家族中对彼此职业感

图 5-2-2 职业家庭树

到满意或羡慕的是什么?""我的家人最常提到的有关职业的事情是什么?"等等。通过对这些问题的思索和讨论,梳理自身的职业价值取向,明确自身职业目标,协助完成职业决策。

(三)影响职业决策的因素

人们所有决策行为都是人与环境相互作用的结果。在现实生活中,不同的人会有不同的职业决策,做出何种决策在一定程度上由个体自身认知风格、行为习惯等特点所决定,也会受到可利用的时间资源和决策问题的复杂程度的影响。大学生在进行职业生涯规划和职业决策时,要充分考虑对决策具有影响作用的各方面现实因素。

1. 主观因素

主观因素,是指大学生个体的职业价值观、人格、技能及能力倾向、职业兴趣、需要与动机,以及做选择时的心理状态等自身因素。这些主观因素往往是影响大学生职业选择的主要因素。

2. 客观因素

客观因素,是指行业状况、经济收入水平、地理位置、企业文化等各种职业本身的特征。这些客观因素会影响大学生职业选择,其中以行业发展形势和经济收入水平的影响最突出。

(1)行业发展形势。受时代特点、国民经济发展状况、国家体制与政策等诸多条件影响,不同的行业在经济实力、社会地位、发展前景等方面会呈现出不同的特点,这些特点会对人们的职业选择产生重要影响。绝大多数人都更愿意选择"热门"行业。比如,改革开放初的若干年,电器制造业曾一度是最"火"的行业,让很多就业者趋之若鹜;进入新世纪后,金融行业和互联网行业又逐渐成为时代的新宠。又如,过去我国中医药的行业地位和西医药相比偏低,但近些年来,随着政府的日渐重视和人民群众对中医学的认识不断改变,中医药行业的发展前景越来越被看好,行业地位越来越高。这种状况无疑会对人们选择中医药相关职业产生积极影响。

(2)经济收入水平。职业收入是人们维持生活所需的重要经济来源,劳动者通过职业活动获取劳动报酬。因此,职业所带来的经济收入通常是影响人们选择职业的重要因素之一。特别是,随着现代城市生活成本的增加,职业带来的经济收入是满足刚步入社会的大学生基本生活需要的最重要途径,直接影响刚毕业大学生的现实生活,因而经济收入对大学生职业选择的影响尤为突出,对中医药院校的学生也不例外。

3. 环境因素

影响人们职业选择的环境因素包括自然环境、经济环境、社会政治环境、文化环境、家庭环境、人际环境等多个方面。有研究表明,影响中医药院校大学生职业选择的环境因素主要是职业声望、家庭环境因素。

(1) 职业声望。职业声望指人们对某种职业社会地位高低的看法,是社会舆论对一种职业的评价。职业声望对大学生的职业选择有较显著影响。

医务工作作为古今中外公认的高尚职业,在当今社会中的声望居于中等偏上水平。在医疗行业中,不同医疗机构的社会声望又同它们的级别有关,级别越高的医疗机构社会声望越高。有调查结果显示,中医药院校中的医学专业学生毕业后,大部分人从事医务工作,首先会选择到三级医院,然后才依次考虑到二级医院、社区医院和卫生所工作,而只有少部分人会考虑转入其他行业工作。

中医药院校中,70.05%的药学类学生认为从事药学相关工作社会声望也较高。他们首先会考虑进入大型制药企业做研发和生产工作,其次考虑进入医院从事药师工作,最后考虑进入医药企业从事管理或者营销工作。

中医药院校中的非医药类专业学生对于职业声望的判断与医学、药学专业的学生存在着一定差异。有调查显示,非医药类专业学生认为职业声望由高到低排序前五位依次为公务员、企事业单位职员、医药企业管理者、创业者、其他。在进行职业选择时,他们考虑最多的就是社会声望相对较高的公务员、大学教师、医院管理者等职业。

(2) 家庭环境。家庭对大学生择业态度、择业观念、择业行为产生较大影响,有时家庭甚至成为大学生职业生涯规划或决策的决定性因素。特别是对于中医药行业,由于职业自身的特点以及历史文化等因素,家庭在职业选择过程中的影响更加显著。

① 家庭价值观的影响。家庭价值观是个人在家庭环境下对相关事物所持的一种观点、态度或信念。大学毕业生正处于初次就业时期,成长过程中家庭价值观促使个人形成对未来发展的预期和物质利益等多方面的需要,家庭对某种职业的认同和需要往往支配着毕业生求职行为。通常,家庭对某种职业的认同和对未来市场的预期,往往决定子女的职业种类。支持子女学习中医、未来选择

医疗卫生工作的家庭,往往同父母对中医学以及中国传统文化有较强烈的爱好,或者有较强烈的救死扶伤的社会责任意识有关。因此,要促成大学毕业生合理规划职业生涯,实施有效的职业指导,需要从家庭层面解释和把握大学生的择业价值观。

② 家庭职业状况和教育程度的影响。父母的职业经历对子女的职业规划和就业选择有较大导向作用。大多数父母都有意识地将自己的生活阅历、职业感受和社会价值观传递给子女,子女也倾向于将父母的职业发展经历作为自身职业发展的借鉴和参考。父母受教育程度越高,往往越会鼓励子女集中精力学好专业,并鼓励子女选择利于职业发展、继续深造、终身学习的单位和岗位,比如,选择医学院校及其附属医院、医学研究所等。

③ 家庭经济水平的影响。每个家庭的经济状况各不相同,对大学生的职业生涯选择也有不同的影响。家庭经济困难的学生往往独立工作能力较强、能吃苦耐劳、懂得体贴和关心别人、勤俭节约,等等。但由于物质条件相对较差,学生的职业发展决策也会受到较大影响,制订出科学合理的职业决策的概率相对减小。而家庭经济条件富裕,对学生也并不一定就是好事。虽然在这样的家庭中成才环境较好,但如果过分溺爱,往往就有可能影响大学生独立性的形成,尤其是影响到自身的职业发展规划。

④ 家庭社会关系的影响。在大学生择业过程中,家庭社会关系提供给学生的就业信息往往有着极强的针对性,能直接提供给学生家长及学生本人全面的行业及职位信息,并能对学生进行专门引见、推荐,成功率较高。调查显示,中医药院校学生中,有家庭成员从事中医药类相关工作者的约占13%。这一比例在医学类专业中会更高,在药学和非医药类专业中略低。其中不乏受到中国传统的"医学世家"观念影响,也会或多或少地借助家庭成员的社会资源,从而更倾向于选择同与家庭成员相同或相关的职业。

思考题

请自行选择职业决策的方法,对自己的职业机会进行简要分析,完成后,请同学互相交流一下,看看大家对你的分析如何评价。

第三节　撰写职业生涯规划书

《礼记·中庸》曰："凡事预则立，不预则废。"大学生职业生涯规划对大学生就业有着至关重要的作用，它决定并贯穿着大学生一生的职业发展，而规划书是通过应用文字、图表等元素，书面展示大学生对自己的职业生涯规划，同时也是大学生职业生涯规划大赛中展现自我的重要载体，其重要性越来越为公众认可。职业生涯规划书的撰写过程更是内化和外显个人职业价值观的过程，能引导大学生更好地规划自己的学业，坚定自己的信念，为实现职业目标做准备。

一、职业生涯规划书的构成要素

大学生设计和撰写职业生涯规划书，可以在阐述个人职业选择、职业发展目标、职业发展路径的同时，突出个人特点，以便使自己的职业生涯规划得到充分全面的展示。但无论选择怎样的撰写格式，一份优秀的大学生职业生涯规划书的核心内容是对个人职业生涯规划做全面详尽的分析和阐述。因此，大学生撰写职业生涯规划书的过程中，在展现个性的同时，还要遵循职业生涯规划书的基本范式，并涵盖规划书的基本要素。职业生涯规划书主要包括以下几个基本要素。

（一）标题

标题一般包括姓名、专业、年龄、规划时间阶段和目标职业等信息，简要说明大学生职业生涯规划书的基本情况。

（二）自我剖析

自我剖析主要是指在借助心理学测评工具对自己的心理素质、性格特性、能力和职业倾向等进行测评的基础上，结合自己的兴趣、爱好及学习、工作经历和价值观等加以综合评价。全面、深入、客观地分析和认识自己，是职业生涯规划书的核心要素。自我剖析主要包括：个人素质测评、自我评价、个人经历及目前处境分析等。

1. 个人素质测评

可借助心理测评工具进行个人素质测评,包括心理素质测评、人格测评、能力测评和职业倾向测评等。通过个人素质测评,可以为自己提供相对客观的评估,作为职业规划的重要参考依据。常用的测评量表可参考教材附录。此外,听取他人建议也是个人素质测评的方式之一,尤其是来自职业咨询师的建议。咨询师的建议可以从专业角度提供自我分析的思路,从而较大程度地避免个人自我认识和分析的片面性。

2. 自我评价

是指对自己进行客观的评价,包括个人兴趣爱好、性格特点、个人潜质、具备的技能、身心健康状况、个人追求和价值观等。当然,为了证明自己评价的准确性、全面性和客观性,在书写职业规划书时可适度增加周围人对自己的一些评价。表5-3-1是一位大三中药学专业学生在职业规划书中对自己性格特点的评价,并且将形成的原因做了简要说明,给人以更高的可信度。

表 5-3-1 自我性格的评价

性 格 表 现	形 成 原 因
组织能力强,凝聚力强	从小担任班委,大学期间活跃在各个学生组织中,锻炼了组织和协调能力
人际交往能力强,善于沟通	大学期间担任心理委员,平时喜欢阅读心理学方面的书籍,选修其他学校的心理学课程
坚持不懈,有解决问题的毅力和耐心	我会观察别人做事的方式方法,并进行分析,遇到困难善于思考总结,从而快速提升自己解决问题的能力
踏实肯干,执行力强	从大一开始我多次在不同的医院、药企实习,在协助或独立完成各项任务的过程中锻炼自己的执行力

3. 个人经历及目前处境分析

个人经历主要包括以往生活、学习、实践经历,特别是分析对自己今后职业发展有直接影响的学习内容和社会实践等。同时还要分析与自己的职业生涯发展密切相关的一些环境因素,如家庭、亲友和经历等对自己职业影响较大的人和事。结合个人经历和目前处境,思考分析大学生活应属于生涯的哪个阶段,应为就业做哪些准备等。

(三) 外部环境分析

是指大学生在进行职业生涯规划时，应对自己将来所从事职业面临的外部环境，进行全面、客观地分析和认识，评价外部环境对自己职业生涯的有利条件和不利因素，做到在复杂的环境中扬长避短、科学规划。大学生在撰写职业规划书时，一般包括职业的社会大环境分析及该职业所在的行业小环境分析。

1. 职业的社会环境分析

主要包括政治制度、经济、文化、主流价值观和职业环境等。由于社会环境涉猎广泛，因此在撰写职业生涯规划书时，应选择与自己职业生涯发展密切相关的因素加以重点分析。社会政治、经济大环境分析主要是了解社会发展对就业的影响，比如社会热门职业的分布和需求情况，将要选择的职业在社会中的声誉情况，目前所学专业的社会需求情况，择业单位在行业中的地位和今后发展趋势，等等。对社会环境及发展趋势的认识，有助于把握社会的发展需求，结合时代需求合理考虑自己的职业选择。

2. 对将选择的职业及所属行业分析

在撰写职业生涯规划书时，要尽可能全面准确地掌握将要从事的职业及其所在行业的信息，对将要选择的职业及其所在的行业进行认真、详细和科学地分析，并加以梳理、归纳和总结。这部分内容的分析，是职业生涯规划书的重点要素。分析至少包括：职业的特点及其要求、目前从业人员的情况、所在行业发展前景和趋势、该职业今后的发展前景和趋势。

(四) 职业发展目标设定

职业发展目标设定是在自我剖析和对外部环境分析的基础上，明确自己的职业发展目标。确定职业生涯目标是大学生职业生涯规划的中枢，是制订职业生涯规划的核心和关键。职业发展目标的设定是具有阶段性的。一份与个人价值观、兴趣、态度和技能相符，且建立在一定教育资质背景基础上的职业，可以被认为是个人的一个职业发展目标。那些为实现个人的最终职业目标而从事的初级工作，可以被考虑为个人的短期职业目标。

职业发展目标的设定是以专业技能、性格特点、兴趣爱好和外部环境等条件为依据的。从狭义层面讲，大学生职业发展短期目标其实就是就业目标。大学生撰写职业生涯规划书，不应该泛泛而谈想到哪个行业或者是哪个城市就业，应该具体到某一个具体岗位作为参考值,根据具体岗位的要求来不断完善自己。对于大学生来说,在撰写职业生涯发展目标时,总体应遵循目标管理 SMART 原则,即目标必须是具体的(Specific),目标必须是可以衡量的(Measurable),目标必须是可以达到的(Attainable),目标是实实在在的、可以证明和观察(Realistic),目标必须具有明确的截止期限(Time-bound)。制定过程中至少要把握以下几个方面。

1. S 原则:职业发展目标设定应明确具体

明确的职业目标具有激励作用,因此职业发展目标设定应该相对具体,能使自己清楚如何做、做什么。当然,也可以在一定的范围内选定几个小目标,这样可以留有调整的余地。

2. M 原则:职业发展目标设定应恰到好处

目标的设定也要根据自身才能"量身订做",既不能太高也不能太低。目标过高,给人以好高骛远的感觉,最终无法实现,增加自己的挫败感;目标过低,对自己的职业发展没有任何指导价值,失去职业规划的意义。

3. A 原则:职业发展目标设定应当可实现的

目标是应能被执行人所接纳的。大部分人都会给自己制订目标,但是过往的经历中,经常被老师或是家长要求制订目标,即"控制性"地设定目标,执行过程中天然存在着心理和行为上的抗拒。"可实现的"相对于"控制性"而言,是执行者内心认为可实现,主动地完成以后,内心有种"小确幸"的成就感,而这种"小确幸"又会激励自己继续完成目标行为。

4. R 原则:职业发展目标设定应当客观

大学生所设定的职业生涯发展目标,应该以客观事实为依据,必须考虑自己的兴趣、爱好、能力、专业、价值观是否与岗位匹配,同时还要考虑是否符合社会经济发展、组织发展的要求。

5. T 原则:职业发展目标设定应分类分期

既要有总目标也要有分目标,在设定自己未来职业目标时,既要有一个具有挑战性和现实性的长远总目标,也要在此基础上对总目标进行分解,如按照时间可以分解为短、中、长期目标,按照侧重点不同,可以分解为内、外目标等。

(五)实施策略

实施策略是指通过各种行之有效的措施与行动确保职业目标的实现。撰写职业生涯规划书,主要目的就是为实现自己的职业生涯发展制订一个详细、切实可行的行动计划和策略方案。我们的目标越具体,实现它的可能性越大,这就要求大学生对自己的学业进行合理规划,为将来的就业择业做好充分准备。

1. 行动计划要以职业目标为导向

制订行动计划是为实现就业目标服务的。在制订行动计划时要找出自己的不足和差距,有的放矢,有针对性地采取行动,使自己的每一步行动都朝向目标实现。

2. 根据目标需求制定行动策略

在确定行动策略时,要围绕目标职业和目标职位的要求进行选择,比如根据目标对个人知识、技能和人际交往能力的要求,确定自己的行动策略和方案。对于大学生来说,在校期间主要是进行知识的积累和能力的锻炼,在大学毕业初期能够顺利实现自己的就业目标,最终实现个人的职业生涯发展目标。

3. 平衡各个目标,使其协调发展

每个人在现实中承担的角色非常多,比如在公司是员工,在家是儿女、父母等。在撰写职业生涯规划书时,应该把不同角色下的发展目标协调统一起来,避免出现目标冲突。

4. 行动计划要清晰准确

职业生涯规划书必须清晰明了,有利于执行。另外,行动策略和行动计划毕竟不是工作日程安排,必须注意繁简合理、详略得当,不能写成工作日志。

二、大学生职业生涯规划应遵循的原则

大学生职业生涯规划必须将自己的实际情况和社会现实相结合,遵循以下四个原则。

(一)择己所爱

大学生找工作,没有所谓的最好的工作,只有最适合的工作。从事自身喜欢的工作,个人会有一种满足感,工作也会变得妙趣横生。兴趣是最好的老师,也是最佳的催化剂,兴趣与成功率存在显著的正相关。因此,在职业生涯规划时,必须综合考虑自己的特点,发挥自己的兴趣特长,选择自己喜欢的职业,从而产生内在恒久的动力。

(二)择己所能

每个人都有自己的兴趣点,但尺有所短,寸有所长。大学生在大学生涯过程

中掌握了多种技能,但并非所有技能都会成长为长项和优势。因此,大学生在职业生涯规划时,应优先选择最有利于发挥自己优势的职业。

(三)择世所需

社会发展日新月异,很多新兴产业和需求应运而生。大学生在职业生涯规划时,应具备敏锐的洞察力,分析认清社会发展趋势,顺势而为,让个人的职业抱负在社会发展的大洪流中发光发热,最终得以实现。

(四)择己所利

一个职业,狭义上说是一种谋生的手段,但在谋取个人幸福的同时,也创造了社会财富,为社会发展做出了贡献。择业时,首先会考虑自己的预期收益,这种收益要求个人实现幸福的最大化,至少满足个人当下自我发展的需求。自然而然,这种倾向无形中会支配个人的职业选择。

三、职业生涯规划书的修正与完善

由于社会的快速发展以及职场环境复杂多变,加上大学生对社会环境的认识不够深入,大学生所制订的职业生涯规划难免与现实有所差距,这就需要对职业生涯目标和规划进行评估,并做出适当的修正,以更好地符合自身发展和社会需求。职业生涯规划的评估和修正过程是对自身再认识的过程,也是对社会环境和职业世界加深认识的过程。因此,职业生涯规划实施过程是动态变化的,职业定位目标与实施计划也会根据内外环境的变化而不断地做出调整。规划书作为职业生涯规划的书面形式,也会随之做出相应的修正与完善。

(一)修正的内容

职业生涯规划书在修正时主要以职业生涯规划评估与调整为依据。因此,修正的内容主要包括:职业的重新选择、阶段目标的修正、实施措施与行动计划的变更等。

(二)影响修正的主要因素

影响职业生涯规划书修正的主要因素有三个方面:外部环境因素、系统组织因素、个体自身因素。这三个因素在职业规划中相互关联,组织和个人只能适应环境因素,应正确认识和分析系统组织因素和个体自身因素,寻求个人发展和组织发展的最佳匹配。

1. 外部环境因素

主要包括社会环境、政治环境、经济环境、科技环境、自然环境和法律环境等。应从宏观层面认识到职业生涯发展所具有的局限和可能,个人只能适应而不可改变外部环境。

2. 系统组织因素

主要包括组织规模、组织结构、组织文化、组织发展状况、人力资源规划、人力资源管理系统类型、晋升策略和人际关系等一切与职业生涯发展有关的系统组织因素。要改变系统组织因素非常困难,但个人可以选择到适合自己发展的系统组织中工作。

3. 个体自身因素

主要包括年龄、学历、工作经历、家庭背景和人格等。一方面个体要正确认识剖析自己,另一方面要不断发展完善自己。

四、职业生涯规划书的实施与反馈

完成职业生涯规划书撰写后,即进入职业生涯规划的具体实施阶段。职业生涯规划实施过程是动态变化的,职业生涯规划实施的关键是要制订具体的行动计划,包括实施步骤、时间安排,以及实施职业生涯规划书可利用的资源。要尽可能预测到可能遇到的困难,尽可能把实施成本和风险降低,在实施的初期,可以利用计划表更清晰地落实规划,如表5-3-4。

表5-3-4 计 划 表

时间(举例)	总目标	分目标	计划内容	实施步骤	可能存在的困难	可利用的资源
大二 大三 大四						

实施职业生涯规划书的核心任务除了落实行动计划,还有一项必不可少的重要任务是建立反馈机制。如在实施过程中发现问题,应及时反馈并修正,避免

该问题影响职业生涯规划书的顺利实施。同时，对职业生涯规划书中各项目标、行动策略等有效的、可执行的部分也应进行及时反馈，为职业生涯规划书的后续实施提供指导。

> **课后作业**
>
> 运用职业生涯规划的有关知识，为自己做一份详细的职业生涯规划书。

第四节　生涯心理调适

伏尔泰对医生有一个"夸张"却不失真诚的论述。他说："医生是这样一群人，他们开他们知之甚少的药，治疗他们知之更少的疾病，使他们完全不知道的人痊愈。"医学是一个在充满不确定性中游弋的学科，是一个要求医生用不完备的信息做出完美决定的学科。而在今天，生涯发展的本质也是不可预测性与不确定性。医学生的生涯发展其本身就会面临诸多的不确定性。生涯抉择、进入职场对医学生而言更是一个相对迷茫和有压力的过程。据我国 2020 年心理健康蓝皮书《中国国民心理健康发展报告（2019—2020）》显示，大学生对心理健康的需求中，职业指导位居第三位，仅次于人际交往与自我调节。实际上，这三者需求之间存在着交互关系，尤其体现在生涯心理调适这一主题中。本节从生涯相关的心理特征出发，了解大学生阶段个体所具备的生涯心理特征，然后就生涯过程中可能出现的认知、情绪和行为等问题进行分析，最后分享具有本土文化特色的生涯心理调适策略。

一、生涯发展心理特征

（一）发展性生涯心理特征

对于大学生群体而言，此阶段是所谓的"成人初显期"，其本身具有各种不确定性。不确定的个体在面对不确定性的职业和不确定性的生涯上会呈现怎样的心态？在具体的生涯过程中又会呈现怎样的心理特征？对自己心理状态的了解和把握有助于在诸多不确定中增加一点确定感,使医学生以开放的心理系统,更有弹性地去适应复杂动态的生涯系统和医学领域。

大学以及大学毕业后的几年时间,都属于一个人生涯心理的发展完善时期。通常按照年龄和年级的时间线来看,具体会出现三个阶段。处于大学一年级的学生,往往有较多的生涯意识困惑,有些会对自己所学专业的选择感到怀疑,心中没底,对所学专业不够了解,社会需求和就业前景不明确。处于大学二、三年级的学生,随着对所学专业的深入了解,通常能对社会需求和个人知识、兴趣、个性等品质做出比较客观的分析,并全面综合考虑各方面的因素来考虑自己未来的职业。而大学毕业生和刚参加工作的大学生就到了根据自己的学识、经历、经验和自己的判断理解去调整自己的生涯心理的阶段。

（二）生涯未定向的心理特点

尽管大学生的生涯心理的发展有自己的时间线,但对大学生而言,职业生涯的不确定情况仍较普遍。相当一部分大学生没有清楚、明确的生涯及职业发展方向,甚至对未来职业的选择感到陌生和困难。据全国首届大学生职业生涯规划的调查显示,92%的大学生认为自己有择业困惑,仅有8%的大学生觉得自己没有困惑。其中有超过三成的大学生在大一开始困惑,而超过五成的大学生源于不明白自己所适合的职业。对于就业压力日益严峻的当今大学生而言,生涯未定向的比例也愈来愈高。生涯不确定的大学生经常会出现焦虑,目标与兴趣模糊不定、缺乏求学动机、学生角色投入不足、学业成绩较差等现象,进而不能适应今后的发展。

1. 生涯未定

这类大学生对于自己的未来选择还没有具体的承诺,但并不表示他们没有自己的想法和计划。之所以未做决定的原因可能有二：有一些同学是属于探索性的未定向,在生涯选择上对自己和职业（或所学专业）的信息了解不足。但随着年龄增长,对自己和职业世界有了更多的了解,未定向的现象会逐渐减缓；还有一些同学则是多重选择的未定向,他们的兴趣广泛或能力多样,以至于无法做决定,处在左右为难的选择困境中,只好维持未确定状态。

2. 生涯犹豫

这类大学生处于不确定状态的背后原因比起上述两种类型复杂许多,而且通常伴随着严重的焦虑,又称之焦虑性未定向。一般的情况是,他们可能受困于认知上的障碍或错误的生涯信念,如认为自己选择有限、运气不佳、害怕面对选择、不敢承担责任等;另一类与人际的互动有关。他们由于与重要他人(父母、爱人等)的期望不同而造成个人困扰,例如父母对自己关于期望的职业有差距,或和恋人的期待有所冲突等。

非常有意思的是,有一些已经有所决定的大学生也会出现生涯相关的困扰。这类大学生在生涯发展的过程中已做了一个大致的决定,如高中毕业选择考医科大学,选择8年制的临床专业,大学毕业立即就业等。他们通常对自己的兴趣和能力较清楚,也收集了所选择目标的相关信息,因此一开始就向着未来的方向一步一步迈进。然而,这些学生虽然已做决定,但仍然存在各种困扰。通常有三种情况:第一种情况是,这些学生的思考较审慎周密,希望生涯咨询能帮助他们确认或证明所做的选择是正确的;第二种情况是,学生虽然已确定目标,但需要生涯咨询帮助他们如何计划、实践以达成目标;第三种情况是,学生表面上看似已做决定,实际只是一种假象,他们为了减低必须选择的焦虑而装作胸有成竹的样子,却可能是上述的"生涯犹豫"的类型。

需要说明的是,即使有以上几种类型,但学生所呈现的心理状态是复杂多样的,其问题可能是同一类型内两个以上的混合,其不同发展阶段也可能呈现不同的特点。因此,这些分类仅作为参考。要解决生涯定向的问题,学生需要对自己做更深入的了解及合理的信息整合。

二、生涯心理问题分析

在复杂多变的就业市场形势下,医学类学生的各种心理误区交织在一起,相互影响,相互作用,共同形成生涯心理问题,如心理认知问题、心理情绪问题和心理行为问题等。认识和分析这些问题,是我们找到解决问题的途径和方法的需要。医学类学生需正确认识这些问题,在面对现实时,要学会自觉调节自身心理状态,完善自身人格素质,确立健康的心理,迎接人生的转折。

(一)生涯心理的认知问题

生涯心理的认知问题是指医学类学生在特定的生涯环境下对自己、对职业及其周围社会环境等的认识、了解和生涯中对事物的推理与判断的偏差,如自负、自卑心理等。生涯心理的认知问题主要受到择业形势、个人特征等的影响。

择业形势直接影响着医学毕业生相关的就业认知状况。"双向选择"的择业大趋势加剧了医学类学生生涯过程中的心理压力。美国著名学者马丁·特罗（Martin Trow）认为，一个国家的高等教育能容纳适龄人口15%以内的为精英教育阶段，能容纳适龄人口15%—50%的为大众教育阶段，能容纳适龄人口50%以上的为普及教育阶段。我国医学高等教育已从"精英化"转为"大众化"阶段。目前，大学医学类毕业生已不是社会的精英，而是社会大众的一员。对于医学类学生来说，毕业就有"铁饭碗"的说法已不复存在。

随着高校的不断扩招，就业市场上医学类学生供需矛盾将长期存在。由于大学毕业生的就业能力不是基于职业路径的需要进行建构与培养的，因此，难以满足人力资源市场的需求和用人单位的"人才高消费"。冷门与热门专业之间的不平衡、偏远地区与经济发达地区"冷热"的反差、女医学类学生就业难等问题，都是供需矛盾的主要体现。这些供需矛盾使医学类学生对社会的认知产生了消极影响，也对自身的生涯心理产生了较大的冲击，很多毕业生就是因为面临较大的压力而产生了认知上的偏误。

同时，在成人初显期的医学毕业生仍处在自我探索的阶段，加上学习紧张，社会实践经验相对缺乏，更容易进入一定的自我认识盲区。如不了解自己想干什么，适合干什么，在选择医学类专业之前就容易缺乏对自己的理想、价值观、兴趣、爱好、气质、性格等进行准确定位和分析；在学医之后，他们也不清楚自己能干什么，缺乏对自己在校所学知识进行系统整理和对自己的理论水平、实践能力、专业特长等方面水平的客观评估。医学毕业生的一些认识偏差的心理问题，如自负、自卑心理就是激烈的竞争环境下的自我评价有误的表现。一些医学类学生抱着"医学相关职业待遇优厚且社会地位较高"的想法选择就读医学专业，但在生涯中由于缺乏对自身的客观评价，对医生的职业特点缺乏深入透彻的理解，导致部分在择业时好高骛远、将自己的择业目标定位过高，与相对较好的就业机会失之交臂。还有部分医学类学生因为自身学习成绩、个人能力等缺乏客观认识而产生自卑心理，甚至否定以前的成绩，再加上较少的社会激励和家庭原因，在激烈的求职择业中丧失信心，处于被动状态。

此外，一些医学类学生在校期间缺乏与社会信息的有效互动，对毕业后的就业环境不甚了解。面对每年动态变化的就业情况，此部分医学类学生易产生"生涯无路、就业无门"的茫然，而有的学生则面对多重选择无法做决定，导致犹豫矛盾心理的产生。

（二）生涯心理的情绪问题

生涯心理的情绪问题由生涯过程而引发，具体是指医学类学生在择业时所遇到的因社会形势与自我理想之间的矛盾冲突，或是应对就业压力时产生的情绪问题，如焦虑急躁心理、消极抑郁心理等。

当前医学人才市场虽是构架于双向选择的基础之上，但买方市场的强势表现却相对明显。在激烈的竞争中，医学毕业生如想得到理想的职业，就需要做出合理定位和不懈努力。用人单位尤其是大医院、知名企业在选择人才时深思熟虑，往往需要经过多方面的了解考察。面对纷繁复杂的层层面试和被动等待过程，不少医学毕业生表现出焦虑急躁的心理。此外，择业期间的焦虑程度主要受自身条件、自我理想、社会环境、家庭期望等多种因素综合影响。其中，自身条件和自我理想是首要影响因素。调查发现，大学生对自身条件在生涯过程中竞争力强弱的过度担忧使焦虑感明显增长。同时，许多医学类学生把择业目标定位在既专业对口，又有发展前途；既符合兴趣爱好，又收入丰厚的职业上。而事实上这类职业理想对于刚步入职场的医学类学生来说，实现的可能性很小。医学是实践性极强的学科，医生的临床经验来自基层长期艰苦的实践积累和锻炼，大部分医学毕业生都要从基层做起，累积经验、再图发展。这种矛盾导致大学生形成紧张不安、恐惧担忧的过度焦虑状态。

另外，对生涯过程中暂时性失败的调适不利还会形成消极抑郁的心理。有的医学类学生较内向，自身的心理素质较差，经历的挫折较少，面对择业的一两次失败，他们就会表现出消极抑郁的情绪，甚至终日郁郁寡欢，逐渐丧失生活的目标和奋斗的动力，因而失去许多择业良机。

（三）生涯心理的行为问题

由于是初次就业，大部分医学毕业生对生涯无概念、欠准备，容易被一些消极的社会意识所牵引。生涯心理的行为问题是指在生涯过程中，医学类毕业生因受到当前社会意识和公众舆论中关于就业价值取向论断的影响而产生的一些非理性择业行为，如盲目攀比、依赖怕苦等。

非理性的择业行为是按照心理上的"收益"和"损失"而不是按照实际收益和损失进行的决策。尤其是社会意识导向普遍强调的"收益"和"损失"的价值衡量更容易对毕业生的择业行为产生影响。人们常常以金钱和名利作为衡量是否成功的标准,认为成功的医学工作者都是那些服务于三甲医院、大型医疗卫生机构的,且收入不菲的人,即所谓的"明星医学工作者"。不少医学类学生受其影响,形成了自己择业观念的"损益"判断,认为"名利是成功医学毕业生应然的选择"。因此,他们在择业时往往将单位名气、福利待遇放在首位考虑。有的医学类学生面对他人在求职过程中所体现出来的成功、特长或优越的地位缺乏独立思考而盲从攀比,将择业方向集中于众人评价较好的单位,在没有冷静思考别人的择业标准是否符合自己实际条件的情况下转嫁他人的择业目标,片面依从大众舆论导向,从而错失择业良机。

比如,一些医学类毕业生常常放弃社区医生的就业机会。他们主观认为,一个科班出身的医学类学生仅在社区做医生,地位不高,社区配套医疗卫生条件差,医学实践机会缺乏,生涯发展无从谈起,于是就错过了在社区医院发展很好的职业生涯机会。其实,近年来,我国逐渐重视社区医疗卫生事业的建设,国家把医疗卫生发展的重心投向了农村和城市社区卫生中心,社区医生的待遇不断提高,医疗卫生条件得到了很大的改善,社区医生越来越受到老百姓的欢迎。

此外,受到家庭中父母期望的影响,不少医学类毕业生有依赖怕苦的行为。大多数医学类学生来自独生子女家庭。父母对孩子从事医学工作的高期望和从小的关爱甚至溺爱让他们对工作抱有不切实际的想法,追求轻松安逸的"收益"让他们回避看似辛苦的工作,在择业中产生依赖家庭和贪图安逸的行为。而由于吃苦耐劳精神为从事医药相关工作所必需,使得这类依赖怕苦的毕业生就业形势更不容乐观。

三、生涯心理调适方法

美国心理学家弗洛姆认为,生涯是一种使人焦虑痛苦、剥夺人的安全感的自由,一种促使人想要逃避的自由,因为你必须选择,无人能代替你选择,且须由你对选择的后果负责。大学生择业求职不仅仅是谋得一份工作的过程,也是适应社会、进行自我社会化、进一步健全人格和提高心理素质的过程。

生涯心理压力对于医学类学生而言,具有积极和消极两个方面的作用。积极作用主要表现在心理压力可以转化为医学类学生努力学习、自我教育的动力,而消极作用则主要表现在择业带来的紧张、焦虑、抑郁等不良情绪,可能会影响他们的学习与身心发展。因此,缓解择业心理压力,进行就业心理调适十分必要。

除却市场经济、社会发展状况等客观因素,医学毕业生出现的生涯心理压力多来源于主观的一些原因,如对自我、对社会认知偏差,应对心态不良等。改变可以改变的。从自身出发积极寻求成长是医学毕业生心理调适的重要方向。心理调适旨在帮助医学类毕业生在择业遇到困难、冲突、障碍时客观地分析原因，客观地认识自我，有效地排除心理障碍，从而使自己保持稳定、积极的心态，努力行动，克服困难，为自己顺利就业打好基础。心理调适实用的方法有理性情绪法、自由书写法、注意力转移法、运动锻炼法、呼吸放松法、自我增效法和音乐陶冶法等。学生可根据实际情况个性化地选择适合自己的调适方法。

（一）理性情绪法

人有理性与非理性两种信念。美国临床心理学家艾里斯（Ellis.A）创立的"理性—情绪疗法"（Rational-Emotive Therapy，简称 RET）理论认为，情绪困扰并不一定是由诱发性事件直接引起的，而常常是由经历者对事件的理性的解释和评价所引起的。如果改变了非理性观念，调整了对诱发事件的认识和评价，领悟到理性观念，情绪困扰就消除了。

艾里斯用简单的 ABC 模式来图示非理性信念对情绪行为等的影响（图5-4-1）：在诱发事件 A（Activating event）、个人对此所形成的认知、态度或信念 B（Belief）和个人对诱发事件所产生的情绪与行为结果 C（Consequence）这三者关系中，A 对 C 只起到间接作用，而 B 对 C 则起直接作用。换言之，一个人情绪困扰的后果 C，并非由事件起因 A 造成，而是由人对事件 A 的信念 B 造成的。所以，B 对于个人的思想行为方法起决定性作用。详见表5-4-1。

事件 A ⟹ 认知 态度B 信息 ⟹ 结果 C

图 5-4-1　情绪 ABC 模式

表 5-4-1　情绪 ABC 关系表

事件 A	认知、信念、态度 B	结果 C
求职面试不成功	我是重点院校的医学生，求职面试是不会失败的（非理性）	特别痛苦，不能自拔
	虽然我是重点院校的医学生，但在激烈的就业竞争中，难免会受挫折（理性）	在失败中总结经验，以良好的心态投入择业过程

续 表

事件 A	认知、信念、态度 B	结果 C
面临到社区医院就业的抉择	我读了 8 年的医学专业,在社区医院当医生太可惜(非理性)	消极抑郁,错过就业机会
	在社区医院当医生很受重视,同样可以治病救人,也是不错的选择(理性)	成功就业,心情愉快

正是非理性观念作怪,才导致或加剧了很多医学类学生在择业失败时的情绪障碍。如果能使这类想法得到纠正,则不良情绪必然会得到一定的缓解,就业机会也因此增加。"理性情绪法"的目的在于帮助医学毕业生认清有关择业思想中的不合理信念,建立合乎逻辑、理性的信念,以减少个人的自我挫败感,调整好心态,理性择业。面对非理性观念的实用策略如下:

1. 对思考内容及情感反应做记录

这可以帮助你认清自己的潜意识以及思维中的逻辑错误。大卫·伯金(David Burn)的著作《感觉良好》是了解如何学习这种记录方法的好资源。

2. 思维阻断

思维阻断就是堵住消极思维的喷涌。当焦虑的思想开始大规模涌来时,你可以画一个停止符号或听一个铃声。

3. 权衡各种选择

为不良后果准备丰富的备选项。如果你考虑放弃就业,想一想继续深造或出国学习是否很好的选择。

4. 对证据提出质疑

系统地回顾你的想法与主张。如果你面试失败了就一无是处,那么问问你自己这么多年是如何成长的。

5. 积极转移注意力

寻找积极的吸引人的东西,暂时从消极的思维中摆脱出来。当你高度紧张时,你可以在 13 秒内从 1 数到 200。

6. 去灾难化

仔细地想一想你是不是过分估计了情况的消极部分。比如,你认为你有一科只得了"及格"并因此失去了读研究生的机会,认真想一想这是不是必然结论。

7. 做最坏的打算

想象一下你所害怕的情景,做最坏的打算,想出应对的办法。假若这是真实的,那么已经有应对办法了,更何况结果常常更乐观,要勇敢地去经历。

另外,对于医学类毕业生来说,了解和搜集与就业相关的客观理性信息将有利于与非理性信念的辩论。

(二)自由书写法

医学类毕业生在择业过程中,当遇到各种矛盾冲突,引起不良情绪时,应尽早进行调整,使压抑的心境得到缓解和改善。研究人员发现,人在受到精神创伤和挫折后,有的会生病,有的却能保持身心健康,其中一个重要的因素是人们能否对这些精神创伤和挫折所产生的不良情绪作合理的排遣。自由书写法的实质是将心理烦恼和压力引起的能量,通过一定的途径向外界转移,从而减少其对身心的影响。

自由书写也是叙事疗法中常用的调适方法,希望可以通过自由书写来改善你自身的压力状况。

1. 书写什么

你并不需要记录你在择业中最有压力的事情,只需书写一些目前使你心事重重的问题和关注点即可。书写你不会向其他人透露的想法,因为若是向别人透露的话,你自己会感到尴尬或是会得到他人消极的评论。尽可能记录最近使你烦恼的经历。在书写中要表达出你的真实情感和最深的感受。

2. 如何书写

你所要做的仅仅是勇敢地开始并不停歇地写下去,不用在意辞藻是否华丽。当你感到思绪受阻时,请重新查看思想受阻前所写的记录,慢慢地你的思绪就会疏通了。建议随身携带一个本子,根据自己的需要也可以选择没有任何格纹的全空白涂鸦本,在书写的同时甚至可以画下自己的感受。

3. 何时何地进行书写

情感自由书写与记录事件和想法发生的日记并不相同。当你感觉想要书写时就写,当你感觉到情感足够书写时就写。找一个你不会被打扰、不会感到心烦意乱的地方即可。

4. 如何处理你所写的记录

建议自己保留这些记录,当然也可以做一个处理的仪式(如撕碎扔掉,像是一个告别等)。不要打算给任何人看,不要抱着为读者阅读的心态来写,否则会使得你有所保留或者出现试图为自己辩护的感觉。

5. 怎样看待书写的内容

情感的书写并不会解决你所有的问题,因为它不是处理问题的替代品——包括那些使你感到愤怒、悲伤、挫败的问题。但它大致可以帮助你释放一定的压力,开始从更好的角度看问题。在书写之后,你可能会好几个小时甚至一整天都感到伤心或沮丧。然而,书写的自由感和宣泄感更能带给你安慰和满足。

(三)注意力转移法

当医学类学生在择业过程中出现不良情绪时,可以采取注意力转移的方法,主动暂时离开使心理困惑的场景,改变环境,寻找一个新的刺激,激活新的兴奋中心,使不良情绪逐渐消失,调整心智达到平衡。如听听音乐、参加体育运动、郊游、网上冲浪等。

医学类学生不妨准备一个"照顾自己清单",在清单上罗列出自己的兴趣爱好,能够唤起自己良好情绪的活动,简单清晰就好。在自己感受到压力的时候,拿出"照顾自己清单",提醒自己将注意力从负面性事件中离开,从事喜欢的活动,获取正性能量。所以,平时要注意培养自己广泛的业余爱好,使自己从紧张、乏味、无聊的小圈子中走出来,进入兴趣盎然的境界。业余爱好的内容是广泛的,可培养中国传统爱好,诸如琴棋书画、花艺茶艺,遛弯逗鸟等,也可培养音乐舞蹈、旅游垂钓等其他爱好。重要的是根据自己的兴趣和情况选择,扬长避短,适当投资,养成习惯,到需要的时候就能得心应手了。

(四)运动锻炼法

医学类学生求职的奔波和被动地等待甚至挫折容易累积压力。运动能够通过释放压力期间集聚的自然化学物质,使身体恢复到正常的平衡状态。规律的运动能够将身体的"快乐因子"内啡肽释放到血液中。当运动达到一定量时,身体产生的内啡肽效应能愉悦神经,甚至可以把压力和不愉快带走。此外,运动能增加大脑中α活动,让你清理思绪,在排出身体内毒素的同时,改善身体机能,更好地应对压力。

减压的运动可分简单轻微运动和规律强度运动两大类。

1. 简单轻微运动

在择业面试的高峰期,如果不能腾出整块规律的运动时间,医学类学生可以利用零散的时间做这些简单易行的轻微运动,包括干洗脸、捏耳朵、抓头或梳头、转脚腕、伸懒腰、打哈欠等。干洗脸的方法是,首先将你的双手互相揉搓至发热,然后轻轻用双手搓脸。顺着脸部肌肉的方向在额部、眼圈、脸颊、嘴角等进行横向、圆圈、斜向的按摩,就像母亲在按摩婴儿一样轻缓柔顺,进而放松下来。用自己的双手捏自己的耳朵也是一种简单有效的方法。人的耳朵上有很多的穴位,关联着人体的五脏六腑,经常捏捏耳朵对压惊安神很有益处。另外,在疲劳或烦恼的时候抓抓头或用梳子梳梳头、转转脚腕、伸伸懒腰、打打哈欠也都是简便易行的方法。

2. 规律强度运动

规律强度运动指的是诸如跑步、打球等具有一定强度的重复性运动。比较常见的有跑步、慢走、游泳、骑自行车、打羽毛球等球类运动、跳舞等。由于这类锻炼能够增强心血管系统功能和整体耐力,且时间持续较长,在释放压力方面具有较好的效果。

医学类学生还可以选择一定强度的拉伸锻炼,如瑜伽等。由于拉伸动作缓慢、持续、放松、有助于我们在集中注意力从事某种活动时,心身放松且感觉良好,进而改善睡眠,赶走忧虑。

定期锻炼是缓解压力的最佳选择,当集中思想专心进行例行锻炼活动时,你的情绪重心便自动退居次要位置。平时养成定期锻炼的好习惯,在择业时能更好地轻松减压。

(五)呼吸放松法

呼吸放松法是通过调节呼吸来达到缓解紧张的方法,这是医学类学生在择业中非常实用的方法之一。毕业生由于初次就业,在求职面试的过程中容易产生焦虑情绪,学会放松调息将有助于在面试时恢复镇定和平静,增加勇气与自信。

紧张焦虑会使呼吸不由自主地加快,从而导致"过度呼吸"。急促的过度呼吸会引起一些生理变化,如心跳频率和强度增加、分泌肾上腺素增加、唾液分泌减少、恶心呕吐、肌肉抽搐等。这些变化都是来自我调节的神经系统的反应。也就是说,你无法通过意识直接控制这些生理变化。所以,当你在焦虑紧张时,想通过意志让自己不冒汗、不心慌是十分困难的。你能做的一种最简单、最有效的努力就是调整呼吸。

具体做法是：保持坐姿，身体向后靠并挺直，松开束腰的皮带或衣物，将双掌轻轻放在肚脐上，五指并拢，掌心向下。

首先将你的肺想象成一个气球，你现在的任务是将这个气球充满气。你先用鼻子慢慢地吸气，直到你感到气球已经全部胀起，保持这个状态两秒钟。当你给这个气球充气时，你会看到你的手朝离开身体的方向移动。然后，再用鼻子慢慢、轻轻地呼气，这时你会看到你的手向靠近身体的方向移动。开始练习这个过程可能还不太习惯，反复练习几次就会掌握。在掌握了呼吸的基本功以后，就可以练习对你呼吸的速度进行控制。你可以在吸气的时候大约数四个节拍，然后慢慢吐气，也用四个节拍，每次连续做4—10分钟即可。

实施这种训练10—15分钟，每天两次。持续两周以后，你大概就可以进入一个简化版的训练了。当你能在坐姿下熟练地运用深呼吸放松术之后，你就可以练习在不同的场合和姿势下进行深呼吸训练。除了在安静的环境中进行深呼吸外，也可以在看电视、走路、临面试前去做，还可以尝试在别人在场之类受干扰的情况下使用。如果闭上眼睛做，边做深呼吸边想象一些美好的情景，效果会更好。

（六）自我增效法

认知行为疗法的一个重要方面是自我效能，也就是一种相信自己可以控制局势，并会产生积极结果的信念。班杜拉（Albert Bandura）认为自我效能是成功调适的关键。如果在择业的过程中，碰到问题能够不停地告诉自己或者让自己感到"我有能力解决这个问题"，这种积极的心理暗示就往往有助于自己心想事成。所谓的自我增效法就是增加自我效能的方法，自我指导法和自我激励法都属于此类方法。

调查显示，大学生求职平均投出简历多达百份，面试机会平均每人5次，能够一次性成功的很少，所以大学生求职受挫是很常见的。医学毕业生如何在遭遇挫折的时候做到冷静思考，寻找对策，重新起航，自我增效法往往很有效。

自我指导法的重点是通过自我指导的语言和行为帮助重获自信及良性行为，在自我效能的作用下积极的结果能够转化为动力，自我就能够坚持努力尝试着解决个人问题。根据自我指导的原理，对于择业压力的调适可主要包括以下5个方面的环节。

1. 为择业压力和焦虑做准备

在择业中我必须做什么(如认识自己、搜集各种择业信息、咨询相关人士等)。

我要做计划来应对这个局面(如完成简历、投放简历、参与面试、签订合同等各个时间节点如何)。

我会仔细考虑应该做的事(如为择业做好准备:合适的面试着装、简历的设计、相关的咨询等)。

我有很多应对办法可以用(如做好几种择业选择:去医院、去医药公司、考研、创业等)。

2. 面对择业压力与焦虑

我能接受这个挑战。

我一定行的。放松一下,深呼吸,采取某个策略。

我不会只停留在压力与焦虑的痛苦上的,重要的是考虑应该怎么做。

3. 在择业关键时刻控制感情

我可以做什么转移一下注意力(如深呼吸、数数)。

当痛苦来临时,我要休息一下,然后再投入应做的工作。

4. 强化自我鼓励

太好了,这次我做到了!

我处理得很好!

我就知道我能做到的。

自我激励法主要指用生活中的哲理、榜样的事迹或明智的思想观念来激励自己,同各种不良情绪作斗争。如在自己择业受挫的时候想想"轮椅上的白衣天使"陈海新的积极乐观,知难而进,身体健全的我们会重拾对未来美好的信心和奋斗的勇气,遇到就业受挫,也就不容易惊慌失措、冲动、急躁,而是善于开动脑筋,冷静思考,寻找对策。

(七)音乐陶冶法

医学类学生在择业过程的不同阶段可能会经历多种消极情绪,如紧张、焦虑、忧郁等。如何调整好这些情绪,音乐将是很好的帮手。科学家认为,人处在优美悦耳的音乐环境之中,音乐声波的频率和声压会引起心理上的反应,音乐具有主动的、积极的功能,并且能引导出α脑波,对掌管情绪、主司创造力和想象力的右脑有刺激作用。优美的音乐能提高大脑皮层的兴奋性,对创造力、信息吸收力等潜在能力的提升有很强的效果,可以改善人们的情绪,激发人们的感情,振奋人们的精神。此外,还有助于消除心理、社会因素所造成的紧张、焦虑、忧郁、恐怖等不良心理状态,提高应激能力。毕业生需要学习的是如何选择合适的音乐来帮助减压。

忧郁的时候可听"忧郁感"的音乐,也可听轻松欢快的音乐。不管是欢快的圆舞曲,还是忧郁的悲怆乐曲,都是具有美感的,都能达到心理调适的作用。

急躁紧张的时候宜听节奏慢、利于人思考的乐曲,这样可以调整心绪,克服急躁情绪,如一些古典交响乐曲中的慢板部分。

悲观、消极的时候宜多听宏伟、粗犷和令人振奋的音乐,比如贝多芬的《第五交响乐》等。这些乐曲对自卑的学生是有帮助的。乐曲中充满坚定、无坚不摧的力量,会随着飞溢的旋律而洒向听者的心里,渐渐地会使学生树立起信心,振奋起精神,认真地考虑和对待自己的择业历程。

自我调适的方法还有很多,如积极的自我暗示法、环境调节法、完美意向法等,这些都是应变的一些实用方法。医学类学生在就业过程中要根据自身情况个性化地选择合适的方法调节情绪,使自己始终保持积极向上的精神状态和健康的心理。

值得注意的是,一旦求职择业中自我调适不能发挥作用,医学类学生就应及时寻求心理咨询或专业人士的帮助,及时排解就业中的矛盾和冲突。

思考题

1. 大学生生涯未定向指什么?有哪几种类型?试着分析自己的生涯未定向的情况。

2. 除了书中介绍的生涯心理调适方法,你还有哪些有用的生涯心理调适的方法?请举例说明。

附 录

附录一 职业兴趣测试(霍兰德测试)

根据兴趣的不同,人格可分为研究型(I)、艺术型(A)、社会型(S)、企业型(E)、常规型(C)、现实型(R)六个维度,每个人的性格都是这六个维度的不同程度组合。

第一部分 理想职业

对于未来的职业(或升学进修的专业),你得早有考虑,它可能很抽象、很朦胧,也可能很具体、很清晰。不论是哪种情况,都请你把自己最想干的3种工作或最想读的3种专业,按顺序写下来。

1.
2.
3.

第二部分 兴趣活动

下面列举了若干种活动,请就这些活动判断你的好恶。喜欢的,请在"是"栏里打√;不喜欢的,请在"否"栏里打√。请按顺序回答全部问题。注:统计"是"一栏得分。

R:现实型活动	是	否
1. 装配修理电器或玩具	___	___
2. 修理自行车	___	___
3. 用木头做东西	___	___
4. 开汽车或摩托车	___	___
5. 用机器做东西	___	___

6. 参加木工技术学习班

7. 参加制图描图学习班

8. 驾驶卡车或拖拉机

9. 参加机械和电气学习班

10. 装配修理机器

统计"是"一栏得分_____

I：调查型活动　　　　　　　　　　　是　　　　否

1. 读科技图书和杂志

2. 在实验室工作

3. 改良水果品种，培育新的水果

4. 调查了解土和金属等物质的成分

5. 研究自己选择的特殊问题

6. 解算术或玩数学游戏

7. 物理课

8. 化学课

9. 几何课

10. 生物课

统计"是"一栏得分_____

A：艺术型活动　　　　　　　　　　　是　　　　否

1. 素描/制图或绘画

2. 参加话剧/戏剧

3. 设计家具/布置室内

4. 练习乐器/参加乐队

5. 欣赏音乐或戏剧

6. 看小说/读剧本

7. 从事摄影创作

8. 写诗或吟诗

9. 参加艺术(美术/音乐)培训

10. 练习书法

统计"是"一栏得分_____

S：社会型活动   是   否

1. 学校或单位组织的正式活动 _____ _____
2. 参加某个社会团体或俱乐部活动 _____ _____
3. 帮助别人解决困难 _____ _____
4. 照顾儿童 _____ _____
5. 出席晚会、联欢会、茶话会 _____ _____
6. 和大家一起出去郊游 _____ _____
7. 想获得关于心理方面的知识 _____ _____
8. 参加讲座会或辩论会 _____ _____
9. 观看或参加体育比赛和运动会 _____ _____
10. 结交新朋友 _____ _____

统计"是"一栏得分_____

E：事业型活动   是   否

1. 说服鼓动他人 _____ _____
2. 卖东西 _____ _____
3. 谈论政治 _____ _____
4. 制定计划、参加会议 _____ _____
5. 以自己的意志影响别人的行为 _____ _____
6. 在社会团体中担任职务 _____ _____
7. 检查与评价别人的工作 _____ _____
8. 结交名流 _____ _____
9. 指导有某种目标的团体 _____ _____
10. 参与政治活动 _____ _____

统计"是"一栏得分_____

C：常规型活动   是   否

1. 整理好桌面和房间 _____ _____
2. 抄写文件和信件 _____ _____
3. 为领导写报告或公务信函 _____ _____
4. 检查个人收支情况 _____ _____
5. 参加打字培训班 _____ _____

6. 参加算盘、文秘等实务培训　　　　　　　　_____　　　_____

7. 参加商业会计培训班　　　　　　　　　　　_____　　　_____

8. 参加情报处理培训班　　　　　　　　　　　_____　　　_____

9. 整理信件、报告、记录等　　　　　　　　　_____　　　_____

10. 写商业贸易信　　　　　　　　　　　　　_____　　　_____

统计"是"一栏得分_____

第三部分　擅长活动

下面列举了若干种活动,其中你能做或大概能做的事,请在"是"栏里打√;反之,在"否"栏里打√。请回答全部问题。注:统计"是"一栏得分。

R：实际型活动　　　　　　　　　　　　　　　是　　　　　否

1. 能使用电锯、电钻和锉刀等木工工具　　　　_____　　　_____

2. 知道万用表的使用方法　　　　　　　　　　_____　　　_____

3. 能够修理自行车或其他机械　　　　　　　　_____　　　_____

4. 能够使用电钻床、磨床或缝纫机　　　　　　_____　　　_____

5. 能给家具和木制品刷漆　　　　　　　　　　_____　　　_____

6. 能看建筑设计图　　　　　　　　　　　　　_____　　　_____

7. 能够修理简单的电气用品　　　　　　　　　_____　　　_____

8. 能修理家具　　　　　　　　　　　　　　　_____　　　_____

9. 能修理收录机　　　　　　　　　　　　　　_____　　　_____

10. 能简单地修理水管　　　　　　　　　　　_____　　　_____

统计"是"一栏得分_____

I：调研型能力　　　　　　　　　　　　　　　是　　　　　否

1. 懂得真空管或晶体管的作用　　　　　　　　_____　　　_____

2. 能够列举三种含蛋白质多的食品　　　　　　_____　　　_____

3. 理解铀的裂变　　　　　　　　　　　　　　_____　　　_____

4. 能用计算尺、计算器、对数表　　　　　　　_____　　　_____

5. 会使用显微镜　　　　　　　　　　　　　　_____　　　_____

6. 能找到三个星座　　　　　　　　　　　　　_____　　　_____

7. 能独立进行调查研究　　　　　　　　　　　_____　　　_____

8. 能解释简单的化学

9. 理解人造卫星为什么不落地

10. 经常参加学术的会议

统计"是"一栏得分_____

A：艺术型能力   是   否

1. 能演奏乐器

2. 能参加二部或四部合唱

3. 独唱或独奏

4. 扮演剧中角色

5. 能创作简单的乐曲

6. 会跳舞

7. 能绘画、素描或书法

8. 能雕刻、剪纸或泥塑

9. 能设计板报、服装或家具

10. 写得一手好文章

统计"是"一栏得分_____

S：社会型能力   是   否

1. 有向各种人说明解释的能力

2. 常参加社会福利活动

3. 能和大家一起友好相处地工作

4. 善于与年长者相处

5. 会邀请人、招待人

6. 能简单易懂地教育儿童

7. 能安排会议等活动秩序

8. 善于体察人心和帮助他人

9. 帮助护理患者和伤员

10. 安排社团组织的各种事务

统计"是"一栏得分_____

E：事业型能力   是   否

1. 担任过学生干部并且干得不错

2. 工作上能指导和监督他人　　　　　　　　　_____　　_____

3. 做事充满活力和热情　　　　　　　　　　　_____　　_____

4. 有效利用自身的做法调动他人　　　　　　　_____　　_____

5. 销售能力强　　　　　　　　　　　　　　　_____　　_____

6. 曾作为俱乐部或社团的负责人　　　　　　　_____　　_____

7. 向领导提出建议或反映意见　　　　　　　　_____　　_____

8. 有开创事业的能力　　　　　　　　　　　　_____　　_____

9. 知道怎样做能成为一个优秀的领导者　　　　_____　　_____

10. 健谈善辩　　　　　　　　　　　　　　　 _____　　_____

统计"是"一栏得分_____

C：常规型能力　　　　　　　　　　　　　　是　　　　否

1. 会熟练地打印中文　　　　　　　　　　　　_____　　_____

2. 会用外文打字机或复印机　　　　　　　　　_____　　_____

3. 能快速记笔记和抄写文章　　　　　　　　　_____　　_____

4. 善于整理保管文件和资料　　　　　　　　　_____　　_____

5. 善于从事事务性的工作　　　　　　　　　　_____　　_____

6. 会用算盘　　　　　　　　　　　　　　　　_____　　_____

7. 能在短时间内分类和处理大量文件　　　　　_____　　_____

8. 能使用计算机　　　　　　　　　　　　　　_____　　_____

9. 能搜集数据　　　　　　　　　　　　　　　_____　　_____

10. 善于为自己或集体做财务预算表　　　　　 _____　　_____

统计"是"一栏得分_____

第四部分　喜欢职业

下面列举了多种职业，请逐一认真地看，如果是你有兴趣的工作，请在"是"栏里打√；如果是你不太喜欢、不关心的工作，请在"否"栏里打√。请回答全部问题。注：统计"是"一栏得分。

R：实际型活动　　　　　　　　　　　　　　是　　　　否

1. 飞机机械师　　　　　　　　　　　　　　　_____　　_____

2. 野生动物专家　　　　　　　　　　　　　　_____　　_____

3. 汽车维修工
4. 木匠
5. 测量工程师
6. 无线电报务员
7. 园艺师
8. 长途公共汽车司机
9. 电工
10. 火车司机

统计"是"一栏得分_____

I：调研型职业	是	否
1. 气象学或天文学者		
2. 生物学者		
3. 医学实验室的技术人员		
4. 人类学者		
5. 动物学者		
6. 化学学者		
7. 数学学者		
8. 科学杂志的编辑或作家		
9. 地质学者		
10. 物理学者		

统计"是"一栏得分_____

A：艺术型职业	是	否
1. 乐队指挥		
2. 演奏家		
3. 作家		
4. 摄影家		
5. 记者		
6. 画家、书法家		
7. 歌唱家		
8. 作曲家		

9. 电影电视演员

　　10. 电视节目主持人

统计"是"一栏得分＿＿＿＿

S：社会型职业　　　　　　　　　　　是　　否

　　1. 街道、工会或妇联干部

　　2. 小学、中学教师

　　3. 精神病医生

　　4. 婚姻介绍所工作人员

　　5. 体育教练

　　6. 福利机构负责人

　　7. 心理咨询员

　　8. 共青团干部

　　9. 导游

　　10. 国家机关工作人员

统计"是"一栏得分＿＿＿＿

E：事业型职业　　　　　　　　　　　是　　否

　　1. 厂长

　　2. 电视片编制人

　　3. 公司经理

　　4. 销售员

　　5. 不动产推销员

　　6. 广告部长

　　7. 体育活动主办者

　　8. 销售部长

　　9. 个体工商业者

　　10. 企业管理咨询人员

统计"是"一栏得分＿＿＿＿

C：常规型职业　　　　　　　　　　　是　　否

　　1. 会计师

　　2. 银行出纳员

3. 税收管理员　　　　　　　　　_____　　_____

4. 计算机操作员　　　　　　　_____　　_____

5. 簿记人员　　　　　　　　　_____　　_____

6. 成本核算员　　　　　　　　_____　　_____

7. 文书档案管理员　　　　　　_____　　_____

8. 打字员　　　　　　　　　　_____　　_____

9. 法庭书记员　　　　　　　　_____　　_____

10. 人口普查登记员　　　　　　_____　　_____

统计"是"一栏得分_____

第五部分　能力简评

下面两张表是你在6个职业能力方面的自我评定表。你可以先与同龄者比较出自己在每一方面的能力,然后经斟酌后对自己的能力作评估。请在表中适当的数字上画圈。数字越大,表示你的能力越强。注意,请勿全部画同样的数字,因为人的每项能力不可能完全一样。

表 A

R型	I型	A型	S型	E型	C型
机械操作能力	科学研究能力	艺术创作能力	解释表达能力	商业洽谈能力	事务执行能力
7	7	7	7	7	7
6	6	6	6	6	6
5	5	5	5	5	5
4	4	4	4	4	4
3	3	3	3	3	3
2	2	2	2	2	2
1	1	1	1	1	1

表 B

R 型	I 型	A 型	S 型	E 型	C 型
体育能力	数学技能	音乐技能	交际技能	领导技能	办公技能
7	7	7	7	7	7
6	6	6	6	6	6
5	5	5	5	5	5
4	4	4	4	4	4
3	3	3	3	3	3
2	2	2	2	2	2
1	1	1	1	1	1

第六部分　确定职业倾向

请将第二部分到第五部分的全部测试分数按照前面已统计好的 6 种职业倾向得分填入下表，并做纵向累加。

测　　试	R	I	A	S	E	C
第二部分						
第三部分						
第四部分						
第五部分 A						
第五部分 B						
总　　分						

请将上表中的六种职业倾向总分按大小顺序依次从左到右排列
　　　型、　　型、　　型、　　型、　　型、　　型
选出你的职业代码（得分处于前三位的字母）。

第七部分 职业价值

这一部分测验列出了人们在选择工作时通常会考虑的 9 种因素(见所附工作价值标准)。请你在其中选出最重要的两项因素,并将序号填入下边相应空格上。

最重要：____   次重要：____

最不重要：____ 次不重要：____

附：工作价值标准

1. 工资高、福利好
2. 工作环境(物质方面)舒适
3. 人际关系良好
4. 工作稳定有保障
5. 能提供较好的受教育机会
6. 有较高的社会地位
7. 工作不太紧张、外部压力少
8. 能充分发挥自己的能力特长
9. 社会需要与社会贡献大

第八部分 霍兰德职业索引

下面介绍与你 3 个代号的职业兴趣类型一致的职业表,对照的方法如下:首先根据你的职业兴趣代号,在下表中找出相应的职业,例如你的职业兴趣代号是 RIA,那么牙科技术人员、陶工等是适合你兴趣的职业。然后寻找与你职业兴趣代号相近的职业,如你的职业兴趣代号是 RIA,那么其他由这三个字母组合成的编号(如 IRA、IAR、ARI 等)对应的职业,也较适合你的兴趣。

RIA：牙科技术员、陶工、建筑设计员、模型工、细木工、制作链条人员。

RIS：厨师、林务员、跳水员、潜水员、染色员、电器修理、眼镜制作、电工、纺织机器装配工、服务员、装玻璃工人、发电厂工人、焊接工。

RIE：建筑和桥梁工程、环境工程、航空工程、公路工程、电力工程、信号工程、电话工程、一般机械工程、自动工程、矿业工程、海洋工程、交通工程技术人员、制图员、家政经济人员、计量员、农民、农场工人、农业机械操作、清洁工、无线电修理、汽车修理、手表修理、管工、线路装配工、工具仓库管理员。

RIC：船上工作人员、接待员、杂志保管员、牙医助手、制帽工、磨坊工、石匠、机器制造、机车（火车头）制造、农业机器装配、汽车装配工、缝纫机装配工、钟表装配和检验、电动器具装配、鞋匠、锁匠、货物检验员、电梯机修工、托儿所所长、钢琴调音员、装配工、印刷工、建筑钢铁工作、卡车司机。

RAI：手工雕刻、玻璃雕刻、制作模型人员、家具木工、制作皮革品、手工绣花、手工钩针纺织、排字工作、印刷工作、图画雕刻、装订工。

RSE：消防员、交通巡警、警察、门卫、理发师、房间清洁工、屠夫、锻工、开凿工人、管道安装工、出租汽车驾驶员、货物搬运工、送报员、勘探员、娱乐场所的服务员、起卸机操作工、灭害虫者、电梯操作工、厨房助手。

RSI：纺织工、编织工、农业学校教师、某些职业课程教师（诸如艺术、商业、技术、工艺课程）、雨衣上胶工。

REC：抄水表员、保姆、实验室动物饲养员、动物管理员。

REI：轮船船长、航海领航员、大副、试管实验员。

RES：旅馆服务员、家畜饲养员、渔民、渔网修补工、水手长、收割机操作工、搬运行李工人、公园服务员、救生员、登山导游、火车工程技术员、建筑工作、铺轨工人。

RCI：测量员、勘测员、仪表操作者、农业工程技术、化学工程技师、民用工程技师、石油工程技师、资料室管理员、探矿工、煅烧工、烧窑工、矿工、保养工、磨床工、取样工、样品检验员、纺纱工、炮手、漂洗工、电焊工、锯木工、刨床工、制帽工、手工缝纫工、油漆工、染色工、按摩工、木匠、农民建筑工作、电影放映员、勘测员助手。

RCS：公共汽车驾驶员、一等水手、游泳池服务员、裁缝、建筑工作、石匠、烟囱修建工、混凝土工、电话修理工、爆炸手、邮递员、矿工、裱糊工人、纺纱工。

RCE：打井工、吊车驾驶员、农场工人、邮件分类员、铲车司机、拖拉机司机。

IAS：普通经济学家、农场经济学家、财政经济学家、国际贸易经济学家、实验心理学家、工程心理学家、心理学家、哲学家、内科医生、数学家。

IAR：人类学家、天文学家、化学家、物理学家、医学病理、动物标本剥制者、化石修复者、艺术品管理者。

ISE：营养学家、饮食顾问、火灾检查员、邮政服务检查员。

ISC：侦察员、电视播音室修理员、电视修理服务员、验尸室人员、编目录者、医学实验定技师、调查研究者。

ISR：水生生物学者、昆虫学者、微生物学家、配镜师、矫正视力者、细菌学家、牙科医生、骨科医生。

ISA：实验心理学家、普通心理学家、发展心理学家、教育心理学家、社会心理学家、临床心理学家、目标学家、皮肤病学家、精神病学家、妇产科医师、眼科医生、五官科医生、医学实验室技术专家、民航医务人员、护士。

IES：细菌学家、生理学家、化学专家、地质专家、地理物理学专家、纺织技术专家、医院药剂师、工业药剂师、药房营业员。

IEC：档案保管员、保险统计员。

ICR：质量检验技术员、地质学技师、工程师、法官、图书馆技术辅导员、计算机操作员、医院听诊员、家禽检查员。

IRA：地理学家、地质学家、声学物理学家、矿物学家、古生物学家、石油学家、地震学家、声学物理学家、原子和分子物理学家、电学和磁学物理学家、气象学家、设计审核员、人口统计学家、数学统计学家、外科医生、城市规划家、气象员。

IRS：流体物理学家、物理海洋学家、等离子体物理学家、农业科学家、动物学家、食品科学家、园艺学家、植物学家、细菌学家、解剖学家、动物病理学家、作物病理学家、药物学家、生物化学家、生物物理学家、细胞生物学家、临床化学家、遗传学家、分子生物学家、质量控制工程师、地理学家、兽医、放射性治疗技师。

IRE：化验员、化学工程师、纺织工程师、食品技师、渔业技术专家、材料和测试工程师、电气工程师、土木工程师、航空工程师、行政官员、冶金专家、原子核工程师、陶瓷工程师、地质工程师、电力工程师、口腔科医生、牙科医生。

IRC：飞机领航员、飞行员、物理实验室技师、文献检查员、农业技术专家、动植物技术专家、生物技师、油管检查员、工商业规划者、矿藏安全检查员、纺织品检验员、照相机修理者、工程技术员、编计算程序者、工具设计者、仪器维修工。

CRI：簿记员、会计、记时员、铸造机操作工、打字员、按键操作工、复印机操作工。

CRS：仓库保管员、档案管理员、缝纫工、讲述员、收款人。

CRE：标价员、实验室工作者、广告管理员、自动打字机操作员、电动机装配工、缝纫机操作工。

CIS：记账员、顾客服务员、报刊发行员、土地测量员、保险公司职员、会计师、估价员、邮政检查员、外贸检查员。

CIE：打字员、统计员、支票记录员、订货员、校对员、办公室工作人员。

CIR：校对员、工程职员、海底电报员、检修计划员、发报员。

CSE：接待员、通讯员、电话接线员、卖票员、旅馆服务员、私人职员、商学教师、旅游办事员。

CSR：运货代理商、铁路职员、交通检查员、办公室通信员、簿记员、出纳员、银行财务职员。

CSA：秘书、图书管理员、办公室办事员。

CER：邮递员、数据处理员、办公室办事员。

CEI：推销员、经济分析家。

CES：银行会计、记账员、法人秘书、速记员、法院报告人。

ECI：银行行长、审计员、信用管理员、地产管理员、商业管理员。

ECS：信用办事员、保险人员、各类进货员、海关服务经理、售货员、购买员、会计。

ERI：建筑物管理员、工业工程师、农场管理员、护士长、农业经营管理人员。

ERS：仓库管理员、房屋管理员、货栈监督管理员。

ERC：邮政局长、渔船船长、机械操作领班、木工领班、瓦工领班、驾驶员领班。

EIR：科学、技术和有关周期出版物的管理员。

EIC：专利代理人、鉴定人、运输服务检查员、安全检查员、废品收购人员。

EIS：警官、侦察员、交通检验员、安全咨询员、合同管理者、商人。

EAS：法官、律师、公证人。

EAR：展览室管理员、舞台管理员、播音员、驯兽员。

ESC：理发师、裁判员、政府行政管理员、财政管理员、工程管理员、职业病防治员、售货员、商业经理、办公室主任、人事负责人、调度员。

ESR：家具售货员、书店售货员、公共汽车的驾驶员、日用品售货员、护士长、自然科学和工程的行政领导。

ESI：博物馆管理员、图书馆管理员、古迹管理员、饮食业经理、地区安全服务管理员、技术服务咨询者、超级市场管理员、零售商品店店员、批发商、出租汽车服务站调度。

ESA：博物馆馆长、报刊管理员、音乐器材售货员、广告商营业员、导游、(轮船或班机上的)事务长、飞机上的服务员、船员、法官、律师。

ASE：戏剧导演、舞蹈教师、广告撰稿人、报刊专栏作者、记者、演员、英语翻译。

ASI：音乐教师、乐器教师、美术教师、管弦乐指挥、合唱队指挥、歌星、演奏家、哲学家、作家、广告经理、时装模特。

AER：新闻摄影师、电视摄影师、艺术指导、录音指导、丑角演员、魔术师、木偶戏演员、骑士、跳水员。

AEI：音乐指挥、舞台指导、电影导演。

AES：流行歌手、舞蹈演员、电影导演、广播节目主持人、舞蹈教师、口技表演者、喜剧演员、模特。

AIS：画家、剧作家、编辑、评论家、时装艺术大师、新闻摄影师、男演员、文学作者。

AIE：花匠、皮衣设计师、工业产品设计师、剪影艺术家、复制雕刻品大师。

AIR：建筑师、画家、摄影师、绘图员、环境美化工、雕刻家、包装设计师、陶器设计师、绣花工、漫画工。

SEC：社会活动家、退伍军人服务官员、工商会事务代表、教育咨询者、宿舍管理员、旅馆经理、饮食服务管理员。

SER：体育教练、游泳指导。

SEI：大学校长、学院院长、医院行政管理员、历史学家、家政经济学家、职业学校教师、资料员。

SEA：娱乐活动管理员、国外服务办事员、社会服务助理、一般咨询者、宗教教育工作者。

SCE：部长助理、福利机构职员、生产协调人、环境卫生管理人员、戏院经理、餐馆经理、售票员。

SRI：外科医师助手、医院服务员。

SRE：体育教师、职业病治疗者、体育教练、专业运动员、房管员、儿童家庭教师、警察、引座员、传达员、保姆。

SRC：护理员、护理助理、医院勤杂工、理发师、学校儿童服务人员。

SIA：社会学家，心理咨询者，学校心理学家，政治科学家，大学或学院的系主任，大学或学院的教育学教师，大学农业教师，大学工程和建筑课程的教师，大学法律教师，大学数学、医学、物理、社会科学和生命科学的教师，研究生助教，成人教育教师。

SIE：营养学家、饮食学家、海关检查员、安全检查员、税务稽查员、校长。

SIC：描图员、兽医助手、诊所助理、体检检查员、监督缓刑犯的工作者、娱乐指导者、咨询人员、社会科学教师。

SIR：理疗员、救护队工作人员、手足病医生、职业病治疗助手。

附录二　职业性格测试(MBTI 性格测试)

目前,国际较为流行的职业人格评估工具是 MBTI(Myers-Briggs Type Indicator)。MBTI 用四维度偏好二分法来评估个体的类型偏好,它揭示了不同类型的人有不同的本能的、自然的思维、感觉和行为模式。

请在每题的选择方格中评分,评分的总和为 5。

提示：0—从不,1—很少,2—居中,3—很多,4—极多,5—总是。

1	☐a ☐b	先了解别人的想法,再做决定 不和别人商量,就做决定
2	☐a ☐b	认为自己是一个富于想象或凭直觉的人 认为自己是一个讲求精确,讲求事实的人
3	☐a ☐b	根据现有资料及对情境的分析,对他人做评断 运用同理心与感觉以了解他人需要及价值观,并以之对他人作评断
4	☐a ☐b	顺着他人的意思作出承诺 作明确的承诺,并确实加以实践
5	☐a ☐b	有安静、独立思考的时间 与他人打成一片
6	☐a ☐b	运用所熟悉的好方法来完成工作 尝试运用新的方法来完成工作
7	☐a ☐b	以合乎逻辑思考及按部就班的分析得到结论 根据过去生活的体验及信息得到结论
8	☐a ☐b	定下完成工作的最后期限 拟订时间表,并严格履行
9	☐a ☐b	和人稍谈话题后,再自我思考一番 和他人尽兴畅谈某事后,再自我思考一番
10	☐a ☐b	设想各种可能发生的情况 按实际的情况处理问题

续 表

11	☐a ☐b	被认为是一个擅长思考的人 被认为是一个感觉敏锐的人
12	☐a ☐b	事前详细考虑各种可能性,事后反复思考 搜集需要的数据,稍作考虑后,做出明快决定
13	☐a ☐b	拥有内在的思想和情感而不为他人所知 与他人共同做某些活动或事情
14	☐a ☐b	抽象与理论 具体与实际
15	☐a ☐b	协助别人探索他们自己的感受 协助别人做出合理的决定
16	☐a ☐b	问题的答案保持弹性,且可修改 问题的答案是明确的、可预知或可预测的
17	☐a ☐b	很少表达自我内在的想法及感受 自在地表达自我内在的想法及感受
18	☐a ☐b	从大处着眼 从小处入手
19	☐a ☐b	运用常识,凭借信念来做决定 运用资料分析事实来做决定
20	☐a ☐b	事先详细计划 临时视需要而作计划
21	☐a ☐b	结交新朋友 独处或只与熟识者交往
22	☐a ☐b	重视概念 重视事实
23	☐a ☐b	相信自己的想法 相信经证实的结论
24	☐a ☐b	尽可能在记事簿记下事情 尽可能少在记事簿记事情
25	☐a ☐b	在团体中详细地讨论新奇且未决定的事情 自己先想出结论然后和他人讨论

26	☐a ☐b	拟订详细的计划,然后切实地执行 拟订计划,但不一定执行
27	☐a ☐b	是理性的 是感性的
28	☐a ☐b	随心所欲地做些事 尽量事先了解别人期望我做些什么
29	☐a ☐b	成为众人的焦点 退居幕后
30	☐a ☐b	自由想象 检视实情
31	☐a ☐b	体验感人的情境或事物 运用能力,分析情境
32	☐a ☐b	在预定的时间内开会 在一切妥当或安适的情况下,宣布开会

内向性(I)	外向性(E)	直觉性(N)	理性(S)	思考性(T)	感觉性(F)	理解性(P)	判断性(J)
1. b	1. a	2. a	2. b	3. a	3. b	4. a	4. b
5. a	5. b	6. b	6. a	7. a	7. b	8. a	8. b
9. a	9. b	10. a	10. b	11. a	11. b	12. a	12. b
13. a	13. b	14. a	14. b	15. a	15. b	16. a	16. b
17. a	17. b	18. a	18. b	19. b	19. a	20. b	20. a
21. b	21. a	22. a	22. b	23. b	23. a	24. b	24. a
25. a	25. b	26. b	26. a	27. a	27. b	28. a	28. b
29. a	29. b	30. a	30. b	31. b	31. a	32. b	32. a
合计:	合计:	合计:	合计:	合计:	合计:	合计:	合计:

【计分方法】

将计分表上每一直栏的总分相加,共4对,8个分数。

分别找出每一对分数中,数字较大者,即为你个人的风格,每人均有4种风格。例如:内向性18分,外向性22分,则取外向性为个人风格,其他依此类推。

每人风格都有程度上的差别,如果在相对应的两个风格中(如外向性对应内向性),有一方的程度较强,即表示另一方程度较弱。

【诊断结果】

30—40 分:表示此风格非常强,几乎没有另一对风格。

25—29 分:表示此风格比另一风格强。

22—24 分:表示此风格比另一风格稍强。

20—21 分:表示兼具两种风格的特质。

各种风格的优缺点

	内向性(I)	外向性(E)	直觉性(N)	理性(S)	思考性(T)	感觉性(F)	理解性(P)	判断性(J)
优点	独立自主、埋头工作、勤勉奋发、沉思的、依自己的理想行事	能运用外在环境资源、乐意与他人来往、开放的态度、行动派、易为他人所了解	对事情能面观之、以整体概念看事、富有想象力、尝试新鲜构想、喜欢复杂的工作、喜欢解决新奇的问题	注意细节、重视实际、能记住烦琐细节、耐得住烦闷的工作、有耐性、有细心、有系统	合乎逻辑、善于客观分析、公正、有逻辑系统的思考能力、具批评能力、坚定	体谅他人感受、了解他人的需要、喜欢和谐的人际关系、易表露情感、喜去说服别人	易于协调、可由各角度欣赏事物、有弹性、开放的态度、依据可靠的资料做决定、不任意批评	有计划、有系统、有决心、有控制的能力、做决定明快
缺点	对外在环境误解、逃避他人掩饰自己、坐失良机、易为他人误会、不喜被打断工作	立场不够坚定、需要和他人共事、喜欢变化、冲动派、讨厌规范约束	不注意细节、不实际、不耐沉闷、不合逻辑、把握不住现在、骤下断语	没有整体概念、想不出各种解决的途径、不注重直觉、不求创新、无法应付太复杂的工作、不喜欢预测未来	忽略他人感受、误解别人的价值观、不在意和谐、不露感情、怜悯之情较少、不能说服他人	不合乎逻辑、不够客观、没有组织系统的思考、不具批判精神、全盘接受、感情用事	犹豫不决、散漫无计划、不能有效地控制情况、易被分心、不易照计划完事	固执、不易妥协、没有弹性、依赖手边现有的少数数据做决定、任何批评都会被控制在工作计划之内

参考文献

1. 李习平、唐昌敏:《中国中医药政策与发展研究》,华中科技大学出版社 2020 年版。
2. 方鹏骞:《中国医疗卫生事业发展报告 2014》,人民出版社 2015 年版。
3. 《"健康中国 2030"规划纲要》,人民出版社 2016 年版。
4. 《决胜全面建成小康社会 夺取新时代中国特色社会主义伟大胜利——在中国共产党第十九次全国代表大会上的报告》,人民出版社 2017 年版。
5. 《习近平关于社会主义建设论述摘编》,中国文献出版社 2017 年版。
6. 《〈"健康中国 2030"规划纲要〉辅导读本》,人民卫生出版社 2017 年版。
7. 王伯庆:《就业蓝皮书:2020 年中国本科生就业报告》,社会科学文献出版社 2020 年版。
8. 杜鹏、毛基业:《中国大学生创业报告 2019》,中国人民大学出版社 2021 年版。
9. 国家职业分类大典修订工作委员会:《中华人民共和国职业分类大典(2015 年版)》,中国劳动社会保障出版社 2015 年版。
10. 赵鹏飞、翟成蹊、周艳:《医学生职业生涯发展与规划》,科学出版社 2016 年版。
11. 萨维科斯:《生涯咨询》,郑世彦、马明伟、郭本禹译,重庆出版社 2015 年版。
12. 谷晓红:《中医药大学生职业发展与就业指导教程》,中国医药出版社 2013 年版。
13. 谷晓红:《大学生职业发展规划》,中国中医药出版社 2017 年版。
14. 亚伯拉罕·马斯洛:《动机与人格》,江苏人民出版社 2021 年版。
15. 查尔斯·霍顿·库利:《人类本性与社会秩序》,包一凡、王源译,华夏出版社 1999 年版。

16. 马莹、黄晞建:《大学生心理健康》,高等教育出版社 2013 年版。
17. 孙时进:《心理学概论》,华东师范大学出版社 2002 年版。
18. 王群、夏文芳:《医学类学生职业生涯与就业指南》,复旦大学出版社 2011 年版。
19. 钟谷兰、杨开:《大学生职业生涯发展与规划》(第 2 版),华东师范大学出版社 2016 年版。
20. [美]戴安·萨克尼克、[美]威廉·班达特、[美]丽莎·若夫门:《职业指导——职业生涯规划教程》(第 7 版),李洋、张奕、小卉译,中国劳动社会保障出版社 2005 年版。
21. 胡庭胜、廖锋:《预则立:大学生职业发展指导教程》,商务印书馆 2018 年版。
22. 龚芸、辜桃:《大学生职业取向与职业规划》,中国社会出版社 2017 年版。
23. 张伯礼:《中医药高等教育发展战略研究》,中国中医药出版社 2013 年版。

后 记

《医学类学生职业生涯发展与规划》是立足于医学类学生的终身职业发展需求,有针对性地开展职业生涯规划教育和就业指导的教材。教材以健康中国战略等重大政策为背景,既吸收国内外职业生涯规划理论精华,又结合医学院校特点,突出高等医学院校专业特色,尤其着力中医药人才培养,同时注重指导性、实践性,旨在构建科学的医学生职业生涯规划教育体系,加强对医学类学生开展全程化、全员化、专业化的职业生涯教育,激发医学类学生对职业生涯发展的自我责任意识,掌握职业生涯规划的方法,培养生涯决策能力及融入社会、服务国家的职业精神。本教材既为医学类学生提供生涯发展与规划的指南,也可供即将报考医学类专业的高中毕业生和家长参考。

参加本教材编写的作者是:第一章,上海中医药大学许铁峰、舒静、张怡、王之通、卢亚云、陈璇,上海市卫生和健康发展研究中心金春林、李芬、陈多、许明飞,上海健康医学院高广文;第二章,上海中医药大学张雯怡、刘明明;第三章,上海中医药大学杨莹、关琳子、陶伟、王盼、杨琳蔚;第四章,上海中医药大学顾晔斌、徐文苑、邓炜,上海钰漾企业管理咨询有限公司李嘉炎;第五章,上海中医药大学沈漫、林磊、施晓琴、何逸潇、王鹏程。本教材主编许铁峰和舒静主持了教材的统稿和审阅。

在教材编写与出版的过程中,我们得到了很多专家、学者的帮助和支持。在此,我们要特别感谢上海中医药大学党委书记曹锡康对编写工作的指导和关心,感谢上海中医药大学党委副书记、副校长朱惠蓉对编写工作的支持和指导;我们还要感谢复旦大学出版社编辑部主任刘月、复旦大学上海医学院党委学生工作部(处)副部长于专宗、东华大学学生就业服务中心主任严军、上海中医药大学马克思主义学院党总支书记陶思亮等专家和老师的指导;还要感谢以往优秀教材《医学类学生职业生涯与就业指南》编委会,为我们的编写工作奠定了良好基础,尤其感谢教材副主编胡建华的指导和帮助。在编写过程中,我们还参考了许多专家的著作与文章,在此一并表示衷心感谢!

  因时间仓促,水平有限,本教材难免还有疏漏甚至错误之处,恳请读者和专家不吝指正,我们及时改正提高!

编委会

2022 年 9 月

图书在版编目(CIP)数据

医学类学生职业生涯发展与规划/许铁峰,舒静主编. —上海：复旦大学出版社, 2022.11
(2024.8 重印)
ISBN 978-7-309-16349-0

Ⅰ.①医… Ⅱ.①许… ②舒… Ⅲ.①大学生-职业选择-医学院校-教材 Ⅳ.①G647.38

中国版本图书馆 CIP 数据核字(2022)第 139862 号

医学类学生职业生涯发展与规划
许铁峰 舒 静 主编
责任编辑/刘 月

复旦大学出版社有限公司出版发行
上海市国权路 579 号 邮编：200433
网址：fupnet@fudanpress.com   http://www.fudanpress.com
门市零售：86-21-65102580   团体订购：86-21-65104505
出版部电话：86-21-65642845
上海新艺印刷有限公司

开本 787 毫米×960 毫米 1/16 印张 16 字数 270 千字
2024 年 8 月第 1 版第 2 次印刷

ISBN 978-7-309-16349-0/G·2396
定价：58.00 元

如有印装质量问题，请向复旦大学出版社有限公司出版部调换。
版权所有 侵权必究